한 권으로 끝내는

네이버
쇼핑
스마트스토어
바이블

한 권으로 끝내는
네이버쇼핑
스마트스토어 바이블

초판 1쇄 인쇄 | 2022년 2월 1일
초판 1쇄 발행 | 2022년 2월 10일

지 은 이 | 현승욱, 방선영
발 행 인 | 이상만
발 행 처 | 정보문화사

편 집 진 행 | 노미라
교 정 교 열 | 안종군

주   소 | 서울시 종로구 동숭길 113 (정보빌딩)
전   화 | (02)3673-0114
팩   스 | (02)3673-0260
등   록 | 1990년 2월 14일 1-1013호
홈 페 이 지 | www.infopub.co.kr

I   S   B   N | 978-89-5674-915-0

한 권으로 끝내는

네이버 쇼핑

스마트스토어 바이블

현승욱, 방선영 지음

정보문화사
Information Publishing Group

머리말

평생 다닐 수 있을 거라 믿었던 직장을 20년 만에 그만 두고 말았습니다. 매월 받는 월급에 익숙해져 있었기 때문인지 월급 없이 생활한다는 것이 이토록 고통스러운 줄은 몰랐습니다. 평소 월급을 받아 생활할 때는 '월급 외에 50만 원, 100만 원 만 더 벌 수 있다면 정말 좋겠다.'라는 생각을 하며 살았지만, 이것이 생존하는 데 필요한 돈이 되고 말았습니다.

'앞으로 무엇을 하며 살아야 할까?'를 고민하던 중 우연히 스마트스토어를 알게 됐고, 무엇이든 해 보자는 마음으로 무턱대고 달려들었습니다. 프로그래머의 경험을 살려 스마트스토어를 운영한 결과, 판매가 제법 잘되기 시작했고 어느덧 안정적인 궤도에 올라서게 됐습니다.

이 책에는 제가 스마트스토어를 운영하면서 체득했던 각종 노하우가 담겨 있습니다. 따라서 스마트스토어를 처음 시작하는 분들이나 스토어의 매출이 좀처럼 늘어나지 않는 상태에 있는 분들에게 많은 도움이 될 것입니다.

이 책은 스마트스토어의 수많은 기능을 차근차근 설명하는 데 초점을 맞췄습니다. 또한 스마트스토어를 창업하면서 궁금한 내용이 있을 때 바로바로 찾아볼 수 있도록 중요 내용을 일목요연하게 정리하고자 노력했습니다. 그 밖에도 쇼핑몰 창업에 관련된 정보의 홍수 속에서 정말 필요하고 중요한 정보만을 선별하려고 노력했고, 스마트스토어를 창업하는 다양한 연령층의 사람들이 최대한 쉽게 이해할 수 있도록 최대한 쉽고 친절하게 설명했습니다. 이 책이 스마트스토어에 관심이 있는 분들에게 작은 희망이 되길 바랍니다.

저자 씀

스마트스토어에 관해 궁금한 점이 있다면 네이버카페의 '플래닛링크'나 '플래닛링크S2' 카페를 방문해 주시길 바랍니다. 유튜브의 '잡스TV'에서도 스마트스토어를 운영하는 데 필요한 정보를 접할 수 있습니다.

차례

온라인 창업의 시작!
네이버쇼핑 바이블

사람들은 대부분 어렵게 취직은 했지만 직장 생활이 힘들거나, 오프라인에서 창업을 했지만 고정 지출이 부담스럽거나, 사업을 하고 싶지만 사업 자금이 부족하다는 이유로 온라인 창업을 떠올립니다. 많은 사람이 온라인 창업에 뛰어들고 있지만 단순히 쇼핑몰 화면 속의 이야기나 떠도는 이야기만을 믿고 섣불리 창업해서는 안 됩니다. 온라인 창업은 시작이 중요합니다. 네이버쇼핑은 온라인 창업을 시작하는 이들에게 최선의 선택이 될 것입니다.

01 네이버쇼핑, 선택이 아닌 필수인 이유

인터넷 쇼핑몰을 시작하기로 마음먹은 이후에는 국내에서 서비스 중인 수많은 플랫폼을 알게 됩니다. 이제 시작하는 입장에선 과연 어디서부터 시작해야 좋은지를 알기 어렵습니다. 수많은 동영상, 다른 사람의 성공, 매출 인증이 여러분의 선택에 가장 큰 영향을 미치겠지만, 가장 중요한 것은 '진입 장벽'입니다.

스마트스토어센터 메인 페이지

수많은 오픈마켓은 많은 사용자를 유치하기 위해 다양한 매체를 통해 홍보하고 판매자를 유치하기 위해 노력하지만, 막상 판매를 하기 위해 가입하려고 하면, 처음부터 진을 빼 놓는 마켓이 매우 많기 때문입니다. 가입은 누구나 쉽게 할 수 있다고 이야기하지만, 막상 판매하기 위해 수많은 절차를 거치다 보면 초반에 지치는 경우가 많습니다. 그렇게 가입해서 열정을 불태워도 상품이 잘 팔리지 않으면 맥이 빠져 그만 두게 됩니다. 네이버쇼핑이 선택이 아닌 필수인 이유는 다음과 같습니다.

첫째, 네이버쇼핑은 매우 간단합니다. 네이버쇼핑에서는 상품을 스마트스토어에서 판매하고 개인 판매자, 국내 사업자, 해외 사업자로 나눠 가입합니다.

개인 판매자 가입 시 필요 서류

네이버 아이디만 있으면 사업자가 없는 개인도 상품을 판매할 수 있습니다. 매출이 어느 정도 발생한 후에 사업자로 전환할 수 있기 때문에 초기 진입 장벽이 높지 않습니다. 쇼핑몰에 뜻이 있다면 미성년자도 부모의 동의서를 받아 창업할 수 있고, 겸직이 금지된 직장인도 개인 판매자로 가입한 후 인터넷 쇼핑몰을 운영할 수 있습니다. 다른 오픈마켓은 사업자등록증이 있어야만 판매할 수 있기 때문에 당장 사업자를 낼 수 없는 사람에겐 정말 좋은 시스템이라 할 수 있습니다.

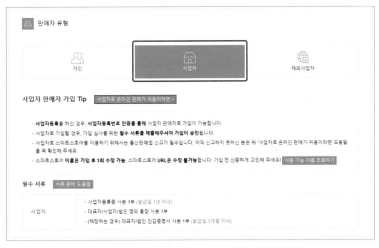

사업자 가입 시 필요 서류

사업자등록증을 소지하고 있는 사람도 쉽게 가입할 수 있습니다. 사업자등록증을 소지하고 있다면 컴퓨터에 저장돼 있는 서류들만 업로드하면 됩니다. 통신판매업신고증도 필요하지만, 이 또한 인터넷쇼핑몰 사업자가 반드시 발급받아야 하는 것이기 때문에 문제가 되지 않습니다.

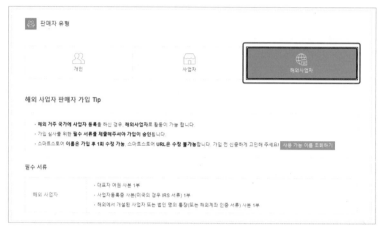

해외 사업자 가입 시 필요 서류

해외 사업자는 보통 해외 윈도 쇼핑을 사용하거나 해외에 거주하면서 해외 구매대행을 하는 분들이 가입합니다. 해외 사업자로 가입할 때도 필요한 서류가 많지 않습니다.

둘째, 마켓 수수료가 저렴합니다. 마켓 수수료는 어떤 카테고리에서 판매하는지, 어떤 상품을 판매하는지, 내 판매자 등급은 어떤지에 따라 천차만별입니다. 하지만 수수료를 대략 살펴보더라도 네이버쇼핑이 비교우위에 있다는 것을 쉽게 알 수 있습니다.

마켓 수수료 비교

마켓명	스마트스토어	옥션	G마켓	11번가	쿠팡	티몬	위메프
수수료	4~6%	8~13%	8~13%	7~13%	7~13% 매월 서버비 5만 5,000원 (매출 조건부)	6~17% 매월 서버비 9만 9,000원 (매출 조건부)	6~17% 매월 서버비 9만 9,000원 (매출 조건부)

다른 마켓은 수수료율이 카테고리별로 책정되고, 그 밖에 배송비 결제 수수료, 서비스 이용료(서버비) 등도 추가됩니다. 특히 서버비는 매출이 높다면 상관없지만, 높지 않을 때는 상당한 부담으로 작용합니다. 다른 곳에서 매출을 올리면서 쿠팡, 티몬과 같은 마켓을 운영하는 것이 현명합니다.

이렇게 진입 장벽이 낮고, 자격에 제한이 없는 것은 네이버의 최대 장점입니다. 필자가 외부에서 강연이나 컨설팅을 할 때 가장 많이 받는 질문은 "어떤 쇼핑몰에서 시작하는 것이 좋을까요?"입니다. 답은 정해져 있습니다. 무조건 네이버쇼핑에서 시작하세요. 시간이 지나면 어차피 다른 쇼핑몰에도 입점해야 합니다. 하지만 처음 시작은 네이버쇼핑을 추천합니다. 그리고 네이버쇼핑과는 평생 함께하는 것이 좋습니다.

02 네이버쇼핑 둘러보기

이제 본격적으로 네이버쇼핑을 살펴보겠습니다. 네이버쇼핑은 크게 '스마트스토어'와 '쇼핑라이브'로 나눌 수 있습니다. 스마트스토어는 우리가 네이버 검색창을 이용해 검색하거나 네이버쇼핑 검색창에서 검색한 후 물건을 구입하는 스토어를 말하고, 쇼핑라이브는 온라인 실시간 방송을 이용해 시청자와 소통하면서 내가 판매하는 제품을 홍보하고 많은 이벤트를 이용해 단기간 내에 많은 상품을 판매하는 새로운 플랫폼을 말합니다. 다음은 네이버쇼핑의 메인 화면입니다.

네이버쇼핑의 메인 화면

❶의 [쇼핑라이브]를 클릭하면 다음과 같은 화면이 나타납니다(쇼핑라이브에 관한 자세한 내용은 Part 02에서 알아보겠습니다).

쇼핑라이브 메인 화면

❷에서 백화점윈도, 스타일윈도, 디자이너윈도 등 다양한 윈도 탭을 확인할 수 있습니다. 네이버 윈도 시리즈는 각 윈도 분야의 오프라인 상점 정보를 제공하고 있습니다. 이러한 윈도를 '쇼핑 윈도'라고 하며, 성격은 각 윈도마다 다릅니다. 스마트스토어센터의 아래쪽에 있는 [윈도 노출]을 클릭하면 좀 더 자세한 내용을 확인할 수 있습니다.

윈도 노출 상세 설명

❸에서는 네이버쇼핑의 대 카테고리를 확인할 수 있습니다. 다른 오픈마켓과 크게 다르지 않지만, 대 카테고리의 순서를 눈여겨볼 필요가 있습니다. 그것은 바로 온라인 쇼핑몰의 양대 산맥이라 불리는 '네이버쇼핑'과 '쿠팡'의 대 카테고리입니다.

두 그림을 비교해 보면 네이버와 쿠팡은 모두 패션 의류, 잡화가 가장 위에 위치하고 있는 것을 알 수 있습니다. 이는 해당 쇼핑몰의 매출 점유율과 관련이 있습니다. 온라인 쇼핑몰에서 가장 큰 매출을 차지하는 소비 계층은 20~30대 여성이므로 이 계층이 가장 많이 찾는 아이템을 가장 잘 보이거나 클릭하기 좋은 곳에 위치시켜 놓은 것입니다.

쿠팡에서는 생활용품, 특히 육아를 위한 기저귀, 분유, 물티슈와 같은 상품을 많이 구매합니다. 또한 로켓 리프레시 서비스를 이용해 식품을 많이 구매합니다. 따라서 출산, 육아, 식품 카테고리가 네이버와 달리 가장 위에 위치하고 있습니다.

네이버쇼핑(왼쪽)과 쿠팡(오른쪽)의 대 카테고리

이후 좀 더 많은 카테고리의 정보는 [상세 검색] 탭의 오른쪽 카테고리에 있는 [카테고리 더보기]에서 확인할 수 있습니다.

어떤 카테고리를 선택하든 모든 카테고리에서 구매가 이뤄지겠지만, 네이버쇼핑에서는 패션 의류, 잡화, 화장품, 가전이 유리하다고 판단할 수 있습니다. 이와 같이 네이버쇼핑의 메인 페이지에는 지금 어떤 상품이 공격적으로 광고를 하고 있고, 어떤 색상이 유행하는지, 현재 시즌의 상품에는 어떤 것이 있는지 등을 알 수 있는 많은 정보가 숨어 있으므로 항상 살펴보는 습관을 들여야 합니다.

[카테고리 더 보기] 클릭

03 네이버쇼핑 성공 사례 인터뷰

우리는 수많은 사람의 경험담을 사업의 미래를 그려 보는 데 이용하기도 하고, 실패를 줄이기 위한 수단으로 사용하기도 합니다. 대부분 유튜브를 이용해 확인할 수 있지만, 홍보성 영상이 많기 때문에 저는 직접 발로 뛰면서 인터뷰를 했습니다. 저와 지금도 꾸준히 연락하는 분들의 생생한 답변이므로 즐겁게 읽어 주세요.

01 첫 번째 인터뷰

Q 자기 소개 부탁드립니다.

A 안녕하세요. 저는 이제 스마트스토어 운영 1년차에 접어든 새내기 셀러 강현아입니다.

Q 원래 어떤 일을 하셨나요?

A 중·고등학생을 상대로 한 교육업에 몸담고 있었습니다.

Q 네이버쇼핑을 시작하게 된 계기는 무엇인가요?

A 직업의 특성상 일반 직장인이 퇴근하는 시간에 일을 해야만 했습니다. 네이버쇼핑을 시작하게 된 이유는 내가 자는 동안이나 쉬는 동안에도 돈을 벌 수 있는 일을 하고 싶었기 때문입니다. 사교육은 인강 시장에 뛰어드는 것 말고는 돈을 벌 수 있는 방법이 없었거든요. 그래서 나의 특기 내지는 취미인 20년 경력(?)의 구매대행으로 눈을 돌리게 됐습니다.

Q 네이버쇼핑의 장단점은 무엇이라 생각하는지요?

A 누구나 구입하고 싶은 물건이 있으면 네이버의 검색창을 이용합니다. 네이버스토어를 내 가게라고 생각하면, 가게의 입지만큼은 강남의 '테헤란로'라고 생각합니다. 다른 플랫폼에 비해 수수료도 저렴하고 여러 판매 분석 툴도 유용합니다. 쿠팡, 11번가, G마켓 등에 비해서도 가장 판매자 친화적인 플랫폼이라 생각합니다. 초기 진입 판매자 육성 및 지원 프로그램도 많아서 함께 성장한다는 느낌을 받습니다.

반면 네이버쇼핑의 단점은 다른 플랫폼에 비해 쇼핑몰 디자인이 소박해 보인다는 것입니다. 제가 쇼핑몰을 잘 꾸밀 줄 몰라서 그럴 수도 있지만요.

Q 앞으로도 계속 네이버쇼핑을 이용할 생각인지요?

A 네. 다른 플랫폼으로 확장해 볼 생각도 있지만, 네이버와는 평생 함께할 생각입니다.

Q 네이버쇼핑을 이용하면서 가장 기억에 남는 일 하나만 이야기해 주세요.

A 쇼핑몰을 운영할 때 가장 어려운 점은 배송 대행사와의 조율입니다. 본인이 판매하는 아이템을 가장 효과적, 효율적으로 핸들링할 줄 아는 배송 대행사를 찾는 것이 가장 큰 과제인 것 같습니다. 상품의 배송 문제로 배송 대행사와 겪은 갈등이 기억에 남습니다.

Q 앞으로의 목표는 무엇인지요?

A 다른 대표님에 비해 요령이 많이 부족해 주문이 들어온 물건에만 신경을 쓰다 보니 에너지 소모가 심하다는 생각이 듭니다. 아직은 주문량이 많지 않아서 에너지를 쏟아부을 수 있지만, 주문량이 많아지면 힘들어질 것 같습니다. 내가 할 수 있는 일, 없는 일, 안 해도 되는 일, 해야 하는 일을 명확하게 구분하고, 꼭 해야 하는 일에 에너지를 쏟고 싶습니다. 이를 위해서는 최대한 많은 부분을 자동화해서 제가 할 일이 많지 않게 만들어야겠지요. 또 한 가지 바람이 있다면 구매대행에만 머물지 않고 상품을 사입해 브랜딩을 해 보고 싶다는 것입니다.

02 두 번째 인터뷰

Q 자기 소개 부탁드립니다.

A 안녕하세요. 저는 네이버쇼핑에서 해외 구매대행을 하고 있는 심성보입니다.

Q 원래 어떤 일을 하셨나요?

A 프리랜서 PD였습니다.

Q 네이버쇼핑을 시작하게 된 계기는 무엇인가요?

A 2019년 우연히 유튜브 잡스TV에서 온라인 셀러 관련 영상을 보고, 예전에 온라인 판매를 했던 기억이 떠올라 구매대행을 준비하다가 네이버 스마트스토어를 알게 됐습니다.

Q 네이버쇼핑의 장단점은 무엇이라 생각하는지요?

A 네이버쇼핑의 장점은 '빠른 정산'과 '낮은 수수료율'이고, 단점은 경쟁이 심하다는 것입니다. 경쟁이 심한 이유는 다른 플랫폼보다 검색하기 쉽고, 다른 경쟁업체의 상품을 쉽게 접할 수 있기 때문이라고 생각합니다.

Q 앞으로도 계속 네이버쇼핑을 이용할 생각인지요?

A 가장 애착이 가고 잘 키워보고 싶은 마켓은 오로지 스마트스토어뿐입니다. 스마트스토어는 다른 마켓과 달리 한 번 잘 키워 놓으면 지속적으로 온라인 사업을 하는 데 큰 도움이 될 것 같기 때문입니다.

Q 네이버쇼핑을 이용하면서 가장 기억에 남는 일 하나만 이야기해 주세요.

A 처음으로 가격이 비싼 상품이 판매됐을 때 고객이 상품을 받을 때까지 신경 써야 했던 것이 기억에 남습니다.

Q 앞으로의 목표는 무엇인지요?

A 어느덧 온라인 셀러가 나의 주업으로 자리잡았습니다. 지금 하고 있는 일이 조금 막연하긴 하지만, 내가 하고자 하는 사업의 밑바탕이 되길 기대해 봅니다.

03 세 번째 인터뷰

Q 자기 소개 부탁드립니다.

A 안녕하세요. 저는 이제 스마트스토어 운영 2년차에 접어든 청년입니다.

Q 원래 어떤 일을 하셨나요?

A 건설회사에 근무했습니다.

Q 네이버쇼핑을 시작하게 된 계기는 무엇인가요?

A 저는 항상 회사는 나를 책임질 수 없다는 생각을 하며 살았습니다. 그래서 세컨드 잡으로 시작할 수 있는 일이 무엇인지 찾아보다가 시작하게 됐습니다.

Q 네이버쇼핑의 장단점은 무엇이라 생각하는지요?

A 네이버쇼핑의 장점은 다른 오픈마켓과 달리 '네이버 톡톡'과 같은 고객과 접촉할 수 있는 도구가 있다는 것이고, 단점은 네이버 클린 위반이나 성인물 위반의 기준이 모호하고, 지나치게 강해서 여러 가지 상품을 판매하는 데 제약이 있다는 것입니다.

Q 앞으로도 계속 네이버쇼핑을 이용할 생각인지요?

A 네. 물론입니다. 국내 판매에 있어서는 네이버쇼핑 만한 게 없는 것 같습니다. 하지만 네이버도 완전한 판매 루트라고 할 수 없기 때문에 자체 브랜드나 판매처를 계속 확장해 나갈 생각입니다.

Q 네이버쇼핑을 이용하면서 가장 기억에 남는 일 하나만 이야기해 주세요.

A 고객이 국내에서 구하기 어려운 상품을 구해 줘서 고맙다고 말씀해 주신 일이 가장 기억에 남습니다.

Q 앞으로의 목표는 무엇인지요?

A 저만의 브랜드나 소싱처를 만들어 사업을 안정적으로 성장시키는 것이 목표입니다.

04 네 번째 인터뷰

Q 자기 소개 부탁드립니다.

A 안녕하세요. 저는 현재 30살이 된 청년입니다. 1인 사업으로 구매대행을 시작한 지는 1년이 좀 넘었고, 현재는 직원이 3명 정도인 작은 회사를 운영하고 있습니다.

Q 원래 어떤 일을 하셨나요?

A 직업 군인, 일반 회사원, 보험 영업 사원 등 여러 직업을 거쳤습니다. 하지만 사업을 해야겠다는 생각은 항상 하고 있었습니다. 저는 성공하려면 무조건 사업을 해야 한다고 생각합니다.

Q 네이버쇼핑을 시작하게 된 계기는 무엇인가요?

A 가장 큰 계기는 바로 유튜브였습니다. 유튜브에서 자신의 백수 친구를 네이버쇼핑을 이용해 성장시키는 모습을 보면서 '나도 한번 해 봐야겠다.'라는 생각을 하게 됐습니다. 그후에도 온라인을 이용해 돈을 벌고, 직장을 다니지 않고 경제적·시간적 자유를 얻게 된 사람들의 영상을 보면서 꿈을 키웠습니다.

Q 네이버쇼핑의 장단점은 무엇이라 생각하는지요?

A 우선 네이버 스토어의 장점은 판매 수수료가 상당히 낮다는 것입니다. 대부분의 마켓에서는 상품을 팔았을 때 사업자의 수익 중 플랫폼에 지불해야 하는 수수료가 꽤 높지만, 네이버의 수수료는 다른 마켓의 절반 정도입니다.

또 한 가지 장점은 판매자를 존중한다는 것입니다. 쿠팡의 모든 구조는 소비자를 중심으로 구성돼 있습니다. 쿠팡에 입점하면서 가장 충격적이었던 점은 물품이 배송 중인 상황에서도 소비자가 주문을 임의로 취소할 수 있다는 것이었습니다. 이렇게 되면 판매자의 입장에서는 일이 꼬이게 됩니다. 배송 중인 상황에서 주문이 취소되면 상품이 소비자에게 도착한 후 수거해야 하기 때문입니다.

또한 구매대행은 환불이 어렵기 때문에 주문이 취소되면 재고를 떠안게 됩니다. 쿠팡은 상품을 받은 후에 소비자의 불만이나(배송 지연 또는 미세한 상품 하자 등) 문제 등이 있다면 상품을 소비자가 알아서 폐기 처리를 하도록 하는 등 소비자를 우선으로 생각하는 경향이 있습니다. 하지만 네이버쇼핑은 판매자를 우선으로 생각하는 편입니다. 네이버쇼핑은 배송 중에는 일방적으로 주문을 취소할 수 없고, 환불 및 반품일 때도 판매자의 명확한 귀책이 아니라면 소비자의 귀책을 확실히 밝힐 수 있도록 체계화돼 있습니다.

반면 네이버쇼핑의 단점은 최근 네이버 포털의 정체성이 무너지고 있다는 것입니다. 정확도 측면에서는 구글이 네이버를 앞서고 있고, 네이버는 정확성보다는 광고와 홍보가 난무하는 분위기가 돼가고 있습니다. 그 결과 네이버쇼핑 시장에서도 많은 사람의 편법이 늘어나는 것 같습니다.

소비자들이 진정으로 필요한 합리적이고 좋은 상품이 걸러지기보다는 편법을 이용해 상위로 치고 올라오는 업체가 많이 생기고 있고, 이로 인해 정직하게 판매하려는 사람이 피해를 입고 있습니다.

Q 네이버쇼핑을 이용하면서 가장 기억에 남는 일 하나만 이야기해 주세요.

A 네이버쇼핑에 있어서 기억에 남는 것은 바로 다른 플랫폼에 비해 상품을 저렴하게 구매할 수 있다는 것입니다. 네이버에서 잘만 찾으면 상품을 조금이라도 저렴하게 구입할 수 있습니다. 다만 쿠팡보다 배송 등이 좀 느린 편이라는 것이 단점입니다. 또한 네이버는 쿠팡에서 취급하지 않는 상품을 판매하는 판매자가 있기 때문에 내가 원하는 상품을 찾을 수 있는 가장 확실한 플랫폼이라고 생각합니다.

Q 앞으로도 계속 네이버쇼핑을 이용할 생각인지요?

A 요즘은 소비자의 입장에서 배송이 빠른 쿠팡을 좀 더 이용하게 되는 것 같습니다. 왜냐하면 배송이 빠르다는 것이 상당히 큰 메리트이기 때문입니다. 하지만 쿠팡에서 찾기 힘든 상품은 네이버를 많이 이용할 것 같습니다.

Q 앞으로의 목표는 무엇인지요?

A 앞으로 구매대행 사업, 유통 사업과 더불어 콘텐츠 제작 마케팅 회사를 차릴 예정입니다. 즉, 유통과 온라인 트래픽을 융합해 2가지 사업이 상생할 수 있는 구조를 만들고 싶습니다. 구체적인 그림도 그려 놓긴 했지만, 지금은 인력 및 자금이 부족해 사업을 확장하기는 어려울 것 같습니다. 하지만 저의 목표를 현실화하기 위해 노력하고 있습니다.

05 다섯 번째 인터뷰

Q 자기 소개 부탁드립니다.

A 안녕하세요. 4년간 해외 구매대행을 하고 있는 최준형입니다

Q 원래 어떤 일을 하셨나요?

A 군 제대 후 일반 중소기업 회사에 다녔습니다.

Q 네이버쇼핑을 시작하게 된 계기는 무엇인가요?

A 원래는 남들처럼 평범하게 살고 있었는데 문득 결혼, 집 등 미래에 관한 걱정이 생기기 시작하더라고요. 이대로 가다가는 집 한 칸도 얻지 못하겠다는 생각이 들어 사업을 시작하게 됐습니다. 20년 동안 일한다고 해도 내 집 마련과 노후 준비, 자녀 교육 등의 문제를 해결할 수 있을지 너무 막막해서 '어차피 못 사는 거 목숨 걸고 돈을 벌어보자.'라는 생각이 가장 컸던 것 같습니다.

Q 네이버쇼핑의 장단점은 무엇이라 생각하는지요?

A 네이버쇼핑을 장점은 누구나 쉽게 시작할 수 있다는 것, 광고를 하지 않아도 어느 수준까지는 올라 갈 수 있다는 것, 수수료가 저렴해 판매가를 저렴하게 책정할 수 있다는 것, 판매자 UI가 편리하다는 것이고, 단점은 누구나 쉽게 시작할 수 있기 때문에 변별력이 부족하다는 것, 광고를 하지 않으면 일정 수준 이상의 매출을 기대하기 어렵다는 것, 브랜드 상품은 정품이라는 것을 증명하기 어렵다는 것, 상품 카테고리의 특성에 영향을 받는다는 것 등입니다.

Q 앞으로도 계속 네이버쇼핑을 이용할 생각인지요?

A 저는 브랜드 패션을 전문적으로 다루는 사업자이기 때문에 네이버쇼핑보다는 패션 전문몰을 메인으로 삼고, 네이버쇼핑은 다른 카테고리를 확장할 때 사용할 생각입니다. 사용하기가 편리한 곳은 네이버쇼핑이거든요!

Q 네이버쇼핑을 이용하면서 가장 기억에 남는 일 하나만 이야기해 주세요.

A 한창 잘 나가는 상품을 잘 기획해 일 방문자수 2만 5,000회~5만 회를 기록했을 때가 가장 기억에 남습니다. 주문량이 너무 많아 일주일 동안 주문 처리를 했던 기억이 나네요.

Q 앞으로의 목표는 무엇인지요?

A 해외 구매대행뿐 아니라 병행수입 판매 채널을 확장시키고, 다른 분야의 스타트업 회사를 만들어 진짜 사업가로 성장하는 것이 목표입니다.

02

대세 중 대세!
네이버쇼핑, 쇼핑라이브

쇼핑라이브는 혜성처럼 등장해 하나의 문화로 자리매김했습니다. 쇼핑라이브를 운영하는 많은 기업과 플랫폼 중에서 네이버는 홈쇼핑을 위협할 정도로 크게 성장하고 있습니다. 우리는 쇼핑라이브를 나하고는 상관없는 일이라고 생각해서는 안 됩니다. 쇼핑라이브는 내가 운영하는 스토어의 매출에 날개를 달아 줄 뿐 아니라 내가 판매하는 제품의 마케팅적인 측면이나 상품을 브랜딩하는 데도 많은 도움이 되기 때문입니다.

01 쇼핑라이브

코로나19의 여파로 집안에서 많은 생활을 하고 있는 요즘, 쇼핑라이브는 그 유례를 찾아보기 힘들 정도로 엄청난 성장세를 보이고 있습니다. 이번에는 쇼핑라이브가 성장하게 된 배경과 이유를 알아보겠습니다.

01 코로나19와 온라인 쇼핑 시장

코로나19가 발생하면서 우리의 모든 생활은 방역 수칙에 맞게 조정됐고, 쇼핑 패턴 또한 달라졌습니다. 이전에는 오프라인, 온라인에서 쇼핑을 즐겼지만, 지금은 점점 온라인으로 몰리게 됐고, 온라인 시장에는 전에 없던 판매 방식이 생기고 있습니다.

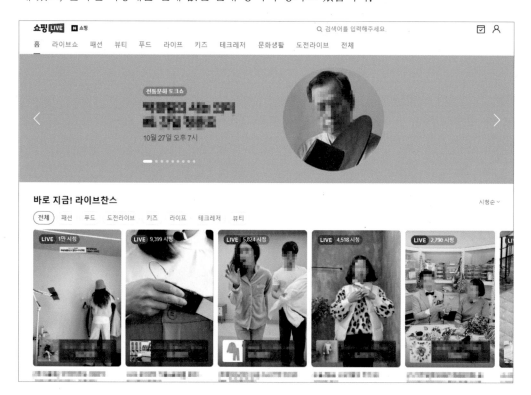

그중 가장 두드러진 활약을 보이고 있는 것은 네이버의 '쇼핑라이브'라고 할 수 있습니다. 쇼핑라이브는 그냥 먼발치에서 바라보면, 우리가 항상 접하는 홈쇼핑과 다를 게 없어 보입니다. 하지만 자세히 들여다 보면 정말 새로운 플랫폼이라고 할 수 있습니다. 홈쇼핑의 뻔한 판매 방식에 지친 소비자들, 특히 20~30대의 젊은 소비자층은 익숙한 모바일 플랫폼을 활용한 쇼핑라이브에 열광했고, 앞으로도 열광하게 될 것입니다.

네이버에서 물건을 판매하기 위해 스마트스토어를 개설해 판매하는 방식에서 벗어나 핸드폰 하나로 나만의 홈쇼핑 채널을 만들 수 있게 됐고, 판매 방식의 다양화로 더 많은 매출을 기대할 수 있게 됐습니다.

02 날 것의 느낌 그대로! 쇼핑라이브

지금까지 대기업의 홈쇼핑은 정형화된 방식을 고수해 왔습니다. 이는 익숙한 것에 편안함을 느끼는 세대에게는 어필할 수 있지만, 가장 소비가 많은 젊은층에게는 식상하게 느껴질 수 있습니다. 요즘에는 상품은 당연히 좋아야 하고, 보는 사람에게 뭔가 메리트가 있어야 하는데, 단순히 눈과 귀가 즐거운 것만으로는 젊은층의 지갑을 열 수 없습니다.

핸드폰을 이용한 쇼핑라이브의 상품 소개 방식은 거북함이 아니라 신선함으로 다가왔습니다. 또한 판매자와 생산자가 직접 쇼핑라이브를 켜고 상품을 소개함으로써 날 것 그대로를 시청자에게 어필했습니다. 쇼핑라이브를 하는 사람은 전문적인 쇼 호스트가 아니기 때문에 화려한 언변, 순발력을 기대하긴 어렵지만, 친근함, 정겨움, 색다른 재미 등을 느낄 수 있습니다.

필자는 홈쇼핑에서는 한 번도 물건을 구매한 적이 없지만, 쇼핑라이브에서는 미리 알람 설정해 놓고 라이브를 시청하면서 물건을 자주 구매하고 있습니다. 쇼핑라이브는 정형화돼 있고 획일적인 것을 싫어하는 젊은층에게 어울리는 판매 방식이라 생각합니다.

03 누구나 할 수 있는 쇼핑라이브

쇼핑라이브는 전문 진행자나 유명 연예인을 섭외해 진행하는 경우도 많습니다. 이는 절대 필수가 아닙니다. 대부분의 온라인 판매를 진행하는 소규모 셀러들도 얼마든지 혼자서 진행할 수 있습니다. 물론 전문가와 함께하면 더 나은 매출을 기대할 수 있지만, 당장 10만 원, 100만 원이 아까운 상황에서는 전문가를 섭외하는 것도 보통 일이 아닙니다.

네이버에서 쇼핑라이브를 핸드폰으로 하게 한 이유는 언제, 어디서나 자유롭게 활용할 수 있게 하기 위해서입니다. 이것이 바로 쇼핑라이브의 의의라고 생각합니다. 핸드폰 앞에서 판매자로서의 진정성, 순수함, 내가 판매하는 상품의 신뢰를 보여 준다면 판매하는 사람에게 믿음을 갖고 구매할 것입니다. 우수한 상품도 많고 내가 판매하는 것과 비슷한 상품도 많은 상황에서 가격을 초월해 상품의 신뢰를 높일 수 있는 정말 좋은 기회입니다. 또한 쇼핑라이브를 이용해 시청자들과 실시간으로 소통하면서 서로 교감을 쌓고, 판매하는 상품에 관한 의견도 수렴하면서 더 나은 서비스를 제공할 수 있다는 장점도 있습니다.

04 오늘은 집에서, 내일은 야외에서! 쇼핑라이브

코로나19 시대에 특정 장소에서 여러 명의 사람과 함께 일하는 것은 어렵습니다. 예전에는 방송 장소 섭외, 출연진, 장비, 장비를 사용할 사람 등 여러 가지 조건이 필요했습니다. 필자도 종종 섭외를 받아 라이브 방송을 하거나 녹화 방송을 하러 가면, 이동할 때 시간에 꽤 많은 시간을 할애해야 했습니다. 녹화 방송은 10분의 녹화분을 위해 몇 시간 동안 촬영해야 할 때도 많습니다. 여기에 인력, 장소, 운영을 고려하면 정말 많은 시간과 비용이 발생한다는 것을 알 수 있습니다.

하지만 쇼핑라이브는 핸드폰만으로도 집에서 방송할 수 있습니다. 이는 방송 전 사전 준비 시간을 획기적으로 단축시켜 줄 뿐 아니라 장비, 인건비, 장소 등에 들어가는 많은 비용도 줄여 줍니다. 지금이라도 나의 상품을 핸드폰 하나로 판매하는 경험을 해 보는 건 어떨까요?

02 라이브 커머스를 위한 준비사항

상품을 스마트스토어에서만 판매하거나 쇼핑라이브를 준비하고 있는 분을 위해 자격, 가입 방법, 라이브 방송을 하는 방법 등을 알아보겠습니다.

01 쇼핑라이브 준비사항

쇼핑라이브를 시작하기 위해서는 우선 스마트스토어를 이용해 상품을 판매 중이어야 합니다. 그리고 스마트스토어 등급이 새싹 등급 이상의 판매자여야만 쇼핑라이브 앱, 스마트스토어 앱, 프리즘 앱을 이용해 쇼핑라이브를 송출할 수 있습니다.

등급 산정 기준 안내				✕
판매자 등급		굿 서비스		상품등록 한도

판매자님의 거래 규모에 따라 구간별로 등급명이 표기 됩니다.
사용자들이 믿고 구매할 수 있도록 네이버 쇼핑 및 스마트스토어 판매자 정보 영역에 아이콘이 표기됩니다.

등급표기		필수조건		
등급명	아이콘 노출	판매건수	판매금액	굿서비스
플래티넘	🏅	100,000건 이상	100억원 이상	조건 충족
프리미엄	🏅	2,000건 이상	6억원 이상	조건 충족
빅파워	🏅	500건 이상	4천만 이상	-
파워	🏅	300건 이상	800만원 이상	-
새싹	-	100건 이상	200만원 이상	
씨앗	-	100건 미만	200만원 미만	

· 산정 기준 : 최근 3개월 누적 데이터, 구매확정 기준(부정거래, 직권취소 및 배송비 제외)
· 등급 업데이트 주기 : 매월 2일 (예) 10월 등급 산정 기준: 7월~9월 총 3개월 누적 데이터 (월: 1일~말일)
· 플래티넘과 프리미엄은 거래규모 및 굿서비스 조건까지 충족시 부여되며, 굿서비스 조건 불충족시 빅파워로 부여됩니다.

등급 산정 기준(최근 3개월 누적 데이터, 구매 확정 기준)

스마트스토어 새싹 등급은 3개월 간의 데이터를 기반으로 '월 100건 이상, 판매 금액 200만 원 이상'이라는 기준을 충족해야 합니다. 이와 같은 기준이 부담스러울 수 있지만, 첫 시작부터 쇼핑라이브를 이용해 판매하다가 매출이 기대 이하의 반응일 경우, 의욕을 잃게 되기 때문에 쇼핑라이브를 이용해 기존에 스마트스토어에서 고정적으로 팔리는 아이템의 판로를 넓혀 더 많은 매출을 올린다는 생각으로 접근하는 것이 좋습니다. 쇼핑라이브를 진행하기 위해서는 쇼핑라이브 앱, 스마트스토어 앱, 프리즘 앱 중 하나를 다운로드해야 합니다.

네이버 쇼핑라이브 스튜디오   네이버 스마트스토어센터 앱   네이버 프리즘 앱
앱 자동 연결 안드로이드용 QR코드   자동 연결 안드로이드용 QR코드   자동 연결 안드로이드용 QR코드

스마트스토어 앱 로그인

스마트스토어 앱을 다운로드한 후 ❶ 스마트스토어 계정으로 ❷ 로그인하고, ❸ [라이브 시작하기] 버튼을 탭(Tap)하면 쇼핑라이브 방송을 시작할 수 있습니다.

판매자 아이디 로그인

기존 스마트스토어 이용 판매 회원 중 '판매자 아이디 회원 가입'으로 신규 가입한 판매 회원(이메일 아이디)
- [판매자 아이디 로그인] 탭을 눌러 로그인하세요.
- 네이버 아이디로는 로그인할 수 없고, 이메일 주소를 모두 입력해야 합니다.

네이버 아이디 로그인

기존 쇼핑 윈도 서비스 이용 판매 회원 중 '네이버 아이디 회원 가입'으로 신규 가입한 판매 회원
- [네이버 아이디] 탭을 눌러 로그인하세요.
- 이메일 주소로는 로그인할 수 없습니다.

쇼핑라이브 앱 로그인

쇼핑라이브 앱 초기 화면   [판매자 아이디로 인증]해 로그인

쇼핑라이브 앱을 이용해 로그인할 때도 스마트스토어 앱과 같이 스마트스토어 계정으로 로그인해야만 이용할 수 있습니다.

프리즘 앱 로그인

프리즘 앱은 다양한 방송을 위해 사용하는 앱이기 때문에 쇼핑라이브를 사용하기 위해서는 ❶ [네이버]를 탭한 후 ❷ 네이버 아이디로 로그인해야 합니다.

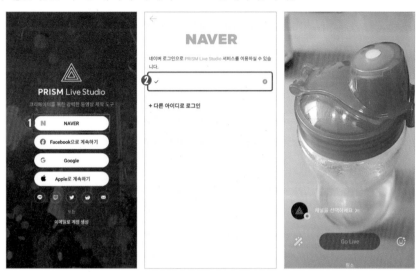

로그인한 후 방송 플랫폼 연결 화면을 확인할 수 있습니다. 여기서 ❶ [네이버쇼핑]을 선택합니다. 그런 다음 ❷ [네이버 계정 연결]을 선택한 후 ❸ [판매자 아이디로 인증]을 탭하면 로그인이 완료됩니다.

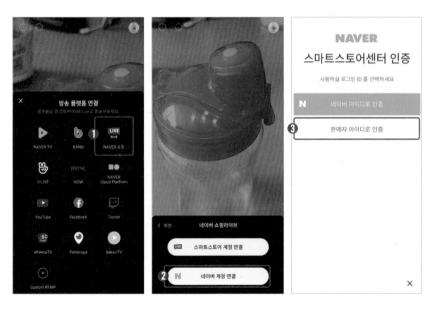

02 앱 둘러보기

스마트스토어 앱 둘러보기

스마트스토어에 로그인하면 나타나는 첫 화면입니다. 새싹 등급 이상의 판매자라면 위쪽에 ❶ [라이브 시작하기] 버튼이 나타납니다. [라이브 시작하기] 버튼을 탭하면 라이브 연동을 위한 [라이브 설정 확인] 창이 나타납니다. 유의사항을 확인한 후 ❷ [확인] 버튼을 탭하면 아래 그림과 같이 라이브 준비를 위한 쇼핑라이브 연동이 정상적으로 완료된 것을 확인할 수 있습니다.

다음은 씨앗 등급의 스마트스토어센터입니다. 상품 등록 아래쪽에 있는 쇼핑라이브는 스마트스토어 새싹 등급부터 가능하기 때문에 [상품 등록] 버튼 아래에 [라이브 시작하기] 버튼이 없습니다.

쇼핑라이브 앱 둘러보기

- **쇼핑(○○○명이 알림받는중):** 고객이 내 스토어의 알림을 받는다고 체크 표시를 하면 알림을 받는 카운트가 증가합니다.

[Tip] 알림을 늘리려면?

스토어의 소식 알림을 클릭하는 고객에게 쿠폰을 발급합니다.

'소식 알림' 혜택 신규 등록 방법

- [고객혜택관리 – 혜택 등록] 메뉴로 접속하세요.

- 타깃팅 대상을 '소식 알림'으로 설정하세요.

- 타깃팅 목적을 '소식 알림 고객 늘리기 + 유지하기(스토어 내 혜택 노출)'로 설정하세요.

- 입력한 쿠폰 정보를 확인한 후 [확인] 버튼을 누르세요.

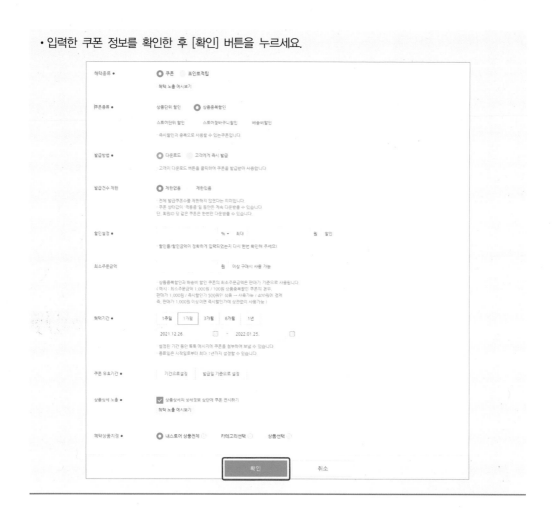

- **지난 라이브 다시 보기**: 이전 방송 영상을 다시 볼 수 있습니다. 현재는 진행된 라이브가 없으므로 목록에 보이지 않습니다.

- **라이브 예약 목록**: 라이브 예약 목록을 선택하면 ❶과 같은 유의사항이 나타납니다. 예약된 라이브가 없다면 ❷와 같은 팝업 창이 나타납니다. 이와 반대로 라이브가 예약돼 있다면 ❸과 같은 팝업 창이 나타납니다.

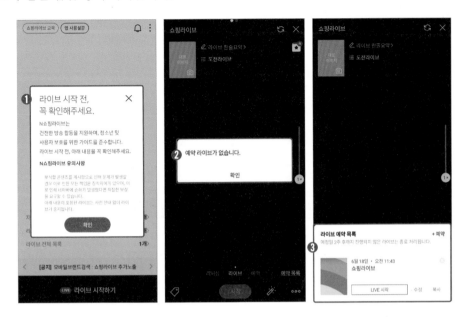

- **라이브 전체 목록**: 라이브 전체 목록에서는 과거의 라이브 기록, 예약한 라이브 등 모든 기록을 확인할 수 있습니다. 오른쪽 위의 ❶ 🔔을 탭하면 공지사항을 확인할 수 있습니다.

오른쪽 위에 있는 ❶ :을 탭하면
설정으로 이동합니다.

쇼핑라이브 앱 설정 화면입니다. ❷ [채팅관리자 등록]
을 탭하면 오른쪽과 같은 화면이 나타납니다.
진행자가 카메라와 채팅 창을 계속 보면서 방송을 하
기에는 시청자의 채팅 속도가 매우 빠르기 때문에 제
대로 읽거나 답변하기 어려운 부분은 채팅관리자가
중요 채팅을 확인한 후 진행자에게 전달하거나 직접
답변을 달고, 그 밖에 공지사항을 적어 시청자와 별도
로 소통할 수 있습니다. 이는 좀 더 긴밀하게 시청자
와 소통할 수 있는 계기가 되고, 주문량을 끌어올리는
원동력이 됩니다.

해당 화면에서 채팅관리자를 등록, 관리할 수 있습니다. 관리자는 최대 3명까지 등록할 수 있습니다. 빈칸에 담당자의 네이버 아이디를 넣은 후 [확인] 버튼을 탭하면 관리자로 등록됩니다. 관리자를 삭제하기 위해서는 담당자의 아이디를 선택한 후 아이디를 지우고 [확인] 버튼을 탭합니다.

설정 창에서 [로그인 기기 관리]를 탭하면 나타나는 화면입니다. 쇼핑라이브에 로그인된 기기를 관리할 수 있습니다. 불필요하거나 원하지 않는 장치가 연결돼 있다면 연결을 해제할 수 있습니다.

03 라이브 커머스를 위한 장비

실시간으로 방송하기 위해서는 많은 장비가 필요합니다. 라이브 커머스를 위한 첫 단계로 방송을 하는 데 필요한 장비를 소개합니다.

01 촬영에 필요한 보조 장비

마이크

쇼핑라이브는 영상을 핸드폰으로 송출하기 때문에 화질이 장소나 상황에 따라 달라집니다. 따라서 화질보다는 명확하고 또렷한 목소리 전달이 가장 중요합니다. 이때 중요한 장비가 바로 '마이크'입니다. 정보를 정확하게 전달하기 위해서는 방송의 성격에 따라 마이크를 선택하는 것이 중요합니다.

일반적으로 사용하는 지향성 마이크는 주변의 잡음이 모두 통제돼 사용하기에는 좋지만, 예상치 못한 잡음이 생기면 곤란할 수 있습니다. 쇼핑라이브에서는 핀 마이크를 사용하는 게 여러 면에서 유리합니다.

- **핀 마이크(라발리에 마이크):** 라발리에(Lavalier)는 프랑스어로 '목 부근에 착용하는 작은 보석이나 장신구'를 말합니다. 옷깃에 클립처럼 고정하는 형태로 많이 사용합니다. 마이크 노출이 제한되는 영화 촬영, 방송 등에 주로 사용합니다.

- **핸드헬드 마이크:** 손에 쥐고 사용하는 마이크로, 보통 마이크라고 하면 이 마이크를 떠올릴 정도로 흔히 볼 수 있습니다. 하지만 쇼핑라이브에서는 여러 상품을 설명해야 하기 때문에 한쪽 손이 불편하다는 단점이 있습니다.

- **헤드셋 마이크**: 주변 잡음이 심한 축구 경기 해설위원, 격한 안무 때문에 핸드헬드 마이크를 사용하기 어려운 아이돌 가수, 항공기 조종석 기장, 부기장 등이 사용하는 마이크입니다.

- **스탠드 마이크**: 성악, 악기 독주, 시상식 등에서 많이 볼 수 있는 마이크나 마이크의 형태를 말할 뿐, 별도로 제작, 설계된 마이크는 아닙니다.

- **샷건 마이크**: 영화 촬영이나 방송에서 주로 사용하는 마이크로, 특정 방향을 집중적으로 수음하고, 잡음은 최대한 줄이기 위해 만들어진 마이크입니다. 화면에 최대한 마이크가 보이지 않도록 하기 위한 목적으로 많이 사용합니다. 요즘에는 유튜브용으로도 많이 사용합니다. 다만 거리가 있을 때는 수음이 어려울 수 있습니다.

- **구즈넥 마이크**: 거위의 목과 닮았다고 해서 '구즈넥 마이크'라고 합니다. 마이크와 스탠드가 일체형이기 때문에 외관이 깔끔하고 간편해서 책상이나 탁자에 놓고 사용하기 적합합니다. 초보 방송인, 유튜버들이 큰 비용을 들이지 않고 시작할 때 사용하기 좋은 마이크입니다.

쇼핑라이브 종류별 추천 마이크

- **핀 마이크(라발리에 마이크):** 쇼핑라이브에서 가장 많이 사용하는 마이크로, 필자가 추천하는 마이크 형태입니다. 핀 마이크는 상품에 따라 유·무선이 가능하며, 마이크가 영상을 해치지 않고, 손을 자유롭게 사용할 수 있기 때문에 상품을 홍보하거나 설명하는 데 최적화돼 있습니다. 하지만 패션 계통의 쇼핑라이브를 하는 분은 옷이 늘어나는 현상이 발생하므로 주의해야 합니다. 입과의 거리가 가깝고, 금액에 따른 성능 차이가 크지 않습니다. 3만 원 미만대의 상품을 선정해 사용하면 크게 문제가 없습니다. 추천하는 마이크는 Boya BY-M1, 오디오트랙 ATM-520P, TSG PM100입니다.

  무선 핀 마이크는 공간의 제약이 거의 없어 자유도가 높다고 할 수 있습니다. 그 대신 블루투스 연결 상태나 배터리를 잘 체크해야 방송 사고가 일어나지 않습니다. 추천하는 마이크는 발상 BSM200, SHURE MV88, Boya BY WM8 PRO, Rode Wireless GO입니다.

- **구즈넥 마이크:** 가격이 저렴하고 쉽게 설치할 수 있는 마이크입니다. 책상 위에서 상품을 설명할 때 저렴하고 깔끔하게 보이도록 하고, 적당한 거리도 유지할 수 있어서 초보 라이브 셀러에게 적합합니다. 추천하는 마이크는 TSG GM200U, 컴소닉 PILLAR CM-5050 PRO, 컴소닉 PILLAR CM-7010입니다.

- **샷건 마이크:** 화면에 노출되는 구즈넥 마이크보다 깔끔하게 사용하길 원하는 분에게 적당한 마이크입니다. 마이크를 카메라 뒤로 숨겨도 충분히 수음할 수 있다는 장점이 있습니다. 단, 움직임이 적은 방송을 할 때 효과적입니다. 추천하는 마이크는 로데 비디오마이크로, 보야 BY-MM1, 소니 ECM-CG60입니다.

[Tip] 데드캣

샷건 마이크를 사용할 때 흰색 털뭉치를 많이 봤을 겁니다. '데드캣'이라고 불리는 털뭉치는 샷건 마이크에 씌워 외부에서 들어오는 소음을 어느 정도 감쇄시키는 역할을 합니다.

스마트폰 거치대

쇼핑라이브를 진행할 때 안정적인 송출에 도움을 주는 장비입니다. 여러 가지 방식의 거치대가 있지만, 삼각 거치대를 가장 먼저 소개하는 이유는 가장 안정적이고 외부의 흔들림에도 가장 영향을 덜 받기 때문입니다.

- **짧은 스탠드 삼각 거치대:** 쇼핑라이브를 앉아서 진행할 때 편리하게 사용할 수 있는 거치대입니다.

- **긴 스탠드 삼각 거치대:** 쇼핑라이브를 서서 진행할 때 가장 많이 사용하는 거치형 삼각 거치대입니다. 고정형이므로 공간상의 제약은 있지만, 거치가 안정적이기 때문에 쇼핑라이브를 할 때 많은 도움이 됩니다. 다양한 환경에서 얼마나 지지가 되는지에 따라 가격대가 다양합니다. 너무 저렴한 거치대를 사용하면 야외에서 사용할 때 바람에 흔들리는 경우가 많기 때문에 무게의 배분에 신경 써야 합니다. 가격대가 높을수록 안정적이고, 다양한 환경에서 사용할 수 있습니다.

- **자바라 거치대:** 책상이나 특정 위치에 고정해 사용하는 거치대입니다. 자바라 거치대에는 관절이 있기 때문에 유동적인 촬영을 할 때 유용합니다.

- **수직 거치대:** 위쪽에서 상품을 자세하게 보여 주는 데 유용한 거치대입니다. 상품을 잠깐 소개할 목적으로 사용하기에 좋습니다. 단, 쇼핑라이브의 특성상 판매자가 지속적으로 노출되지 않는다는 단점이 있습니다.

- **고릴라포드:** 고정으로 사용하기보다 임시로 사용하기에 적합한 거치대입니다. 장소가 마땅치 않아 거치대를 설치할 수 없을 때나 매달아서 좀 더 효과적으로 다양한 연출을 하고자 할 때 사용합니다. 짐벌이 없을 때는 다리 하나를 명치에 대고 다른 두 다리는 양손에 거치해 짐벌처럼 활용할 수도 있습니다.

- **짐벌:** 상품을 판매할 때 공간을 이동하면서 다양한 연출을 할 때 적합한 거치대입니다. 손 떨림 방지 기능이 내장돼 있어서 화면이 부드럽게 전환됩니다. 수직 거치대 대신 짐벌을 활용해 카메라를 움직이면서 활용할 수도 있습니다.

한쪽 손을 들고 이동해야 하기 때문에 두 손 모두 사용해야 하는 상품에는 적합하지 않습니다. 바닥에 세워 놓을 수 있도록 돼 있기 때문에 손으로 잡고 촬영하다가 동선에 따라 바닥에 거치해 놓고 사용하는 연출도 가능합니다.

조명

빛은 사물을 식별하게 해 주는 역할뿐 아니라 영상의 분위기를 만들어 주는 역할도 합니다. 촬영 현장에 따라 적합한 조명을 준비하세요. 음식에는 좀 더 따뜻한 조명, 의류에는 좀 더 선명한 조명을 선택하면 소비자들의 구매 욕구를 불러일으킬 수 있습니다.

■ 조명의 밝기

HMI(Halogen – Metal – Iodine Lamp)는 아주 넓은 실내나 야외용으로 사용합니다. HMI는 색온도가 하나의 태양(5,600k)과 비슷해 인공 태양으로 불릴 정도로 밝지만, 많은 전력이 소모됩니다. 한편 텅스텐 조명은 화장실 조명과 같은 3,200K 정도의 빛을 냅니다. LED 조명은 발열에 약해 최대 출력이 낮지만, 전력 효율은 매우 좋습니다.

광원의 색온도표

맑은 날의 태양광	10,000 ~ 20,000K
흐린 날의 태양광	6,800K
HMI 램프	5,600 ~ 5,800K
오전과 오후의 태양광	4,400K
사진 촬영용 램프	3,400K
텅스텐 할로겐 램프	3,200K
촛불	2,000K

■ 조명의 종류

- **텅스텐 조명(주피터):** 넓은 공간에서 쇼핑라이브를 진행할 때나 큰 광량이 필요할 때 적합합니다.

- **플러드 라이트:** '서치라이트' 또는 '하이라이트'라고도 합니다. 특정 지점을 강조할 때 사용하는 라이트로, 방송, 공연, 스포츠 등에 많이 사용합니다. 라이브쇼핑에서 각 상품별로 플러드 라이트를 주면 상품을 좀 더 부각할 수 있습니다.

- **LED 조명:** 가장 보편적으로 사용되고, 효율이 좋은 조명입니다. 색온도 및 밝기도 쉽게 조정할 수 있고, 발열 또한 적기 때문에 멀리서 또는 가까이에서 사용해도 큰 부담이 없습니다.

■ 조명과 함께 사용하면 좋은 장비

- **스탠드:** 조명에 맞게 다양한 스탠드가 있지만, 기본적으로 안정적인 스탠드를 지니고 있어야 빛의 흔들림 없이 조명을 발산할 수 있습니다.

- **소프트 박스:** 빛을 부드럽게 만들어 주거나, 작은 광원의 크기를 크게 만들어 주거나, 빛을 분산시키는 데 사용합니다. 빛의 모양과 방향을 제어할 수 있으므로 빛의 누출을 막아 줍니다.

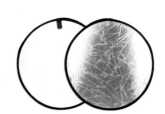

- **반사판:** 반사한 빛을 피사체에 비춰 피사체에 그늘이 생기지 않게 하거나 그늘이 강하지 않게 해 주는 판을 말합니다. 은박 반사판이나 백색판이 널리 쓰입니다.

■추가 보조 장비

• USB C to HDMI 케이블: 방송 송출 내용을 핸드폰으로 모니터링하기에는 화면이 너무 작을 때 별도의 케이블과 모니터를 준비해 현재 송출되는 화면을 모니터링할 수 있습니다. 최근에는 핸드폰에 화면을 무선으로 뿌려 주는 미러링 기능이 생겼지만, 라이브 방송 송출을 하면서 화면을 무선 미러링하면 기기에 부하를 줄 뿐 아니라 무선 네트워크에도 영향을 미칠 수 있으므로 추천하지 않습니다.

아래쪽의 케이블을 휴대폰과 출력하고자 하는 모니터 단자에 연결한 후 미러링하면 라이브하는 모습을 모니터링할 수 있습니다.

• USB C to Lan 어댑터: 무선 네트워크망이 열악하거나 데이터 통신이 정상적이지 않을 때 유선으로 연결하면 쇼핑라이브를 안정적으로 송출할 수 있습니다.

• 프롬프터: 대사를 많이 전달해야 하거나 어려운 단어로 구성된 문장을 설명해야 할 때는 진행자가 당황해서 실수를 할 수 있습니다. 카메라나 휴대폰에 부착하는 프롬프터를 설치하면 대사를 자연스럽게 전달할 수 있습니다. 프롬프터가 너무 작으면 멀리서 보이지 않으므로 추천하지 않습니다.

• 보조 모니터(선택사항): 어려운 대사를 전달해야 하거나 라이브 진행자에게 의사를 빠르게 전달하기 위해서는 별도의 모니터를 활용하는 것이 좋습니다. 라이브 기획자와의 커뮤니케이션이 원활하면 좀 더 완성도 높은 쇼핑라이브를 만들 수 있습니다.

채팅

라이브 방송에서 별도의 휴대폰이나 컴퓨터를 준비하면 시청자의 이탈을 막는 데 많은 도움이 됩니다.

■ 쇼핑라이브 앱을 이용한 채팅

쇼핑라이브 앱을 이용해 채팅관리자로 등록된 네이버 아이디로 쇼핑라이브에 로그인한 후 내가 진행하는 라이브 시청 페이지에 접속해 채팅 말 풍선 버튼을 탭하면 쇼핑라이브에 방문한 고객과 소통할 수 있습니다.

■ 쇼핑라이브 관리 툴을 이용한 채팅

쇼핑라이브 페이지에 접속합니다(https://shoppinglive.naver.com/home). [N쇼핑라이브 관리 툴]을 클릭해 쇼핑라이브 관리 툴에 진입합니다.

현재 LIVE라고 돼 있는 방송의
라이브 보드를 클릭해 진행되고
있는 쇼핑라이브에 참가합니다.

라이브 채팅 보드에서 쇼핑라이
브에 참가한 참가자들과 소통할
수 있습니다.

보조 스태프

1인 미디어 시대라서 충분히 혼자서도 쇼핑라이브가 가능하지만, 보조 스태프가 있다면 여러
면에서 많은 도움을 받을 수 있습니다.

- **쇼핑라이브의 전반을 책임지는 스태프**: 조명, 송출 등 다양한 변화에 대응할 스태프
- **프롬프터, 보조 모니터, 댓글 스태프**: 진행자가 볼 프롬프터나 보조 모니터를 컨트롤하고 구
  매자의 댓글에 적극적으로 호응할 스태프

■ 필터 이펙트 삽입

쇼핑라이브 앱 내의 기능을 이용해 이미지 및 이펙트 기능
을 라이브 방송의 중간에 활용합니다. 이미지나 콘텐츠 등
을 미리 등록해 두도록 합니다. 오른쪽 아래쪽에 있는 마법
봉 🪄을 탭하면 이펙트/효과 메뉴로 들어갑니다.

필터 진입 화면 전체에 필터를 적용하면 송출되는 화면의 분위기를 변화시킬 수 있습니다. 방송 중간에 다양한 효과를 주거나 자칫 밋밋하고 심심할 것 같은 방송에 재미 요소를 더하면 구매자의 따분함을 달래 줄 수 있습니다.

■라이브쇼핑 송출 기기

출연자의 모바일 기기(휴대폰, 태블릿 등)에 앱을 다운로드해 실시간으로 송출할 수 있습니다(Android, iOS를 가진 모바일 기기). 그 외 PC 또는 카메라, 캠코더 등은 라이브 송출을 할 수 없습니다. 시청자는 별도의 앱을 다운로드하지 않더라도 URL이나 네이버 쇼핑라이브 접속만으로도 시청을 할 수 있습니다.

판매자 전용 송출용 앱   시청자 접속 영역

■ 주의사항

쇼핑라이브는 화면이 전국 또는 인터넷에 공개되는 만큼 화면에 보이는 모든 것에 주의를 기울여야 합니다. 특히 법적인 문제가 발생하지 않도록 주의해야 합니다.

개인의 초상을 본인의 승낙 없이 화면에 나오게 했을 때 얼굴이 나온 당사자가 손해배상을 청구할 수 있으므로 항상 주의해야 합니다.

화면에 보이는 모든 브랜드나 특허가 걸려 있는 디자인은 모두 지적 재산권(디자인권, 상표권)이 있으므로 라이브 방송을 하기 전에 문제가 될 만한 소지를 없애는 것이 좋습니다. 상품만 나오거나 목소리만 나오는 방송은 라이브 방송이 노출되지 않을 수 있습니다.

어린아이 동반 참여는 가능하지만, 어린이 단독으로 출연하면 라이브 방송이 노출되지 않습니다.

04 성공적인 쇼핑라이브를 위한 기획

기획은 모든 일의 시작입니다. 기획이 없다면 퀄리티 있는 콘텐츠를 제작할 수 없고, 보는 이들에게도 만족스러운 영상을 보여 줄 수 없습니다. 이번에는 쇼핑라이브 기획은 무엇이고 어떤 것이 필요한지, 쇼핑라이브가 성공하기 위한 방법은 무엇인지 알아보겠습니다.

01 콘텐츠 정하기

쇼핑라이브를 시작했다면 이미 새싹 등급 이상의 셀러이므로 가장 많이 판매되는 상품을 주력 상품 콘텐츠로 정해야 합니다. 새로운 상품을 등록해 팔기보다는 리뷰가 많은 상품 위주로 콘텐츠를 준비하는 것이 좋습니다. 또한 신상품 내지 기획 상품을 추가로 구성해 구매자의 다양한 니즈를 충족시키는 것이 좋습니다.

02 콘셉트 잡기

콘텐츠를 잡았다면 이에 맞는 콘셉트를 잡아야 합니다. 가격을 이용할 것인지, 개성을 이용할 것인지, 인플루언서를 이용할 것인지, 특정 기념일이나 공휴일을 이용할 것인지, 시즌 상품을 이용할 것인지, 위탁 업체를 이용할 것인지 등 다양한 콘셉트로 구매자의 마음을 공략해야 합니다.

가격을 이용한 전략

가격을 화면에 잘 보이는 곳에 배치해야 합니다. 보통 광고 판넬을 사용하거나 별도의 텍스트 이펙트를 활용합니다. 라이브쇼핑 방송의 중간에 구매자의 주의를 환기시키기 위해 가격을 강조합니다.

❶ 위쪽에 가격을 노출해 구매자에게 가격의 장점을 내세웁니다.

❷ 라이브쇼핑의 중간에 할인가 판넬을 노출시켜 구매자에게 가격을 환기시킵니다.

❶   ❷

개성을 이용한 전략

왜 이 상품이어야만 하는지, 이 상품만이 가진 매력이 무엇인지, 다른 판매자에게 없는 부분은 무엇인지를 부각시켜 보여 줍니다. 상품의 실제 현장을 방문해 보거나 사용해 보면서 상품의 개성을 표현합니다.

❶ 실제 상품을 생산 및 판매하는 곳에서 쇼핑라이브를 진행해 구매자의 구매욕구를 불러일으킵니다.

❷ 실제 현장에 나가 상품을 사용해 보면서 생생한 사용 후기를 보여 줍니다.

❶   ❷

인플루언서를 이용한 전략

상품의 매출이 확실할 때나 본사 직영으로 판매할 때는 인플루언서만 이용해도 기본적인 매출은 보장됩니다. 내가 판매할 상품이 어느 정도 가치가 있고, 투자의 여력이 있다면 내 스마트스토어에 맞는 인플루언서를 이용하는 것도 좋은 전략입니다.

기념일이나 공휴일을 이용한 전략

전체적인 색을 정해 주거나, 전체적인 분위기(의상, 소품)를 해당 기념일에 맞게 변경해 주거나, 정보를 정확하게 전달하는 것도 중요하겠지만, 기념일의 상품인 만큼 좀 더 감성적으로 접근할 필요도 있습니다.

시즌 상품을 이용한 전략

명절, 휴가, 계절에 맞춘 아이템 등 이미 다양한 곳에서 시즌 상품을 이용한 전략을 활용하고 있습니다. 명절에 기존 상품에서 다양한 상품을 조합해 선물 세트를 만들어 판매하거나, 휴가철에 여행지에서 사용할 수 있는 상품을 기획, 구성하거나, 특산품을 계절에 따라 판매할 수 있습니다.

기념일과 비슷한 콘셉트로 하되, 여러 가지 기획전을 열어 볼 필요가 있습니다. 특정 아이템만 몰아 팔기도 하고, 특정 색상의 아이템만 몰아 팔기도 하면서 남들과 다른 판매 전략을 구사할 수 있습니다.

위탁 업체를 이용한 전략

얼굴이 방송에 나오는 것이 꺼려지거나, 아이디어가 없거나, 기획을 하기 힘들 때 이를 대신해 주는 업체에게 맡기면 섭외 및 판매까지 진행해 주기도 합니다. 비용이 발생하긴 하지만, 좀 더 나은 퀄리티로 방송할 수 있습니다.

03 콘티 작성하기

콘티(스토리보드)는 영상을 제작할 때 장면 구도의 기본적인 뼈대를 구성하는 설계도를 만드는 것을 의미합니다. 촬영 각본을 바탕으로 필요한 모든 사항을 기록하는 일입니다. 완성도 있는 콘티를 작성하면 완성도 높은 영상을 제작할 수 있고, 실수나 추가 작업을 덜하게 되므로 영상을 효율적으로 제작할 수 있습니다. 이때는 모든 관계자가 콘티를 숙지한 상태에서 방송에 임해야 합니다. 라이브이긴 하지만, 콘티의 내용대로 움직여야만 퀄리티 있는 작업물을 만들 수 있습니다.

콘티에 들어가야 하는 정보

■영상

컷 번호, 장면 번호, 피사체 동선, 시선 및 이동 방향, 화면 및 구도(화면 크기, 카메라 위치 및 높이 앵글), 카메라 워크(줌, 트랙), 자막, 특수 효과 등이 들어갑니다.

■음악

음악의 페이드 인·아웃, 배경음악의 종류와 들어갈 위치, 사용 시간 등이 들어갑니다.

콘티를 작성하기 위한 기본 레이아웃

■누가 필요한가?

구매자의 정확한 타깃팅에 필요합니다. 주 시청자에 따라 전체적인 분위기를 정하고, 그 분위기에 맞춰 출연자를 섭외하거나 복장, 말투, 시선 처리, 배경 처리 등을 정합니다. 예를 들어 유아용품을 판매할 때 실제 아이의 어머니가 출연해 진행하고 주 시청자의 니즈에 맞춰 대응하면 매출을 높일 수 있습니다. 대부분의 시청자는 진행자와 같은 아이의 어머니일 확률이 높으므로 그들의 눈높이와 실제로 사용할 아이의 입장에서 이야기하는 것이 중요합니다.

■ 왜 필요한가?

판매하는 상품의 장점을 소개할 때는 고객이 충분히 납득할 만한 상품의 장점 및 필요한 이유를 설명해 주는 것이 좋습니다.

예를 들어 식품을 판매하면 단순하게 맛있다는 이야기만 하는 것보다는 원산지는 어디인지, 상품의 상태는 어떤지, 상품을 어떻게 활용하는 것이 좋은지, 상품을 왜 지금 구입하는 것이 좋은지 등 주 시청자가 원하는 내용을 미리 인지하고, 물어보기 전에 미리 이야기하는 것이 중요합니다.

■ 왜 사야 하는가?

상품의 특징, 다른 상품과의 차이점, 고객이 이 상품을 왜 사야 하는지를 설명합니다.

■ 왜 지금 사야 하는가?

지금 사야 하는 이유를 설명합니다. 할인, 특별한 구성 등 여러 가지 구매 욕구를 자극합니다.

기본 레이아웃을 바탕으로 간단한 콘티 작성

	판매 제품			
	문서 작성일			
	방송 일시			
	방송 장소			

No	순서	타이틀	시간	내용	동선	카메라	특수효과	비고
#1	인트로	자기 소개 장소 소개	2분	1) 인사하고 자기소개 하기 2) 현재 촬영하고 있는 곳 소개하기	앉았다 일어나며 손흔들기	광각에서 줌인	인사 이펙트	
#2	서론	브랜드 소개 회사 이념 설명 시청자 혜택 소개	5분	1) 브랜드 소개 - 브랜드의 가치 소개 - 브랜드 스토레텔링 2) 시청자 분들께 다양한 이벤트 제공				
#3	본론	상품소개	15분	1) 상품 설명 2) 상품의 장.단점 소개 3) 상품 시연 4) 구매 혜택 소개		중간 중간 제품 줌인	혜택가 이미지 팝업	
#4	본론	고객소통	10분	1) 자주 묻는 질문에 대한 이야기 2) 고객과의 질의 응답			중간 중간 제품 PT	
#5	본론	상품소개	15분	1) 상품 설명 2) 상품의 장.단점 소개 3) 상품 시연 4) 구매 혜택 소개			혜택가 이미지 팝업	
#6	마무리	마무리	5분	1) 상품 마지막 소개 2) 라이브 방송 소감 3) 마무리 인사				

기본 콘티 테이블

04 큐 카드 작성하기

큐 카드는 방송 프로그램에서 MC나 패널들이 들고 읽는 직사각형의 메모지를 말합니다. 쇼핑라이브에서 큐 카드를 활용하면 별도의 보조 모니터가 없어도 효율적인 방송을 할 수 있습니다.

큐 카드 작성 포인트

만들어 둔 콘티를 이용해 큐 카드를 작성합니다. 큐 카드로 전체적인 큰 시나리오를 잡습니다. 큐 카드를 만들 때 가장 중요한 것은 '가독성'입니다. 번호를 매기거나, 색을 이용하거나, 들여쓰기를 하거나, 폰트의 크기를 이용해 눈에 가장 잘 띄도록 합니다.

대본 전체를 담아 내는 큐 카드를 작성해도 되고, 핵심적인 키워드를 잊어버리지 않게 진행 순서에 맞게 적어 둬도 됩니다. 큐 카드의 목적은 진행을 매끄럽게 하는 것이므로 자신에게 맞는 큐 카드 작성법을 익히는 것이 중요합니다.

아나운서의 큐 카드

#3 상품 소개 – 상품 설명 봄 쭈꾸미 산란기
식감 쫄깃한 알 쭈꾸미
타우린 풍부 피로 회복 및 심혈관 질환 치료
타우린 1,305mg으로 낙지의 2배 이상, 문어의 4배, 오징어의 5배

쇼핑라이브의 판매 쭈꾸미 소개 큐 카드

05 대본 작성하기

콘티와 큐 카드를 만들었다면 이제 큐 카드에 살을 붙여 대본을 작성해야 합니다. 큐 카드만으로도 방송을 잘 소화하는 분이 있겠지만, 좀 더 디테일을 살리고 싶다면 대본을 만들어 보는 것도 좋습니다.

쇼핑라이브는 현재 라이브 진행 건도 있겠지만, 방송이 녹화돼 재방송되기도 하므로 실수를 줄이는 것이 좋습니다. 실수를 줄이려면 대본을 만들어 연습을 하거나, 큐 카드에 담아 두거나, 보조 모니터에 띄워 두는 것이 도움이 됩니다. 실제로 대본을 보고 읽지는 않더라도 내용을 글로 정리해 두면 어느 정도 흐름을 잡을 수 있어서 쇼핑라이브에 많은 도움이 됩니다.

실제 뉴스 방송 대본 샘플

06 발음 연습하기

자신의 목소리를 들어 본 적 있나요? 방송 전 휴대폰으로 자기 목소리를 녹음해 들어 보면 정말 어색합니다. 그 어색함을 이겨 내기 위해서는 책이나 다른 문장을 읽고 녹음해 반복적으로 들어 보는 것이 좋습니다. 그러면 내 목소리의 장단점이 들리기 시작합니다. 목소리의 높고 낮음은 어떤지, 톤은 어떤지, 발음은 어떤지, 어떤 발음이 힘든지, 문장의 마무리는 어떻게 해야 하는지를 확인해 보는 것이 좋습니다.

앞서 쇼핑라이브에서 필요한 장비 중 가장 중요하다고 언급한 것이 '마이크'입니다. 마이크가 아무리 좋아도 그것을 사용하는 사용자가 자신감 없는 목소리로 이야기하거나, 목소리에 힘이 없거나, 발음이 뚜렷하고 정확하지 않다면 무용지물입니다. 평소 자신의 목소리를 들어 보고 교정하는 습관을 들여야 합니다.

- **발음 교정:** 나무젓가락, 볼펜 등을 입에 물고 문장 등을 정확하게 읽는 연습을 합니다. 하루에 15분 정도 연습하면 발음을 교정하는 데 도움이 됩니다.
- **발음 연습:** "간장 공장 공장장은 간 공장장이고, 된장 공장 공장장은 고 공장장이다." "경찰청 쇠창살 외철창살, 검찰철 쇠창살 쌍철창살"과 같은 문장을 이용해 발음을 연습해 봅니다.
- **근육 이완:** 몸 전체를 풀어 줍니다. 몸이 긴장돼 있으면 목소리가 편안하게 들리지 않고, 발음도 잘 되지 않습니다. 다양한 스트레칭으로 얼굴 근육 및 온몸의 이완시켜 줍니다.
- **발성 연습:** 자음과 모음을 섞어 발음합니다. 입을 최대한 크고 정확하게 벌리면서 한 자 한 자 또박또박 말하는 연습을 합니다.
- **자세:** 바른자세로 발음합니다. 발음은 정확하게 하고, 목소리는 낮춥니다. 콧소리는 없애고, 날카로운 소리를 자제합니다.
- **말하고 듣기:** 충분히 연습하고, 발음을 녹음해 자신의 목소리를 자주 들어봅니다. 들어볼수록 자기 발음의 문제를 알 수 있고, 수정할 수도 있습니다.

07 리허설 진행하기

진짜 라이브쇼핑처럼 리허설을 진행하는 이유는 혹시라도 생길지 모르는 사건, 사고를 미연에 방지할 수 있기 때문입니다. 콘티의 흐름대로 진행해 보면 실수할 가능성이 높은 부분은 없는지, 빠진 부분은 없는지 미리 체크할 수 있습니다.

리허설을 할 때 체크사항
- 라이브를 할 때 조명이 상품에 적합한지 체크합니다.
- 마이크의 음성 볼륨 상태, 수신 상태를 체크합니다.
- 전체적인 동선을 체크합니다.
- 상품이 제대로 위치하고 있는지 체크합니다.
- 상품을 강조할 판넬의 위치를 체크합니다.
- 실시간 모니터링 모니터, 제작자와의 커뮤니케이션이 가능한 보조 모니터 등 라이브에 사용할 보조 장비를 체크합니다.

리허설을 할 때의 팁

- 고객이 입장하면 닉네임을 불러 소통을 강조합니다.
- 콘셉트를 잡은 내용을 중간에 각인시킵니다(가격, 성격, 시즌).
- 부정적인 댓글이라도 모두 답을 하지 않으면 상품의 부정적인 부분은 회피한다고 생각할 수 있기 때문에 최대한 성실하게 답변합니다.
- 왜 지금 상품을 사야만 하는지를 계속 언급합니다.
- 자주 나올 것 같은 질문을 미리 연습합니다.

08 라이브에 사용할 이벤트 구상하기

빠른 유입과 빠른 호응을 유도할 수 있는 여러 가지 이벤트를 구상합니다. 상품과 관련된 퀴즈를 내 경품을 증정하거나, 진행자와 짧은 게임을 이용해 할인 쿠폰을 제공하면 좋은 반응을 얻을 수 있습니다.

05 많은 사람에게 내 상품을 알리는 첫 시작

쇼핑라이브 앱을 설정하고, 홍보하는 방법을 알아보겠습니다.

01 예약 설정하기

예약 설정을 하면 고객에게 시청 예약 시간을 상기시키는 효과도 있고, 광고 효과도 거둘 수 있습니다.

앱을 이용한 예약 설정 방법

아래쪽에 있는 예약을 선택합니다.

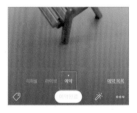

라이브를 진행할 날짜와 시간을 설정합니다.

왼쪽과 아래쪽의 아이콘을 눌러 판매할 상품의 목록을 올려 둡니다.

시간 설정과 상품 선택이 끝나면 [예약 완료] 버튼이 활성화됩니다.

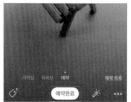

[예약 완료] 버튼을 탭하면 오른쪽과 같이 예약 완료 메시지가 나타납니다.

PC에서 쇼핑라이브 관리 툴을 이용해 예약을 설정하는 방법

쇼핑라이브 관리 툴로 이동해 [라이브 등록] 버튼을 누릅니다.

❶ 라이브 불러오기: 기존에 등록돼 있는 라이브의 정보를 불러옵니다(필수 선택은 아닙니다).

❷ 라이브 타이틀: 구매 고객이 볼 수 있는 타이틀을 기재합니다.

❸ 대표 이미지 등록: 라이브 쇼핑의 타이틀과 함께 보이는 타이틀을 권장 크기에 맞게 등록합니다.

❹ **라이브 예정일/시:** 라이브 예정일과 시간을 등록하면 구매자에게 라이브 방송을 언제 하는지 알려 줄 수 있고, 라이브를 미리 준비할 수도 있습니다.

❺ **라이브에 소개할 상품:** 최소 1개 이상을 등록해야 예약할 수 있습니다. 최소 1개~최대 20개까지 등록할 수 있습니다(단, 스마트스토어 내의 상품만 등록할 수 있고, 상품을 등록할 때 외부 링크를 이용할 수 없습니다).

❻ **노출 카테고리:** 판매 상품과 어울리는 카테고리를 선택합니다.

❼ **라이브 한 줄 요약:** 쇼핑라이브에 노출하고 싶은 추가 코멘트를 입력합니다.

❽ **라이브 혜택:** 라이브에 제공될 혜택을 기재합니다. 필수 사항은 아니므로 혜택이 존재할 때 기재합니다.

라이브 혜택을 미리 입력해 두면 방송 중에도 혜택에 관한 내용을 볼 수 있습니다.

자주 묻는 질문을 등록해 두면 라이브 방송에서 오른쪽과 같은 화면을 볼 수 있습니다.

예약 설정을 확인하는 방법

오른쪽 아래에 있는 [예약 목록]을 선택합니다.

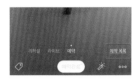

현재 예약돼 있는 쇼핑라이브 예약 목록이 나타납니다. [라이브 시작] 버튼을 탭하면 라이브를 시작할 수 있고, [수정] 버튼을 탭하면 라이브 예약에 관한 날짜 시간 상품을 수정할 수 있습니다. 또한 [복사] 버튼을 탭하면 해당 라이브방송 링크를 복사해 다른 사람에게 공유할 수 있습니다.

PC에서 쇼핑라이브 관리 툴을 이용해 예약 설정을 확인하는 방법

쇼핑라이브 홈페이지에서 가장 아래쪽에 있는 [N쇼핑라이브 관리 툴]을 클릭합니다.

오른쪽에 있는 [대기]를 클릭하면 현재 예약돼 있는 쇼핑라이브의 목록을 볼 수 있습니다.

예약 설정할 때 주의사항

- 라이브 예약은 최대 20개까지 생성할 수 있습니다.
- PC에서 [N쇼핑라이브 관리 툴]을 이용해 예약 설정을 진행해도 라이브는 앱을 이용해야만 시작할 수 있습니다.
- 라이브 예약일을 기준으로 2주까지 진행되지 않는 라이브는 자동으로 종료 처리됩니다.
- 라이브 시작 전 상품 설명이나 상품 수정을 하고 싶을 때는 앱이나 [N쇼핑라이브 관리 툴]을 이용해야 합니다.

02 라이브 시작하기

라이브 리허설의 기능

리허설 기능을 이용해 진행되는 라이브는 네이버 쇼핑라이브에
노출되지 않습니다. 제목 설정, 카테고리 설정, 대표 이미지 설정,
라이브에 소개할 상품 선택 등은 네이버 쇼핑라이브와 동일하지
만, 라이브 '소식받기' 유저 대상 실제 알림 발송은 진행되지 않습
니다. 그리고 리허설로 진행된 라이브는 다시 보기를 할 수 없습
니다.

리허설을 시작할 때 주의사항에 관한 알
림이 나타납니다. 리허설을 할 때는 알
람이 발송되지 않습니다.

쇼핑라이브가 진행되지 않으므로 공유하기나 URL을 복사해 모
니터링을 함께할 스텝들과 리허설 방송을 공유합니다.

라이브 시작하기

라이브를 시작하기 전에 주의사항이 나타나고, 1, 2, 3 카운트 후 라이브가 시작됩니다.

위쪽에 LIVE 표시가 나타나면서 라이브 방송이 시작됩니다.

아래쪽에 있는 삼각형 모양의 숫자는 '라이브 누적 접속자 수', 하트 모양의 숫자는 '좋아요 수'입니다.

예약 라이브 시작하기

쇼핑라이브 PC 버전에서 예약했더라도 실제 쇼핑라이브 진행은 핸드폰 쇼핑라이브 앱에서만 할 수 있기 때문에 예약 시간이 되면 쇼핑라이브 앱을 이용해 라이브를 시작해야 합니다. 예약된 라이브 시작 시간에 맞춰 [LIVE 시작] 버튼을 탭해 라이브를 시작합니다.

라이브를 종료하는 방법

라이브 방송을 모두 마치면 [종료] 버튼
을 탭해 종료합니다. [종료] 버튼을 탭
하면 오른쪽과 같은 팝업 창이 나타나는
데, 다시 보기를 원하면 체크 표시를 하
고, 원하지 않으면 체크 표시를 해제합
니다. [다시 보기]의 체크 표시를 해제하
면 영상이 삭제됩니다. 영상은 복구할
수 없으므로 신중하게 선택해야 합니다.

종료되면 오른쪽과 같은 화면이 나타납니다. 시청 수, 댓글 수,
구매 건수의 통계를 볼 수 있습니다.

• **통계 리포트 보기:** 내가 방송한 쇼핑의
통계를 볼 수 있습니다.

- **나의 라이브 목록:** 지난 라이브를 다시 볼 수 있습니다.

06 100억 매출을 달성하기 위한 쇼핑라이브 운영하기

쇼핑라이브를 이용해 방송했던 영상을 관리하는 방법과 쇼핑라이브의 판매 기준을 알아보겠습니다.

01 라이브 다시 보기

앱에서 다시 보기

라이브를 종료할 때 [다시 보기 영상 저장]을 체크 표시한 라이브의 경우, 쇼핑라이브 앱 메인 화면에서 [지난 라이브 다시보기]를 선택하면 다시 보기를 할 수 있습니다.

라이브 전체 목록을 누른 후 [N쇼핑라이브 관리툴]의 종료된 영상으로 들어가면 다시 보기를 할 수 있습니다.

다시 보고 싶은 영상은 [다시 보기]를 탭
하면 되고, 공유를 하고 싶은 영상은 오
른쪽 위의 화살표를 탭하면 됩니다.

PC 웹에서 다시 보기

앱과 마찬가지로 [종료] 버튼을 누르면 종료된 방송을 다시 볼 수 있습니다. 그 밖에 기존에
진행된 라이브 확인, 통계 리포트, 라이브의 공유, 수정, 삭제도 할 수 있습니다.

상태	라이브 아이디	라이브						
종료	193971	쇼핑라이브 2021.07.17 15:57 ▷18 ♡0		관리	라이브보드	통계	URL복사	수정	삭제
종료	193925	쇼핑라이브 2021.07.17 14:29 ▷17 ♡0		관리	라이브보드	통계	URL복사	수정	삭제
종료	193893	쇼핑라이브 2021.07.17 13:16 ▷19 ♡0		관리	라이브보드	통계	URL복사	수정	삭제
종료	193877	쇼핑라이브 2021.07.17 12:34 ▷0 ♡0			라이브보드	통계	URL복사	수정	삭제
대기	193763	쇼핑라이브 2021.07.21 12:12 ♡0		예고 페이지 등록	라이브보드		URL복사	수정	삭제

쇼핑 LIVE 관리툴   스마트스토어   기기 관리   로그아웃

라이브 관리   예고 페이지 관리

라이브 등록   전체 대기 종료 라이브중

스토어 '소식받기' 유저에게 라이브 시작 알림을 발송해 보세요.
라이브 시작 시 스토어 소식받기 유저에게 '라이브 시작 알림'을
발송할 수 있습니다.

다만 구매자에게 알림 수신은 기본적으로 아침 8시~밤 9시까지 적용되며, 야간 알림 동의에
체크 표시한 구매자만 야간 알림 시간대에도 수신됩니다. 구매자는 네이버 앱 내 알림을 통
해 확인할 수 있습니다. 알람 설정 쿠폰을 넣어 뒀다면 다음과 같은 팝업창을 확인할 수 있
습니다 .

라이브 예약을 했을 때는 알림 발송을 직접 할 수 없고, 라이브 시작 20분 전 '소식받기' 유저
를 대상으로 알림이 자동으로 발송되며, 시작 시 알림은 추가로 발송되지 않습니다.

03 라이브 목록 관리하기

라이브 삭제하기

쇼핑라이브로 녹화된 영상은 구매자가 다시 보기를 하거나 다른 용도로 활용할 수 있으므로 신중하게 삭제해야 합니다. 삭제한 후에는 복원할 수 없습니다.

■ 쇼핑라이브 앱 라이브 삭제하기

❶ [지난 라이브 다시 보기]를 탭합니다. 삭제하고 싶은 라이브의 왼쪽 위의 ❷ 휴지통 모양 🗑 을 탭해 라이브를 삭제합니다.

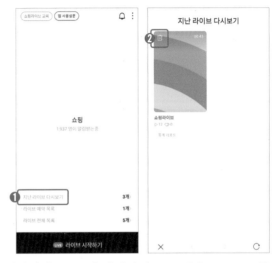

앱 메인 화면에서 ❶ [라이브 전체 목록]을 탭합니다. 목록이 나타나면 ❷ 오른쪽으로 스크롤한 후 ❸ [삭제] 버튼을 탭해 삭제합니다.

■ PC 웹 관리 툴 라이브 삭제하기

'네이버 쇼핑라이브'를 검색해 아래쪽에 있는 ❶ [N쇼핑라이브 관리 툴]을 탭합니다. [N쇼핑라이브 관리 툴]에 로그인한 후 원하는 라이브를 ❷ [삭제]합니다.

04 라이브 등급과 수수료

쇼핑라이브를 이용할 수 있는 등급

쇼핑라이브는 새싹 등급 이상부터 별도의 조건과 사전 신청 없이 쇼핑라이브를 진행할 수 있습니다. 3개월 판매 활동 기준 실적으로 등급이 매겨지므로 새싹 기준인 '3개월 동안 100건 이상, 판매 200만 원 이상의 판매 금액 이상'이라면 라이브 방송을 할 수 있습니다.

앱 다운로드 조건 및 최소 권장 기준

장시간 라이브 방송을 하는 만큼 최신의 핸드폰을 사용하는 것을 추천합니다. 핸드폰은 시스템 업데이트를 해서 가장 최신 상태를 유지해야 합니다. 라이브 방송을 하면 많은 열이 발생하므로 미리 대비해 두는 것이 좋습니다. 발열에 의해 핸드폰이 강제 종료될 수 있습니다.

■ 네이버 쇼핑라이브 앱

- 노출 국가: 한국, 미국, 영국, 프랑스, 중국, 홍콩, 대만, 독일, 이탈리아, 호주, 일본, 베트남, 스페인, 뉴질랜드, 캐나다, 태국, 네덜란드, 터키, 스위스(19개국)

■ 네이버 스마트스토어센터

- 노출 국가: 한국, 미국, 영국, 프랑스, 독일, 중국, 홍콩, 대만, 이탈리아, 호주, 일본(11개국)

■ 프리즘 앱

- 노출 국가: 한국, 미국, 영국, 프랑스, 독일, 중국, 홍콩, 대만, 이탈리아, 호주, 일본(11개국)

쇼핑라이브 수수료 기준

라이브 방송이나 라이브 다시 보기를 이용해 노출된 상품의 구매가 일어났을 때는 라이브 매출 연동 수수료 3% + 네이버페이 주문 관리 수수료(등급별 상이)가 과금됩니다. 수수료는 최소 4%~최대 6.85%까지 책정됩니다.

결제 수수료	
결제 수단	수수료
무통장 입금(가상 계좌)	1%(최대 275원)
계좌 이체	1.65%
신용카드	3.74%
네이버페이 포인트	3.74%
휴대폰 결제	3.85%
라이브 매출 연동 수수료(라이브에 등록된 상품 태그를 이용해 상품 구매가 이뤄진 경우)	3%

05 쇼핑라이브 운영 기준

쇼핑라이브 진행 기준

네이버 쇼핑라이브를 진행하는 데 큰 제한은 없습니다. 최소한의 등급을 갖췄다면 누구나 진행할 수 있습니다. 하루에 몇 번의 라이브를 진행해도 무방합니다. 그 대신 최소 10분, 최대 120분의 라이브 진행 가능 시간은 준수해야 합니다. 너무 자주 진행하면 구매자가 쉽게 질릴수 있고, 너무 뜸하면 단골 고객이 빠져 나갈 우려가 있으므로 적당한 간격을 두고 방송하는것이 좋습니다. 또한 쇼핑라이브의 최소 주의사항 정도는 숙지하고 진행해야 문제의 소지가없습니다.

쇼핑라이브 판매 기준

쇼핑라이브의 판매 기준은 가장 먼저 '내 스토어에서 판매되고 있는 상품이어야 한다.'입니다. 그중 이미 잘 팔려서 구매 내역도 있고, 리뷰가 어느 정도 있는 상품이라면 판매에도 도움이 됩니다. 모든 시청자가 보는 쇼핑라이브인 만큼 19세 이상 구매할 수 있는 상품은 판매할수 없으므로 이 점에 유의해야 합니다. 가품의 소지가 있거나 인증이 필요한 상품은 인증받지않고 판매할 수 없습니다.

상품 등록 정책을 확인해 보시기 바랍니다(https://ips.smart store.naver.com/main/rules/safety/register).

안전 거래 정책을 확인해 보시기 바랍니다(https://ips.smartstore.naver.com/main/rules/safety).

쇼핑라이브 주의사항

개인 미디어 시대인 만큼 많은 미디어가 검증 없이 쏟아지고 있는 상황입니다. 네이버 쇼핑라이브라는 프레임에 속해 있는 만큼 공개적인 내용이므로 대본을 작성했다거나 속으로 어느 정도 생각해 뒀다 하더라도 정확한 정보인지, 올바른 정보인지 검증한 후에 방송하는 것이 중요합니다. 이미 방송이 오픈되면 영상을 재생산하는 것이 어렵기 때문에 다시 담을 수 없다는 점에 유념해야 합니다.

네이버에서 고지하고 있는 쇼핑라이브 주의사항은 다음과 같습니다.

- 음란물 또는 잔인·폭력·혐오 등 청소년에게 부적합한 라이브(즉시 영구 정지 및 형사 고발 조치)
- 지적 재산권, 저작권에 위배되는 라이브
- 공공 질서 및 미풍양속에 위배되는 저속, 음란 라이브
- 불법적인 내용 또는 범죄 관련 직접적인 위험이 확인되는 라이브
- 매매 부적합 상품을 노출 또는 판매하는 라이브
- 타인에게 공포심, 불안감 또는 불쾌감을 주는 라이브
- 라이브 제목과 내용에 불법, 음란, 비속어 등을 표현하는 라이브
- 타인의 라이브를 허락 없이 중계하는 라이브
- 장난 전화 및 타인에게 피해를 주는 라이브
- 다른 라이브 및 기타 외부 방송 프로그램 진행자에 관한 비방, 언행 등이 포함된 라이브
- 자신 또는 다른 사람의 개인정보를 채팅 또는 방송에 노출하는 라이브
- 미취학 아동이 단독으로 출연하는 라이브
- 환불, 취소, 교환을 할 수 없는 상품을 판매하는 라이브

07 소통이 전부다! 효과적인 쇼핑라이브 고객 응대

단순한 라이브 방송으로는 매출을 극대화할 수 없습니다. 라이브 방송 도중에도 시청자와 꾸준히 소통하면서 진행하는 것이 중요합니다.

01 쇼핑라이브 앱을 이용한 고객 응대

상품 소개를 하는 동안 중간 응대를 해야 하는 부분이 있기 때문에 그때그때 상황에 맞게 진행해야 합니다. 보통 간단한 인사나 구매 감사 인사 정도만 하고 질의 시간을 별도로 둬서 그 시간을 활용합니다.

- 고객이 입장했을 때 이름을 불러 주며 반갑게 맞아 줍니다.
- 중간중간 채팅 창을 확인하면서 간단한 질문에 답해 줍니다.
- 부정적인 질문에 관해서는 회피하지 않고 바로 답변해 다른 고객이 오해하지 않도록 합니다.
- 예상 외의 질문이 나올 때를 대비해 상품에 대한 정보를 철저히 숙지합니다.

02 PC 웹 관리 툴을 이용한 고객 응대

[N쇼핑라이브 관리 툴]에서 현재 라이브 중인 방송을 라이브 보드로 활용합니다.

- 라이브 상황판에서는 누적 결제 예정, 결제 상품 수, 최소 상품 수, 시청자 수, 상품 조회 수, 라이브 진행 시간을 조회할 수 있습니다.
- 라이브 채팅 보드를 이용하면 시청자들의 채팅을 확인할 수 있고, 공지도 바로 작성할 수 있습니다. 작성한 공지가 시청 뷰에 노출되는 것도 확인할 수 있습니다.
- 기억해 두고 싶은 채팅 내용은 ★을 이용해 관리하세요.
- 한 줄 요약 및 혜택도 라이브 도중에 수정·관리할 수 있습니다. 수정한 내용이 시청 뷰에 잘 반영되는지도 바로 확인할 수 있습니다.
- 자주 묻는 질문란에 많이 물을 것 같은 질의 응답을 넣어 둡니다. 고객들이 중간중간 FAQ 로 들어가 궁금한 점을 바로 찾아 확인할 수 있게 합니다.

03 보조 모니터

판매자가 바로 핸드폰을 확인할 수 없는 상황에서 보조 스텝이 질문을 올려 주거나 추가 멘트 등을 판매자에게 전달해 구매자와의 소통을 원활하게 해 줍니다.

03

기본 중 기본!
스마트스토어 바이블

스마트스토어는 모든 온라인 창업의 기본 중 기본입니다. 다른 온라인 마켓에 비해 낮은 수수료와 쉬운 접근성, 비교할 수 없는 잠재 고객의 수 등 많은 것이 다른 오픈마켓을 압도하고 있습니다. 스마트스토어를 운영하기 위해서는 기초가 튼튼해야 합니다. 이번에는 스마트스토어 운영에 필요한 사항을 구체적으로 살펴보겠습니다.

01 온라인에 나만의 매장을 만드는 첫 시작, 스마트스토어 가입하기

스마트스토어에서는 판매자에게 가장 합리적인 수수료를 제공하고, 초보 판매자가 자리잡을 수 있는 지원금이나 할인 혜택도 제공합니다. 판매자 페이지는 사용하기 편리할 뿐 아니라 다양한 판매 분석을 이용해 판매 노하우를 익히는 데도 도움을 줍니다. 이외에 자체적으로 제공하는 '네이버 톡톡'도 매출을 올리는 데 많은 도움이 됩니다.

01 스마트스토어 가입하기

판매자의 유형

- **개인 판매자:** 개인정보를 기입하면 즉시 가입할 수 있습니다.

- **사업자:** 제출 서류의 심사 결과에 따라 가입이 결정됩니다.

- **해외 거주 판매자:** 중국 · 홍콩 판매자를 제외한 판매자에 한해 제출 서류의 심사 결과에 따라 가입이 결정됩니다.

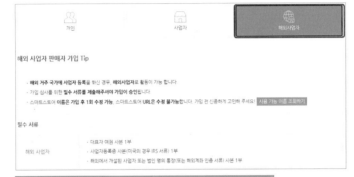

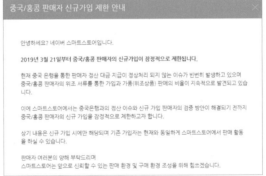

네이버 ID로 스마트스토어센터 가입하기

본인 인증을 합니다.

[네이버 아이디로 가입하기] 버튼을 눌러 네이버에 로그인합니다.

회원 가입이 완료되면 해당 네이버 ID로 스마트스토어센터에 로그인할 수 있습니다. 이후 스마트스토어센터에 로그인할 때 [네이버 아이디 로그인] 탭을 누르면 로그인할 수 있습니다.

새로운 스마트스토어센터 ID 만들기

[e-mail로 가입하기] 버튼을 눌러 사용할 로그인 ID와 비밀번호를 입력하세요. 로그인 ID는
실제로 사용 중인 이메일 주소여야 합니다.

연락할 수 있는 휴대폰 번호를 입력한 후 이메일 주소를 인증하고 개인정보 수집 동의에 체크
표시한 다음 [가입하기] 버튼을 누르세요.

회원 가입이 완료되면 이메일 주소로 스마트스토어
센터에 로그인할 수 있습니다. 이후 스마트스토어센
터에 로그인할 때 [판매자 아이디 로그인] 탭을 누르
면 로그인할 수 있습니다.

판매자 정보의 입력이 끝나면 가입 서류를 업로드하
세요. 서류는 가입 신청을 할 때 파일을 업로드하면
됩니다. 만약 가입 신청을 할 때 업로드하지 못했다
면 스마트스토어센터 내의 [판매자 정보 – 심사내역
조회]에서 업로드할 수 있습니다.

모든 서류를 제출한 후 3영업일 이내에 심사가 진행됩니다.

02 수수료와 정산

최소 4% ~ 최대 6.85%만 과금합니다.

네이버페이 결제 수수료

결제 수단	수수료
무통장 입금(가상 계좌)	1%(최대 275원)
계좌 이체	1.65%
신용카드	3.74%
네이버페이 포인트	3.74%
휴대폰 결제	3.85%

주) • 네이버쇼핑 노출을 이용해 판매: 네이버쇼핑 연동 수수료 2% 추가
 • 네이버쇼핑 외 경로를 이용해 판매: 네이버쇼핑 연동 수수료 없음
 • 가격 비교 사이트를 이용해 판매: 가격 비교 사이트 수수료 추가

유입 경로 결제 방식에 따른 수수료 및 정산 예정 금액은 스토어 구매 확정 내역에서 확인할 수 있습니다.

03 판매자 등급과 굿 서비스

판매자 등급

스마트스토어의 판매자 등급은 총 6단계로, 최근 3개월의 판매 활동 실적 집계를 이용해 매월 2일에 반영됩니다(구매 확정 건 기준).

등급 산정 기준 안내

| 판매자 등급 | 굿 서비스 | 상품등록 한도 |

판매자님의 거래 규모에 따라 구간별로 등급명이 표기 됩니다.
사용자들이 믿고 구매할 수 있도록 네이버 쇼핑 및 스마트스토어 판매자 정보 영역에 아이콘이 표기됩니다.

등급표기			필수조건		
등급명	아이콘 노출	판매건수	판매금액	굿서비스	
플래티넘		100,000건 이상	100억원 이상	조건 충족	
프리미엄		2,000건 이상	6억원 이상	조건 충족	
빅파워		500건 이상	4천만 이상	-	
파워		300건 이상	800만원 이상	-	
새싹	-	100건 이상	200만원 이상		
씨앗	-	100건 미만	200만원 미만		

· 산정 기준 : 최근 3개월 누적 데이터, 구매확정 기준(부정거래, 직권취소 및 배송비 제외)
· 등급 업데이트 주기 : 매월 2일 (예) 10월 등급 산정 기준: 7월~9월 총 3개월 누적 데이터 (월:1일~말일)
· 플래티넘과 프리미엄은 거래규모 및 굿서비스 조건까지 충족시 부여되며, 굿서비스 조건 불충족시 빅파워로 부여됩니다
· 새싹 및 씨앗 등급은 네이버 쇼핑 및 스마트스토어 사이트에서도 등급명 및 아이콘이 노출되지 않습니다

굿 서비스

굿 서비스는 최소 판매 건수 20건 이상인 판매자를 기준(구매 확정 기준)으로 다음 서비스 조건을 모두 충족한 판매자에게 부여됩니다.

■ 굿 서비스 선정 기준

- **구매 만족:** 리뷰 평점 4.5 이상
- **빠른 배송:** 결제 완료 후 영업일 2일 이내 배송 완료가 전체 배송 건수의 80% 이상
- **CS 응답:** 고객 문의 1일(영업일 기준) 이내 응답이 90% 이상(판매자 문의 기준, 상품 문의 제외)
- **판매 건수:** 최소 판매 건수 20건 이상(구매 확정 상품 주문 번호 기준, 직권 취소 제외)

판매자 등급별 상품 등록 한도

스마트스토어의 판매자 등급은 총 6단계로, 최근 3개월의 판매 활동 실적 집계를 이용해 매월 2일에 반영됩니다. 별도의 상품 등록 한도 상향 조정 신청은 할 수 없습니다. 매월 판매자 등급별로 상품 한도 수가 조정됩니다.

[Tip] 상품 한도 수가 하향돼 상품 등록이 안 될 때?

상품 한도 수는 한도 수를 초과해 신규 등록되지 않도록 제한하는 것이므로, 신규 등록하려면 기존 상품을 삭제해야 합니다.

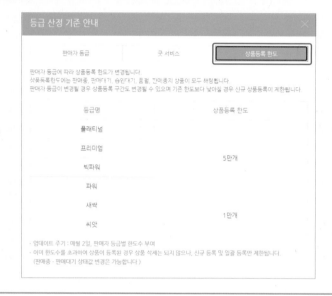

02 모든 업무를 처리할 판매자센터 둘러보기

스마트스토어를 운영하면서 대부분의 시간을 보내야 하는 스마트스토어 판매자센터에 대해 알아보겠습니다.

01 상품 관리

스마트 스토어에 올라가는 상품을 관리할수 있는 메뉴입니다. 판매자의 입장에서 가장 많은 공을 들여야 할 메뉴이므로 모든 내용을 숙지한 후에 상품을 관리하기 바랍니다.

상품 조회/수정
등록한 상품을 조회/수정할 수 있는 메뉴입니다.

■ 상품 조회하기

[상품 관리 - 상품조회/수정] 메뉴를 선택한 후 검색하고 싶은 조건을 입력합니다. 기본으로 나타나는 검색 내용은 최근 등록된 3개월 이내에 판매 중인 상품입니다.

위쪽의 [전체]를 누르면 판매 중인 상품 뿐 아니라 품절 판매 중지, 판매 금지된 상품 등을 모두 조회할 수 있습니다.

상품 번호를 클릭하면 해당 상품의 정보로 이동합니다.

■ 상품 수정하기

[상품 관리 – 상품조회/수정] 메뉴를 선택합니다. 검색하고 싶은 조건을 입력합니다. 상품 목록의 [수정] 버튼을 누르면 상품 정보 수정 페이지로 이동합니다.

상품 정보를 수정한 후 아래쪽에 있는 [저장하기] 버튼을 눌러 저장합니다.

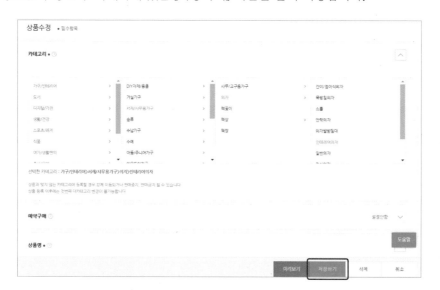

상품 등록

[스마트스토어센터 – 상품 관리 – 상품 등록] 메뉴에서 등록할 수 있습니다.

■ 액션 바

- **액션 바(노출 설정):** 상품 등록 페이지에서 자주 사용하지 않는 컴포넌트들이 있으면 추가/
삭제할 수 있습니다. 왼쪽 아래쪽에 있는 [노출 설정] 버튼을 누르면 상품 등록 페이지에서
사용하지 않는 메뉴를 제거해 간결하게 만들 수 있습니다.

- **액션 바(미리 보기):** [미리 보기] 버튼은 오른쪽 아래에서 확인할 수 있습니다. 스마트스토어 상품 상세를 이용하면 작성된 상품 정보를 미리 확인할 수 있습니다. 모바일은 미리 보기를 제공하지 않습니다.

- **액션 바(임시 저장):** 상품 등록을 작성할 때 임시로 저장하는 기능입니다. 임시 저장할 때는 상품명을 반드시 입력해야 하며, 임시 저장됐을 때는 위쪽에 임시 저장된 건수가 표기됩니다. 임시 저장은 최대 40개까지이며, 40개를 초과하는 때는 가장 오래된 날짜를 기준으로 자동 삭제됩니다.

■ 복사 등록

이미 등록돼 있는 상품을 불러올 때 사용합니다. 최근 등록한 상품을 기준으로 최대 10개까지만 불러올 수 있고, 상품을 선택하면 모든 정보를 불러와 항목을 모두 채웁니다. 그 후에 수정할 부분만 수정해 상품을 추가하면 됩니다. 나중에 정말 많이 사용할 기능 중 하나로 스토어의 특성상 비슷한 카테고리의 상품을 판매할 때 유용합니다.

■ 카테고리

상품을 등록할 때 등록할 상품의 카테고리를 검색하거나 선택해 등록해야 네이버 검색에서 구매자가 원하는 상품을 쉽게 검색할 수 있습니다. 카테고리가 제대로 매칭돼 있지 않다면 네이버에서 임의로 판매 중지되거나 금지될 수 있습니다. 간혹 등록 권한이 있는 판매자만 판매할 수 있는 카테고리들도 있습니다. 이때는 네이버에 권한 신청을 해서 권한을 얻어야 해당 카테고리에 등록할 수 있습니다.

[Tip] 권한 신청이 필요한 상품군(필수 제출 서류)

- 건강 기능 식품(건강 기능 식품 판매업 신고증)
- 의료 기기(의료 기기 판매업 신고증)
- 구매대행 화장품(화장품 제조 판매업 등록필증)
- 구매대행 수입 식품 영업 등록증(수입식품안전관리특별법 시행 규칙 별지 제18호 서식)
- 전통주(주류 통신 판매 승인서, 주류 제조 면허증)

권한 없이 임의 카테고리에서 권한 신청이 필요한 상품군을 판매할 때는 제재 대상이 되므로 반드시 내가 판매하려는 상품의 카테고리를 확인한 후에 권한 신청을 해야 합니다.

- **카테고리명 검색:** 카테고리명을 검색하기 위해 [카테고리명 입력]을 누르면 다음 그림과 같이 최근에 등록된 10개의 카테고리를 볼 수 있습니다. 최근 카테고리를 사용하거나 별도로 검색해 찾을 수도 있습니다.

- **카테고리명 선택:** 어울리는 카테고리를 직접 찾아 등록할 수 있습니다. 카테고리는 상품을 등록할 때 매우 중요한 과정으로, 판매하는 상품과 관련 없는 카테고리에 등록했을 때는 제재의 대상이 될 수 있습니다. 검색할 때 노출에도 영향을 미치므로 반드시 정확한 카테고리로 설정해야 합니다.

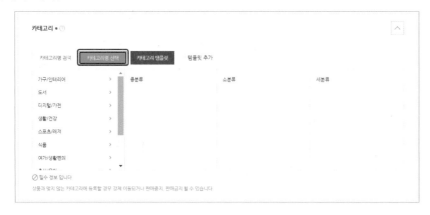

- **카테고리 템플릿:** 자주 등록하는 카테고리는 템플릿에 등록해야 등록 시간을 절약할 수 있습니다. 자세한 설명은 아래쪽의 [상품 관리 – 템플릿 관리]에 있습니다.

만들어진 카테고리 템플릿 중 맞는 카테고리를 선택합니다. 필요 없어진 카테고리는 [삭제] 버튼을 눌러 삭제합니다.

[템플릿 추가]에 체크 표시를 하면 이미 입력한 카테고리가 템플릿에 추가돼 다음 상품을 등록할 때 템플릿에서 쉽게 선택해 사용할 수 있습니다.

■ 예약 구매

예약 구매는 당장 출시하지 않은 상품이거나 일정 주문 수량을 받아야 하는 상품에 한해 예약 구매를 진행합니다. 예약 주문 기간을 설정한 후 예약 주문 기간이 되면 예약 주문 기간 내에는 예약 구매 설정 내역이 변경되지 않으므로 유의해야 합니다. 최소 주문 수량이 필요한 상품이 최소 주문 수량에 미치지 못하면 판매자가 임의로 취소할 수 있습니다. 사용하지 않으려면 [설정 안 함]을 선택합니다.

■**상품명**

상품명은 구매자가 알기 쉽게 작성해야 합니다. 상품명은 최대 100자까지 등록되지만, 동일어, 제목 내 광고 행위, 스팸성 키워드, 상품과 관련 없는 제목, 유명 상품의 유사 문구, 스팸성 문구 등은 사용하지 말아야 합니다. 네이버에서 고지하는 대로 제목을 정상적으로 작성해야 SEO(쇼핑 검색 최적화)에 따른 노출에 도움이 됩니다. 아래쪽에 있는 [상품명 검색품질 체크]를 누르면 상품명이 제대로 입력됐는지 확인할 수 있습니다.

비정상적인 입력   정상적인 입력

판매하는 상품과 관련 없는 내용을 상품명에 넣어 작성할 때는 검색할 때 노출에 제한이나 규제가 있을 수 있으므로 반드시 상품과 관련된 단어를 넣어야 합니다.

■**판매가**

상품의 판매가는 판매할 상품의 구매가(제작가)에 마진과 스마트스토어 수수료, 세금을 더한 금액입니다. 배송료는 아래에 별도로 기입하므로 제외합니다. 어뷰징을 위해 과도한 할인 정책을 사용하면 제재 대상이 되므로 할인가를 적절하게 설정해야 합니다.

[할인을 설정함]을 선택하면 구매자에게 할인된 가격으로 판매할 수 있습니다. 할인 설정 후에는 아래쪽의 할인가로 구매자가 상품을 구매하게 됩니다. 할인은 모바일과 PC를 별개로 적용할 수 있고, 할인액은 금액 단위나 % 단위로도 설정할 수 있습니다.

특정 기간을 정해 할인할 수 있으므로 홍보 활동에 도움이 됩니다. 특히 네이버 쇼핑라이브를 이용해 할인할 때 유용합니다. 방송이 종료된 후에는 반드시 정상 가격으로 설정해야 합니다.

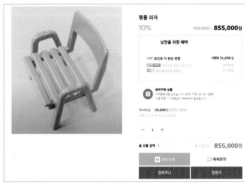

■ 재고 수량

등록하는 상품의 재고 수량을 입력합니다. 재고 수량이 0이면 품절 처리됩니다. 하위 옵션의 재고를 사용할 때는 옵션 재고 수량의 합이 재고 수량으로 변경됩니다.

■ 옵션

'선택형'과 '직접 입력형'으로 나눕니다. 선택형은 크기, 색상 등 상품의 상세 조건을 판매자가 설정해 구매자가 상품을 구매할 때 옵션을 선택할 수 있도록 하는 것을 말합니다.

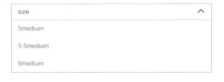

직접 입력형은 판매하는 옵션의 종류가 너무 많아 옵션을 모두 넣기 힘들 때 유용합니다. 구매자가 직접 원하는 옵션을 해당하는 난에 입력해 구매하게 합니다. 그 대신 알아보기 어렵게 입력했다면 구매자에게 연락해야 할 일이 생길 수도 있습니다.

색상을 입력해주세요.

■ 선택형

패션 카테고리에 한해 색상/사이즈 간편 입력 옵션이 나타납니다. 별도의 옵션을 입력하지 않고도 미리 정해진 색상 및 사이즈 옵션이 나타나므로 패션 카테고리를 사용하는 판매자라면 옵션을 간편하게 설정할 수 있습니다. 그 대신 간편 입력 옵션은 옵션가를 별도로 지정할 수 없기 때문에 색상이나 크기마다 가격의 차이가 있는 상품이라면 해당 옵션 입력 방식을 사용하기가 불편합니다.

사용 방법은 색상을 선택합니다. 원하는 색상이 없으면 비슷한 색상을 선택하고, [색상명 변경]을 선택해 색상을 바꿔 주면 됩니다. 패션의 사이즈를 선택할 때도 나라별로 정해진 사이즈를 선택할 수 있습니다. 그 대신 지정된 명칭의 사이즈 외에는 선택할 수 없습니다. 옵션 목록 중 [적용]을 누르면 아래쪽 테이블에 옵션 목록 리스트가 생성됩니다. 옵션 목록을 강조해 아래쪽 테이블로 링크하세요.

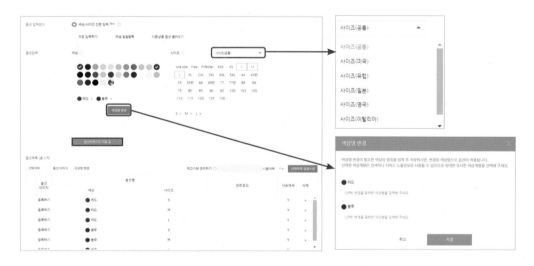

옵션 이미지를 선택하면 색상 대신 선택한 이미지가 상품 상세 페이지에 표시됩니다. 옵션 이미지를 넣으면 다음과 같이 대체 이미지가 나타납니다.

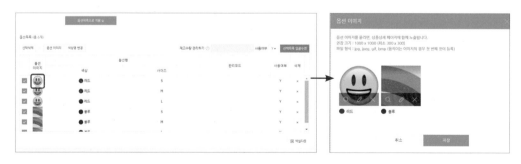

상품 상세 페이지에도 이미지 선택하는 부분이 대
체 이미지로 바뀐 것을 확인할 수 있습니다.

'재고 수량 관리하기 체크 박스 미사용'은 하위 테이블표에 재고 수량을 잡지 않고 사용 여부
의 Y/N만으로 상품의 사용 여부를 체크 표시를 합니다. 주문이 발주돼도 재고 수량을 따로 체크
하지 않기 때문에 재고 수량이 차감되지 않습니다. '재고 수량 관리하기 체크 박스 사용'은 옵션
테이블표에 재고 수량 컬럼이 생깁니다. 기본 재고 수량이 입력된 후 변경을 원하면 각각 옵션별
수량을 변경할 수 있습니다. [재고 수량 관리하기]의 옆 칸에 재고 수량을 넣은 후 선택 목록을 일
괄 수정하면 전체 재고를 수정할 수 있습니다. [엑셀 다운] 버튼을 누르면 옵션표를 엑셀로 다운
로드할 수 있습니다. 나중에 같은 옵션의 다른 상품을 등록할 때 빠르게 등록할 수 있습니다.

옵션 입력 방식을 변경하면 입력해 둔 옵션이 모두
사라집니다.

직접 입력하기는 옵션에 관한 전체 구성을 직접 입력해 세팅합니다. 옵션별 재고 수량이나 옵션가 설정이 필요하면 조합형을 선택하세요. 난독형의 옵션명 개수는 최대 3개까지입니다. 정렬 순서는 등록된 순서대로 보이는 '등록순'과 가나다 자음순으로 보이는 '가나다순'으로 나뉩니다.

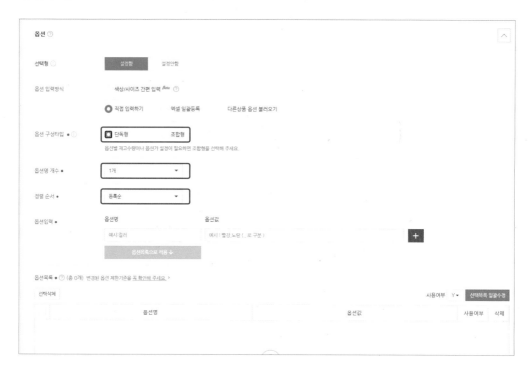

상품 페이지에 오른쪽과 같이 나타납니다.

조합형 옵션명의 개수는 최대 3개까지입니다. 정렬 순서는 등록된 순서대로 보이는 '등록순'과 가나다 자음순으로 보이는 '가나다순'으로 나눠집니다. 옵션가에 따른 낮은 가격순과 높은 가격순이 있습니다.

오른쪽과 같이 나타납니다.

엑셀 양식을 다운로드해 옵션을 일괄적으로 등록할 수 있습니다. 단독 옵션일 때는 [엑셀 양식 다운(단독)]을 다운로드합니다. 옵션을 넣은 후 옵션 값을 하나씩 입력하고, 사용 여부를 Y/N으로 입력합니다.

옵션명	옵션값	사용여부
컬러	빨강	Y
컬러	파랑	Y
사이즈	S	Y
사이즈	M	Y

[엑셀 일괄등록하기]를 선택한 후 위에서 수정한 엑셀 파일을 업로드합니다.

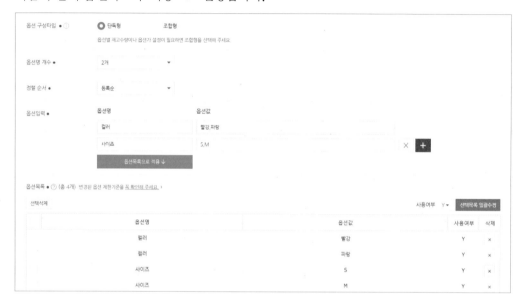

다음과 같이 옵션이 모두 자동으로 변경됩니다.

조합 옵션일 때는 [엑셀 양식 다운(조합)]을 다운로드합니다. 필요 항목들의 값을 넣습니다.
옵션가가 0원일 때는 재고 수량이 최소 1개 이상이어야 정상 처리됩니다.

색상	사이즈	옵션가	재고수량	관리코드	사용여부
빨강	S	0	1	OW2MB376	Y
빨강	M	100	100	OW2MZ055	Y
파랑	S	200	200	OW2MB376	Y
파랑	M	300	300	OW2MZ055	Y

[엑셀 일괄등록하기]를 선택한 후 위에서 수정한 엑셀 파일을 업로드합니다. 다음과 같이 옵션 값이 조합형 옵션으로 등록됩니다.

다른 상품 옵션 불러오기는 이전에 등록했던 상품의 옵션을 그대로 가져와 사용하는 기능입니다. 비슷한 상품군의 상품이라면 옵션을 간편하게 불러와 사용할 수 있습니다.

직접 입력형은 다양한 옵션이 있는 상품에 한해 직접 입력형을 선택합니다. 총 5개의 옵션을 선택해 옵션 주문을 입력받을 수 있습니다. 원하는 옵션의 옵션명을 넣은 후 사용 여부를 체크하면 구매자가 직접 옵션을 입력해 구매할 수 있습니다.

컬러를 입력하는 난이 생성되면 구매자가 원하는 색상을 직접 입력합니다.

■ 옵션을 설정할 때 주의사항

대 카테고리	옵션 비허용 유형	허용 불가 옵션 예시	허용 가능 옵션 예시	적발 시 조치
전체 카테고리 대상	개봉 상품을 기본가격으로 등록 벌크제품 가격을 기본가격으로 등록	미개봉/풀박스 상품 추가금 발생 ex. 마우스 (오픈박스) + 0 / (풀박스) + 1만원 ex. 운동화 (오픈박스) + 0 / (미개봉상품)	① 마우스 (풀박스) + 0, (오픈박스) - 1만원 또는 ② 오픈박스/벌크 상품은 개별 등록 (오픈박스/벌크 상품임을 상품명에 고지해야 함) ex. 마우스 g502 무선, 오픈 박스 상품 ex. 마우스 g502 무선, 벌크 상품	상품삭제
	B급 상품을 기본가격으로 등록	정상 상품 추가금 발생 ex. 롤립 유리볼 B급 + 0 / 롤립 유리볼 +1만원 ex. 흠집난 사과 + 0 / 특1급 사과 + 1만원	① 롤립 유리볼 + 0, 롤립 유리볼 B급 - 1만원 또는 ② B급 상품은 개별 등록 (B급 상품임을 상품명에 고지해야 함)	상품삭제
	필수구성품을 제외한 상품을 기본가격으로 등록	필수구성품 상품 추가금 발생 ex. 프린터 상품 토너 제외 가격 + 0 / 토너 포함 +1만원 ex. 블랙박스 상품 메모리 제외 + 0 / 메모리 포함 +1만원	필수구성품 일체 포함가격으로 판매 (필수 구성품 제외 시 제외 사실 상품명에 고지해야 함) ex. 컬러 프린터 (토너 제외, 별도 구매 필요)	상품삭제
	배송지연 옵션을 기본가격으로 등록	배송 시점에 따른 추가금 발생 ex. 당일 발송 + 1만원 / 일반 발송 + 0	순차지연발송 옵션 삭제	상품삭제
	대량 구매 가격을 기본가격으로 등록	기본 옵션 상품 추가금 발생 ex. 컴퓨터 일반 구매 + 1만원 / 대량 구매 (수량문의 필요) + 0	① 일반 구매 + 0, 대량 구매 +1만원 또는 ② 대량 구매 상품은 개별 등록 ex. 상품 A : 일반구매, 상품 B : 대량 구매	상품삭제
	기본설치비 제외 가격을 기본가격으로 등록	기본 설치비 제외한 상품 추가금 발생 ex. 에어컨 기본 설치비 포함 + 1만원 / 기본 설치비 후불지급 + 0	① 기본 설치비 포함 + 0, 설치비 제외 - 1만원 또는 ② 설치 포함 상품과 미포함 상품을 개별 등록 (미포함 상품임을 상품명에 고지해야 함)	상품삭제
	파손제품 안전배송 가격을 기본가격으로 등록 손상책임 가격을 기본가격으로 등록	파손/손상책임 상품 추가금 발생 ex. 도자기 파손책임 + 1만원 / 파손면책 + 0	추가금 발생하지 않도록 판매가격에 반영하여 판매	카탈로그 매칭 제외
	냉동 식품 배송 시 아이스팩 개수를 유상옵션으로 판매	아이스팩 개수에 따라 추가금 발생 ex. 냉동식품 아이스팩 1개 + 1천원 / 5개 +3천원	옵션 추가상품 영역 모두 '냉장/냉동 유지하여 배송' 등의 목적으로 추가금 등록 불가 구매자가 추가로 구입을 원하는 정보 추가상품으로 등록	상품삭제
	박스 상태 예 따라 가격을 상이하게 등록	박스 상태에 따라 추가금 발생 ex. 박스 약간 찢어짐 + 0 / 박스 양호 +1만원	-	상품삭제
	제조 시점에 따라 가격을 상이하게 등록	제조 시점에 따라 추가금 발생 ex. 3개월 이내 제조 상품 +1만원	-	상품삭제
	유통 기한에 따라 가격을 상이하게 등록	유통 기한에 따라 추가금 발생 ex. 유통 기한 1년 이상 +1만원	-	상품삭제
화장품/미용, 패션의류, 패션잡화 (패션잡화>여성 & 남성신발 한정)	색상 별로 가격을 상이하게 등록	색상별 추가금 발생 ex. 티셔츠 화이트 + 0 / 블랙 +1만원 ex. 립스틱 레드 + 0 / 핑크 +1만원 ex. 운동화 블랙 +0 / 화이트 +1만원 ex. 반팔티 화이트 + 0, 반팔티 블랙 + 1만원 칠부티 화이트 + 0, 칠부티 블랙 + 1만원 (모음집 구성이나, 디자인이 동일한 상품의 색상별 추가금이 발생하므로 비허용)	ex. 반팔티 화이트 + 0, 반팔티 블랙 + 0 칠부티 화이트 + 1만원, 칠부티 블랙 + 1만원 (모음집 구성이나, 디자인이 다른 상품의 추가금이 발생하여 허용) ex. 릭스틱 마트 레드 + 0 / 글로시 핑크 + 1만원 ex. 에어맥스 블랙 + 0 / 허라취 화이트 + 1만원	상품삭제
패션의류, 패션잡화 (패션잡화>여성 & 남성신발 한정)	사이즈별로 가격을 상이하게 등록	사이즈별 추가금 발생 ex. 런닝 S + 0 / M,L + 1만원 ex. 운동화 250 + 0 / 255mm + 1만원 ex. 미니 원피스 S + 0, 미니 원피스 M + 1만원 롱 원피스 S + 0, 롱 원피스 M + 1만원 (모음집 구성이나, 디자인이 동일한 상품의 사이즈별 추가금이 발생하므로 비허용)	ex. 미니 원피스 S + 0, 미니 원피스 M + 0 롱 원피스 S + 0, 롱 원피스 M + 1만원 (모음집 구성이나, 디자인이 다른 상품의 추가금이 발생하므로 허용) ex. 운동화 에어맥스 250 + 0 / 허라취 255mm + 1만원	상품삭제

네이버에서 제공하는 옵션 허용/비허용 테이블

상품 이미지

■ 대표 이미지(섬네일)

대표 이미지는 반드시 넣어야 합니다. 네이버쇼핑에서 상품을 검색할 때 나타나는 이미지들이 대표 이미지입니다.

파일은 jpg, jpeg, gif, png, bmp 형식만 사용할 수 있습니다. 대표 이미지의 권장 크기는 1,000×1,000픽셀이며, 규정된 크기를 지키는 것이 유리합니다. 규정을 지키지 않으면 상품을 노출할 때 이미지가 제대로 보이지 않을 수 있습니다. 대표 이미지의 크기가 300×300픽셀 미만, 3,000×3,000픽셀 초과, 가로 세로의 비율이 1:2를 초과하면 네이버쇼핑에 연동되지 않아 상품이 노출되지 않을 수도 있습니다.

[Tip] 대표 이미지 실시간 반영 여부

상품의 대표 이미지를 수정했지만, 네이버쇼핑에서 확인해 보면 변경되지 않은 경우가 있습니다. 네이버쇼핑에 반영되기까지는 최대 1~2일의 시간이 소요됩니다.

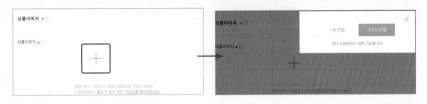

이미지 파일을 선택하면 오른쪽과 같이 대표 이미지가 표시됩니다. 돋보기는 사진의 상세 보기 기능, 연필 모양은 사진을 교체하는 기능, × 모양은 사진을 지우는 기능입니다. 이미지 파일을 선택하면 오른쪽과 같이 대표 이미지가 표시됩니

■ 추가 이미지(서브 섬네일)

추가 이미지는 최소 0장부터 최대 9장까지 등록할 수 있습니다. 추가 이미지는 상세 페이지 화면에서 이미지를 클릭해 크게 볼 수 있습니다.

오른쪽은 구매자에게 보이는 상품 소개 화면입니다. 대표 이미지가 크게 보이고 아래에 추가 이미지가 자리잡고 있는 것을 알 수 있습니다.

■동영상

상품의 동영상은 AVI, WMV, MPG, MPEG, MOV, MKV, ASF, SKM, K3G, FLV, MP4, 3GP, WEBM 파일 형식을 지원합니다. 최대 등록할 수 있는 동영상의 최대 용량은 8,192MB(8GB)이고, 최대 재생 시간은 7시간입니다. 7시간이 초과되면 자동으로 편집돼 7시간까지만 등록됩니다. 1,024MB(1GB) 이상의 대용량 동영상 파일을 업로드할 때는 본인 인증을 완료해야 합니다. 십자가 모양을 선택하면 동영상을 업로드할 수 있습니다.

동영상 업로드가 완료되면 아래쪽의 이미지 중 1개를 골라 섬네일로 지정할 수 있습니다. 이미지가 잘리지 않고 온전하게 나온 사진을 골라 섬네일로 사용합니다.

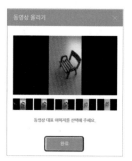

오른쪽과 같이 동영상이 업로드되면 아래의 [GIF 미리 보기]를 눌러 업로드된 영상을 간단하게 확인할 수 있습니다.

대표 이미지의 아래에 동영상 마크가 생기면서 동영상 섬네일이 생깁니다.

[Tip] 동영상을 찍는 방법

카테고리에 맞게 자연스러운 연출을 해 주는 것이 가장 중요합니다. 패션 상품은 판매하고자 하는 상품이 잘 드러날 수 있게 해 주고, 좀 더 자연스러움을 주기 위해 일상의 영상을 올려 구매자가 실생활에 어떻게 보이게 될지 상상하게 합니다. 기능성 상품은 영상에 기능을 강조해 이 상품이 글이나 사진만으로 보여 줄 수 없는 기능을 좀 더 강조합니다. 또한 사용 후기 등과 같은 영상을 첨부해 구매자가 좀 더 친숙하게 다가갈 수 있도록 하는 방법도 있습니다.

■ 동영상 타이틀

동영상을 업로드했다면 동영상 검색에 노출됩니다. 해당 동영상 타이틀을 입력하면 동영상 검색에 노출될 수 있습니다.

[Tip] 타이틀을 만드는 방법

간단명료한 제목을 사용해 제목 내에 정확한 콘셉트가 드러나야 합니다. 가장 중요한 단어를 제목의 앞에 배치하고, 시리즈로 나오는 상품일 때는 뒤쪽에 배치합니다(예 진라면 순한맛(O), 순한맛 진라면(X)). 영어 제목이 함께 들어갈 때는 영어 제목을 한글 제목의 뒤쪽에 넣어 줍니다. 상품과 관련성이 없는 내용의 단어는 배제하고, 제목에 의성어나 의태어는 넣지 않습니다.

■ 상세 설명(상세 페이지)

구매자가 상품을 눌러 상품의 내용을 확인하는 부분입니다. 판매자는 상세 설명에 내가 판매하는 상품을 다양한 방법으로 홍보를 함으로써 구매자가 상품을 믿고 살 수 있게 만들어 줍니다. 상세 설명은 '스마트에디터 ONE'이나 'HTML 작성'을 이용해 입력할 수 있습니다. 스마트에디터 ONE은 블로거나 글을 작성하듯이 작성하기 편리하고 HTML 작성은 외부 링크를 사용하는 판매자에게 제공되는 기능입니다. 모바일, PC 상관없이 누구나 쉽게 상품 상세 페이지를 작성할 수 있습니다. 네이버에서 블로그를 작성해 봤다면 스마트에디터 ONE을 사용하는 데 큰 불편이 없을 것입니다.

- **블로그나 문서를 작성하듯이 편리한 작업:** 텍스트와 이미지를 원하는 형태로 편하게 등록 및 편집할 수 있습니다. 문서에 글을 쓰듯 편하게 입력하고, 글 색깔 조정, 크기 조정 등을 할 수 있습니다. 첨부 사진은 드래그 드롭 기능으로 사진을 쉽게 첨부할 수 있습니다.

- **다양한 컴포넌트 기능 제공:** 사진, 동영상을 선택해 사진 및 영상 자료를 쉽게 첨부할 수 있습니다. 인용구와 구분선을 이용해 작성하는 글을 강조하거나 제목이 필요한 부분에 첨가할 수도 있고, 지도 기능을 이용해 정확한 위치를 가르쳐 줄 수도 있습니다. 링크 기능으로 추가 상품의 링크를 걸어 주거나 좀 더 상세한 정보를 추가 링크로 제공할 수도 있습니다. 표 기능은 상품을 좀 더 상세하게 설명할 때 유용합니다. HTML 코드를 사용해 외부 코드를 손쉽게 적용할 수도 있습니다. 다양한 컴포넌트를 사용하면 상세 페이지를 한결 수월하게 작성할 수 있습니다.

- **이미지 태그를 활용한 상품 추천:** 상품 이미지 내의 원하는 위치에 좌표와 상품 정보를 등록할 수 있습니다. 패션 코디, 인테리어 상품 등 다양한 상품을 추천하면 내가 판매하는 연관 상품의 매출 증대를 기대할 수 있습니다. 실제로 많은 판매자가 사용하고 있고, 소비자도 상품을 쉽게 확인하고 구매할 수 있습니다.

태그를 걸 위치에 초록색 화살표로 위치를 체크 표시를 하고, 오른쪽 검색창에서 해당 상품을 검색합니다. 검색되는 상품 중 해당 상품이 나오면 선택해 링크를 걸어 줍니다. 이렇게 원하는 아이템마다 태그를 걸면 추가 상품의 구매를 유도할 수 있습니다.

• **사진으로 다양한 편집:** 첨부한 이미지의 툴 바에서 사진 편집을 선택하면 [Smart Editor 사진 편집] 창으로 이동합니다. 사진 편집에서는 크기 변경, 자르기, 회전, 필터, 보정, 액자, 서명, 모자이크, 텍스트, 스티커, 마스크 기능을 사용해 첨부된 사진을 다양하게 편집할 수 있습니다. 포토샵과 같은 프로그램을 이용하지 않아도 상세 페이지를 꾸미거나 사진을 편집할 수 있고, 편집 프로그램을 활용하기 어려운 판매자도 사진을 손쉽게 편집해 상세 페이지를 만들 수 있습니다.

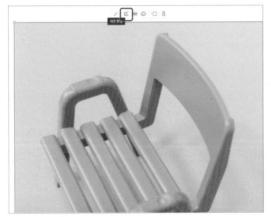

- **템플릿을 활용해 글을 좀 더 쉽게 작성하기**: 상품 상세 페이지를 만들 때 가장 어려운 부분은 '어떻게 기획하고 디자인할 것인가?'입니다. 추천 템플릿과 내 템플릿을 이용하면 원하는 카테고리의 템플릿을 불러와 상품 상세 페이지를 쉽게 작성할 수 있습니다. 어느 정도 상세 페이지에 자신이 생겼다면 자신만의 상세 페이지를 템플릿에 저장한 후 상세 페이지를 만들 때 불러와 사용할 수 있습니다.

- **인용구와 구분선을 잘 활용한 상세 페이지 작업**: 글의 크기와 색으로만 글을 강조하면 시인성이 떨어지는데, 이때 인용구를 적절하게 사용하면 좀 더 구매자의 눈에 잘 띄는 나만의 상세 페이지를 만들 수 있습니다. 또한 구분선을 적절하게 사용하면 상세 페이지에 구획을 만들어 가독성과 가시성을 높일 수 있습니다.

- **상세 설명 마무리**: 모든 작성이 끝났으면 오른쪽 위에 있는 [등록] 버튼을 눌러 마무리합니다. 그러면 실제 상품의 상세 설명란에 작성한 내용이 입력된 걸 확인할 수 있습니다.

■ 상품 주요 정보

상품을 식별할 수 있는 필수 정보를 의미하고, 모델명, 브랜드, 상품 속성 등의 주요 정보를 입력해 구매자가 상품을 검색할 때 정확한 검색 결과가 나오도록 합니다. 상품에 적합하지 않은 정보를 입력하면 상품의 노출이 중단될 수 있으므로 정확하게 입력해야 합니다.

- **모델명**: 자사 브랜드이거나 브랜드가 없는 상품이라면 모델명을 직접 입력해야 합니다. 그 밖에 모델명이 있는 상품이라면 [찾기] 버튼을 선택해 같은 상품을 등록합니다.

[모델명 찾기]를 이용해 모델명을 등록하면 카테고리, 브랜드, 제조사 등 상품의 주요 정보가 자동으로 입력됩니다. 자동으로 입력되면 카테고리는 변경할 수 없습니다. 한 번 선택한 모델명은 수정할 수 없으므로 신중하게 선택해 등록해야 합니다.

- **브랜드:** 앞에서 자동 입력으로 입력했다면 브랜드는 자동으로 입력됩니다. 원하는 브랜드를 검색한 후 브랜드가 없는 상품이라면 직접 입력하고 [자체 제작 상품]에 체크 표시를 합니다. 네이버쇼핑에서 검색할 때는 브랜드 항목을 입력한 상품이 검색 적합도가 더 높기 때문에 검색 랭킹 상위에 올라갈 수 있습니다. 따라서 브랜드명은 직접 입력이 아닌, 자동완성을 이용해 입력하는 것이 유리합니다.

- **제조사:** 제조사의 정보도 브랜드와 마찬가지로 작성하면 됩니다.

- **상품 속성:** 상품의 속성 입력 값은 카테고리에 따라 다르게 나타납니다. 중요하다고 생각하는 상품의 주요 속성을 입력합니다. 아래쪽에 있는 [속성 더 입력하기]를 누르면 더 많은 속성을 입력할 수 있습니다. 주요한 속성을 입력해 두면 네이버쇼핑에서 검색할 때 노출에 유리하게 작용합니다.

- **KC 인증:** 판매하고자 하는 상품이 KC 인증이 필요한 상품인지 확인한 후 인증이 필요한 상품이라면 인증한 후에 판매해야 합니다. KC 인증이 필요한 상품을 인증 없이 판매하면 3년 이하의 징역 또는 3,000만 원 이하의 벌금형에 처해질 수 있습니다. 또한 법적인 제제 외에도 네이버 자체적으로도 퇴점시킬 수 있으므로 주의해야 합니다. 특히 어린이 상품, 계량기, 방송 통신 기자재, 생활용품, 전기용품군에 해당 KC 인증이 필요한 사항이 있으므로 반드시 확인한 후에 판매하길 바랍니다.

  구매대행을 할 때는 전기용품 및 생활용품 안전관리법(전안법)의 적용을 받는지, 구매대행을 할 수 있는 품목인지 확인한 후에 등록해야 합니다. 전기용품 및 생활용품 KC 인증이 있는 상품을 구매대행으로 판매할 때는 인증 정보를 입력한 후 [구매대행]을 선택하면 됩니다. KC 인증 없이 구매대행을 할 수 있는 품목일 때는 [인증 없음]에서 [구매대행]을 선택해 등록할 수 있습니다. 구매대행의 장점은 특정 몇 가지 상품을 제외하곤 인증 없이 판매할 수 있는 상품들이 많아 판매자가 큰 불편 없이 판매할 수 있다는 것입니다.

[Tip] 해외 구매대행 판매 제한 카테고리

해외 구매대행으로 사업자등록증을 낸 후 스마트스토어에서 판매하더라도 판매 권한이 필요한 상품(의료 기기, 의약외품, 유·아동 어린이용품, 화장품, 건강 기능 식품 등)을 판매할 때는 관련 기관의 허가나 자격이 필요하기 때문에 반드시 확인한 후에 판매해야 합니다.

정식 수입업자가 이미 인증받은 모델을 병행수입할 때는 별도의 인증 검사는 면제되지만, 별도로 발급받은 KC 인증 정보를 등록한 후에 판매해야 합니다. KC 인증이 없는 경우에는 판매하는 제품에 따라 [구매대행], [안전기준 준수], [KC 안전관리 대상 아님] 제품임을 확인한 후 등록합니다. KC 인증 번호를 입력할 필요는 없지만, 실제 판매 상품 또는 포장에 품목별 안전 기준에서 정하는 사항을 표기해야 합니다.

인증이 있는 경우

인증이 없는 경우

- **인증 정보:** 필수 입력 항목은 아닙니다. 하지만 인증 정보가 반드시 필요한 상품이라면 해당 상품의 인증을 득하고, 인증 정보를 정확하게 입력해야 합니다. 인증 없이 판매하는 것은 위법이므로 제재 대상이 됩니다. 인증이 필요한 상품은 무조건 인증을 받은 후에 판매해야 합니다.

- **원산지:** 원산지는 필수 항목이므로 반드시 입력해야 합니다. 원산지는 '원재료 원산지'를 입력해야 합니다. 국산, 수입산, 기타 중에서 선택할 수 있습니다. 국산일 때는 국산을 선택한 후 국내산 지역을 선택하면 됩니다. 수입산일 때는 수입국을 선택한 후 수입사를 입력합니다. 등록하는 상품의 옵션별로 원산지가 다를 때는 아래쪽에 있는 [원산지 다른 상품 함께 등록]에 체크 표시를 하고 상품 상세 페이지 내에 원산지를 기재해야 합니다.

만약 원재료가 많을 때는 [원산지] 항목의 [기타]를 선택해 [상세 설명에 표시] 또는 [직접 입력]을 이용해 기재해야 합니다.

- **상품 상태:** 상품 상태는 '신상품'과 '중고 상품' 2가지 중 1가지를 반드시 선택해야 합니다. 잘못 입력해 판매하면 판매 금지나 네이버쇼핑에 노출되지 않을 수도 있으므로 상품 상태에 따라 정확히 선택해 판매해야 합니다.

- **맞춤 제작:** 주문자의 특별 요구사항에 맞게 맞춤 제작되는 상품이라면 맞춤 제작 체크 박스에 체크 표시를 합니다. 단순히 구매자의 주문을 받은 후에 제작되는 상품을 맞춤 제작이라고는 하지 않습니다. 모든 주의사항을 확인했다면 아래쪽에 있는 [동의 사항]에 체크 표시를 합니다. '주문 후 제작' 상품일 경우, [배송 – 배송 속성으로 이동 – 주문 확인한 후 제작]에 체크 표시한 후 발송 예정일을 선택해야 합니다(배송에서 다시 한번 설명하겠습니다).

- **제조 일자:** 상품의 제조 일자가 필요한 항목에 한해 상품의 생산 제조 일자를 체크 표시를 합니다.
- **유효 일자:** 상품의 유효 일자가 필요한 항목에 한해 상품의 유효 일자에 체크 표시를 합니다.
- **미성년자 구매:** 청소년이 이용할 수 없는 상품일 때는 [미성년자 구매 불가능]으로 설정해 놓은 후에 판매해야 합니다. 판매자가 미성년일 때도 성인 상품을 등록하거나 판매할 수 없습니다.

■ **상품 정보 제공 고시**

「전자상거래 등에서의 상품 등의 정보 제공에 관한 고시」에는 "통신판매업자가 소비자에게 제공해야 할 재화 등의 정보에 관한 사항과 거래 조건에 관한 정보의 내용과 제공 방법을 구체적으로 제시해야 하고, 정보 부족에 따른 소비자 피해를 사전에 예방하는 데 그 목적이 있다."라는 조항이 있습니다. 이에 따라 상품의 특성을 객관적으로 판단할 수 있는 원산지, 제조일, 상품 인증 여부, A/S 책임자 등을 사전에 제공해야 합니다. 상품을 등록할 때 '상품 정보 제공 고시'는 반드시 입력해야 하며, 상품 상세 정보에 자세한 내용이 있다면 [상품군] 항목에 있는 [상품 상세 참조로 전체 입력]을 선택하면 됩니다.

[Tip] 상품정보제공고시 활용 팁

현재 판매하려고 하는 상품이 상품 정보 제공 고시 내 상품군에 없을 때는 [기타 재화]를 선택하면 됩니다.

■ 배송

판매하는 상품의 배송에 관련된 정보를 입력합니다.

- **배송 여부:** 상품을 어떤 방식으로 배송할 것인지에 관한 선택입니다. [배송]을 선택하면 택배, 퀵서비스, 직접 배송 등을 이용해 구매자에게 배송합니다. [배송 없음]은 실물이 존재하지 않는 쿠폰이나 구매 코드 등의 상품일 때나 물리적인 배송이 없을 때 선택합니다.

- **배송 방법**
  - 택배, 소포, 등기: 택배 회사나 우체국을 이용해 배송
  - 직접 배송(화물 배달): 운송업체를 보유하고 있는 업체에서 직접 배송할 때 선택합니다.
  - 방문 수령: 구매자가 직접 판매처에 방문해 상품을 수령할 때는 방문 수령 주소를 기입해 둡니다.

  - 퀵 서비스: 특정 지역이 한정된다면 퀵 서비스 업체를 이용해 배송할 수 있습니다. 이때는 반드시 [퀵 서비스 배송 가능 지역]을 선택해야 합니다.

- **배송 속성**
  - 일반 배송: 가장 많이 사용하는 일반 배송이 기본 설정 값입니다.

  - 주문 확인한 후 제작: 구매자의 맞춤 제작 요청을 받고 주문을 확인한 후 제작을 시작하는 상품일 때는 [주문확인 후 제작]에 체크 표시한 후 발송 예정일을 영업일 기준으로 2~14일 이내로 선택할 수 있습니다.

‑ 오늘 출발: 1일 이내에 발송할 수 있을 때는 [오늘 출발]을 선택합니다. 발송할 수 있는 기준 시간을 설정한 후 기준 시간 내에 결제된 주문 건은 반드시 당일 발송 처리를 해야 합니다. 오늘 출발 주문 건의 당일 발송 처리를 하지 못하면 페널티가 부여되며, 구매자의 취소 요청 시 즉시 취소됩니다.

• **묶음 배송**: 구매자가 스토어에 판매하는 여러 가지 상품군을 동시에 구매할 때는 배송비를 절약하기 위해 묶음 배송 여부를 선택하는 것이 좋습니다. 묶음 배송이 가능하면 구매자가 배송비를 아끼기 위해 추가 구매를 할 가능성이 높아집니다. 그 대신 묶음 배송을 할 때는 지역별 추가 배송비를 설정할 수 없습니다. 단, 제주나 도서산간 지역의 배송비를 별도로 설정할 수는 있습니다.

[Tip] 개별 배송일 때 꼭 공지해야 하는 이유

같은 스토어에서 구매하더라도 묶음 배송이 안 될 때는 배송비가 각각 부과되지만, 같은 스토어에서 구매하면 무조건 묶음 배송이 되는 줄 아는 소비자가 많기 때문에 반드시 상세 페이지에 묶음 배송이 안 되는 상품이라고 공지하는 것이 좋습니다.

묶음 배송 그룹 관리는 [상품 관리 ‑ 배송비 관리]에서 할 수 있습니다.

• **상품별 배송비**: 상품별 배송비 정책을 결정합니다. 배송비를 무료로 할 것인지, 유료로 할 것인지, 구간별로 나눠 할 것인지, 수량으로 나눠 할 것인지 결정합니다. 판매자의 배송비 정책도 상품을 판매하는 데 중요한 영업 방식입니다. 배송비 세팅에 따라 판매 수량이나 판매 수익에 크게 차이가 날 수 있으므로 다양하게 책정해 보길 바랍니다.

‑ 무료: 별도의 배송비를 청구하지 않고 무료로 배송합니다.

- 조건부 무료: 조건 금액 이상을 구매하면 배송비가 청구됩니다. 배송비 조건에 값을 넣어 조건을 조절합니다.

- 유료: 배송비를 고정해 설정합니다.

- 수량별 배송비: 조건에서 일정 개수마다 기본 배송비가 반복적으로 부과되도록 청구됩니다.

- 구간별: 기본 배송비가 있는 상태에서 설정해 둔 개수가 되면 추가 배송됩니다.

- 제주, 도서산간 추가 배송비: 제주 및 도서산간 지역의 추가 배송비를 청구하는 항목입니다. 배송업체와 계약된 금액을 바탕으로 제주와 도서 지역에 관한 추가 배송비를 입력합니다.

택배배송   3,500원(주문시 결제)
제주,도서지역 추가 3,500원

제주와 도서를 묶으려면 '2권역'으로 설정하고, 제주와 도서 지역을 별도 배송비로 세팅하려면 '3권역'으로 설정해야 합니다. 제주/도서산간 배송비를 책정했다면 구매 페이지에 오른쪽과 같이 표시됩니다.

- 지역별 차등 배송비: 특정 지역에 기본 배송비 외에 추가로 배송비가 들어가는 지역이 있을 때 그 내용을 입력하는 항목입니다. 도선료나 톨게이트 비용 등이 이에 포함됩니다.

택배배송   3,500원(주문시 결제)
제주,도서지역 추가 3,500원 / 톨게이트 비용 1만원

- 별도 설치비: 가구나 대형 물건일 때는 별도의 설치비가 발생하므로 [별도 설치비] 항목에 체크 표시를 해 구매자에게 고지해야 합니다.

택배배송   3,500원(주문시 결제)
제주,도서지역 추가 3,500원 / 톨게이트 비용 1만원 / 별도 설치비 있음

- **출고지:** 상품의 물건이 나가는 주소지를 의미합니다. 출고지가 없을 때는 [판매자 주소록]을 선택한 후 [신규 등록]을 선택하고 출고할 수 있는 주소를 입력합니다.

■반품 및 교환

상품을 구매한 고객이 상품의 반품을 원할 때는 반품 택배업체 및 반품 배송비, 반품 주소지에 관한 정책을 정할 수 있습니다. 소비자 귀책에 따른 반품이 발생했을 때 반품비를 정확히 책정해야 손해 나는 일이 없으므로 반드시 체크 표시를 하고 넘어가야 합니다. 상품을 판매하다 보면 반품은 피할 수 없기 때문입니다. 반품이 판매자의 잘못인지, 구매자의 잘못인지 정확히 따져봐야 할 필요도 있습니다. 또한 반품 상품을 수령한 후 상품을 확인하고 반품 승인을 해야 합니다.

각 항목을 입력하면 고객에게 다음과 같이 나타납니다.

제품하자가 아닌 소비자의 단순변심, 착오구매에 따른 청약 철회 시 소비자가 부담하는 반품비용 등에 관한 정보   편도 2500원 (최초 배송비 무료인 경우 5000원 부과)

반품/교환 택배 업체를 설정하려면 [판매자 정보 – 배송 정보]란의 [굿스플로 서비스 신청/관리]를 이용해 택배사 계약 정보를 확인 및 관리할 수 있습니다.

■ A/S 특이사항

구매자가 상품에 문제가 생겼을 때 연락할 수 있는 번호와 A/S에 관한 규정을 상세히 기술합니다. 혹시라도 문제가 생겼을 때 판매자를 보호하는 방법이 될 수도 있습니다. A/S에 관해서는 충분히 서술해 둬 구매자가 충분히 납득할 수 있게 합니다. 이렇게 입력해 둔 사항은 상품 상세 페이지에 노출돼 구매자가 쉽게 확인할 수 있습니다.

■ 추가 상품

추가 상품은 매출을 추가로 올려 주는 고급 옵션입니다. 기본적으로 [설정 안 함]으로 설정돼 있습니다. 판매하는 메인 상품의 부속품이나 관련 상품을 추가로 구매하게 유도하는 옵션입니다. 예를 들어 카메라를 판매하면 구매자는 카메라 케이스나 강화 필름, 메모리 등을 추가로 구입해야 하는데, 이때 추가 상품을 설정해 판매합니다. 추가 상품마다 수량 및 가격도 설정할 수 있으므로 다양하게 활용하면 매출에 큰 도움이 됩니다.

■ **구매/혜택 조건**

상품의 특성상 수량 제한을 해야 한다면 최소 구매 수량, 최대 구매 수량을 설정해야 합니다. 최소 구매 수량을 설정하지 않으면 1개부터 구매할 수 있지만, 설정하면 최소 2개부터 구매할 수 있게 됩니다. 최대 구매 수량은 1인 구매, 1회 구매 수량을 설정할 수 있게 합니다. 복수 구매 할인은 여러 개를 구매할 때 할인해 줘 구매를 유도하는 방식입니다.

상품을 구매할 때나 리뷰를 작성할 때 포인트를 주는 혜택도 설정할 수 있습니다. 무이자 할부를 설정하면 무이자 할부 설정에 따른 카드 수수료는 판매자의 몫이므로 수지타산을 따져보고 설정해야 합니다.

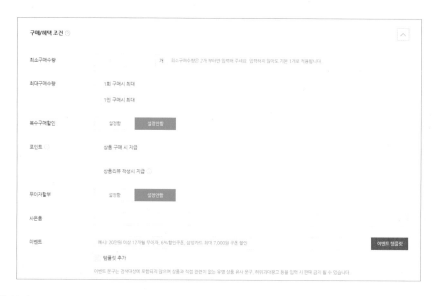

■ **검색 설정**

• **태그:** 네이버쇼핑에서 상품을 검색할 때 내가 판매하는 상품을 검색에 노출되도록 하는 요소에는 제목도 있지만, '태그'도 큰 몫을 차지합니다. 태그만 잘 설정해도 내 스토어로의 유입을 늘릴 수 있습니다. 태그 설정에는 HOT 태그, 감성 태그, 이벤트형 태그 등이 있지만, 천편일률적인 태그는 내 상품을 차별화해 보여 줄 수 없을 뿐만 아니라 검색 유입도 끌어올릴 수 없으므로 태그를 다양한 방법으로 직접 만드는 것을 추천합니다. 가장 많이 사용하는 네이버 키워드 도구를 분석해 판매 아이템과 잘 맞는 태그를 찾는 것도 좋은 전략입니다.

• **Page Title:** SNS 등 소셜 서비스에 상품 정보를 공유할 때 노출되는 타이틀입니다. 입력하지 않으면 '상품명: 스마트스토어' 형태로 노출됩니다.

- Meta Decription: SNS 등 소셜 서비스에 상품 정보를 공유할 때 타이틀의 아래에 노출되는 설명 글입니다. 입력하지 않으면 '스마트스토어: 스마트스토어 소개 글' 형태로 노출됩니다.

■ 판매자 코드

판매자 코드는 판매자가 관리하는 내부 코드로, 다른 곳에서는 'SKU 넘버'라고도 지칭합니다. 최대 30글자 이내로 입력할 수 있으며, 판매자 코드를 넣은 후 [상품 관리 – 상품 조회/수정] 메뉴에서 판매자 상품 코드로 원하는 상품의 검색할 수 있습니다. 불특정 다수의 상품을 판매하는 판매자일 때는 상품 관리를 위해 반드시 활용하는 것이 좋습니다.

■ 노출 채널

네이버 윈도에 가입하지 않았다면 채널은 스마트스토어 하나만 보입니다. 내가 판매하는 상품의 노출을 막을 이유는 없기 때문에 노출 채널이 있다면 모두 체크 표시를 해서 최대한 많은 곳에 내 상품을 노출하는 것이 중요합니다. 쇼핑 윈도는 판매자가 별도 입점을 신청한 후 승인돼야 운영할 수 있습니다. 쇼핑 윈도별로 입점 조건이 다르므로 조건에 맞게 신청하면 됩니다.

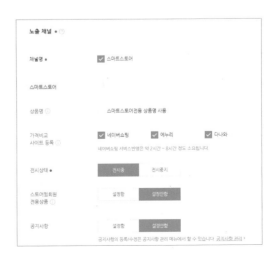

상품 일괄 등록

여러 개의 상품을 한 번에 등록하거나 외부 업체의 대량 상품을 등록할 때 엑셀 파일을 다운
로드해 필요한 항목을 입력하면 일괄(대량) 등록을 할 수 있습니다. [상품 관리 – 상품 일괄 등
록]을 보면 일괄 등록에 관한 내용이 나타납니다.

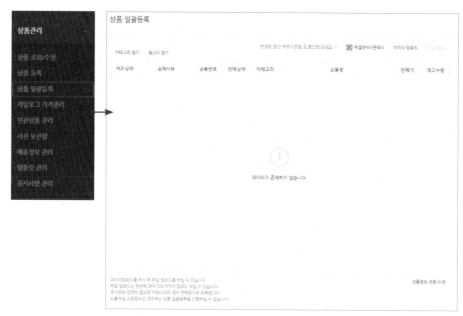

오른쪽 위의 [엑셀 양식 다운로드]를 선택해 일괄 등록을 올릴 수 있는 엑셀 파일을 다운로드
합니다. 엑셀 파일 내에 자세한 도움말이 포함돼 있으므로 한번 읽어 보면 도움이 됩니다.

상품상태	카테고리ID	상품명	판매가	재고수량	A/S 안내내용	A/S 전화번호	대표 이미지 파일명	추가 이미지 파일명	상품 상세정보	판매자 상품코드	판매자 바코드	제조사	브랜드	제조일자	유효일자	부가세
(예시) 신상품	50000007	오리오리 바이지	10000		10 토요일 10:00 ~ 14:00 까지 통화 가능한 일요일은 제외됩니다.	02-0000-0000	1.jpg	추가이미지1.png 추가이미지2.png	.img	1111111	22222	통광인테넷셔널	SOUP	2016-09-01	2016-09-01	과세상품

■ 카테고리 찾기

일반 상품을 등록할 때는 카테고리를 검색해 찾을 수 있지만, 엑셀 파일 내의 컬럼 안에 있는 [카테고리 ID] 항목은 직접 카테고리를 검색해 그 ID를 받아와야 합니다. 일괄 등록 페이지 왼쪽 위에 있는 [카테고리 찾기]를 선택해야 ID를 찾을 수 있습니다.

■ 원산지 찾기

[카테고리 찾기]와 마찬가지로 원산지 코드도 ID를 받아와 입력해야 합니다. 왼쪽 위에 있는 [원산지 찾기]를 선택해야 ID를 찾을 수 있습니다.

■ 엑셀 양식 다운로드

[엑셀 양식 다운로드]를 선택하면 ProductTemplate.xls 파일이 다운로드됩니다. 해당 파일을 이용해 엑셀 파일 내의 도움말 설명을 보면서 컬럼을 채우면 됩니다. 두 번째 줄에 비필수, 조건부 필수, 필수로 나뉜 항목이 있는데, 필수 항목에는 반드시 값을 입력해야 등록할 수 있습니다.

이제 시작하는 판매자에게는 1개씩 등록할 수 있는 [상품 등록]을 사용하면 전혀 문제가 되지 않고, 좀 더 대량의 상품이나 많은 물건을 급하게 올려야 하는 판매자에게는 [엑셀 파일로의 접근]을 추천드립니다.

대표 이미지 파일명

'상품의 섬네일'이라고도 불리는, 네이버쇼핑의 가장 앞에 보이는 섬네일 이미지입니다. 해당 이미지의 파일명을 엑셀 파일 내 [대표이미지 파일명]의 아래에 있는 컬럼에 작성하면 됩니다. 미리 상품과 상품의 대표 이미지로 쓸 이미지 1장을 미리 세트로 구성해 두는 것이 좋습니다. 파일명이 'thumb.png'라고 가정하면 이 파일명을 그대로 엑셀 내의 [대표 이미지 파일명] 컬럼에 넣어 주면 됩니다.

추가 이미지 파일명

대표 이미지 파일명과 같습니다. 대표 이미지 밑에 들어가는 추가 이미지의 수량은 최대 10장이기 때문에 파일을 최대 9개까지 준비합니다. 각 이름과 이름 사이는 쉼표로 구분하면 됩니다(예 1.png, 2.png, 3.png, 4.png).

상품 상세 정보

가장 어려운 것이 상세 정보입니다. 일괄 등록할 때는 HTML 작성으로 입력하면 됩니다. 엑셀 예시에도 HTML 외부 호스팅 주소가 입력돼 있습니다. 외부 호스팅 서비스를 이용해 상세 페이지를 이미지화해 만들어 뒀다면 해당 링크를 끌어오면 됩니다. 그런데 외부 호스팅 서비스를 받지 않을 때 아무 글씨나 입력해 두면 아래쪽 이미지에 HTML로 작성한 텍스트가 입력됩니다. 그런 다음 직접 상세만 변경해 작업해도 됩니다.

■ 이미지 업로드

엑셀에 첨부되는 모든 이미지를 이곳에 올립니다. [이미지 업로드] 버튼을 선택하면 다음과 같은 화면이 나타납니다. 그러면 엑셀 파일에 써 놓은 이미지 파일의 실제 이미지를 업로드합니다. 이미지 파일의 위치는 상관없고 업로드만 하면 됩니다.

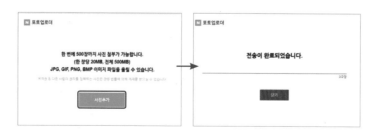

■ 파일 업로드

이미지를 모두 업로드하면 [파일 업로드]가 활성화됩니다.

엑셀 파일에 문제가 생기면 오른쪽과 같은 결과가 나타나고, 창을 닫으면 어떤 부분에서 문제가 생겼는지에 관한 코멘트가 나타납니다.

일괄 등록이 정상적으로 이뤄졌다면 오른쪽과 같은 성공 메시지가 나타나고, 엑셀에 넣어 뒀던 상품이 실제로 등록돼 바로 판매할 수 있게 됩니다.

카탈로그 가격 관리

네이버에서 자동으로 제공해 주는 가격 비교 서비스입니다. 내가 판매하는 상품이 현재 네이버쇼핑에서 어느 정도의 가격을 형성하고 있고, 가격 순위가 어느 정도인지를 쉽게 알 수 있습니다. 일정 기간 동안 1번이라도 클릭된 상품 위주로 리스팅되며, 리스팅된 상품과 나의 마진을 비교해 보고, 가격 경쟁이 될 만한 상품을 골라 할인해 주거나 판매가를 바로 변경할 수 있습니다. 가격 변동을 좀 더 자세하게 모니터링하고 싶다면 알림 수신을 설정해 특정 상품을 모니터링하는 데 사용할 수도 있습니다. 다음은 시스템이 분석한 카탈로그 리스트입니다.

원하는 스토어 매니저를 선택한 후 원하는 알림 주기를 설정하면 네이버 계정을 이용해 지정된 시간에 알림을 받을 수 있습니다.

카탈로그를 보고 가격 변동을 원하는 상품을 선택한 후 할인해 유리한 가격 경쟁을 하게 만듭니다. 할인은 금액으로도 할 수 있고, %로도 할 수 있습니다. 특정 기간을 정해 할인해 주는 방법, 이벤트 기간에만 할인해 주는 방법이 있습니다.

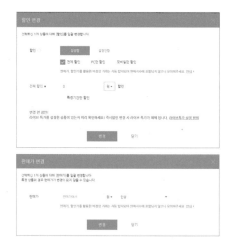

할인하지 않고 판매가를 변경할 수도 있습니다. 판매가가 변동될 때는 [판매가 변경]을 이용해 판매가의 인상 또는 인하를 선택합니다.

연관 상품 관리

1개의 주제로 코디 상품, 함께 사면 좋은 상품, 비슷한 상품을 묶어 한 번에 보여 주면 매출을 올릴 수 있습니다.

오른쪽에 있는 [연관상품 등록]을 선택해 연관 상품을 등록할 수 있습니다.

원하는 타입의 연관 상품 유형을 선택한 후 메인 타이틀이 될 대표 이미지를 넣고, 추가로 넣어 줄 상품을 이미 등록된 상품으로 불러와 등록합니다.

■ 코디 상품을 등록할 때 주의해야 할 사항

패션 의류, 패선 잡화, 출산/육아 – 육아 의류, 출산/육아 – 유아 잡화, 스포츠 · 레저 – 수영 카테고리를 제외한 상품은 노출되지 않으므로 카테고리에 유의해야 합니다.

■ 함께 사면 좋은 상품을 등록할 때 주의해야 할 사항

추가 상품이나 네이버 톡톡으로 판매하기로 설정된 상품, 무결제 상품일 때는 연관 상품으로 등록할 수 없습니다. 등록할 수 없는 카테고리 상품은 다음과 같습니다.

- 여행/문화 – 모바일 쿠폰/상품권, 공연/티켓
- 도서(잡지 제외)
- 출산/육아 – 교재/서적 – 유 · 아동 전집
- 생활/건강 – 수집품 – 중고 도서

■ 비슷한 상품을 설정할 때 주의해야 할 사항

추가 상품이나 네이버 톡톡으로 판매하기로 설정된 상품, 무결제 상품일 때는 연관 상품으로 등록할 수 없습니다.

사진 보관함

스토어를 관리하는 매니저가 여러 명일 때
는 사진을 함께 공유하면서 업무를 볼 수
있습니다. 최근의 클라우드 시스템과 같다
고 보면 됩니다. 사진은 최대 3개월까지만
보관되므로 주의해야 합니다.

배송 정보 관리

묶음 배송비를 설정할 수 있습니다. 스토어에서 가장 많이 보이는 제주/도서산간 추가 배송
비를 설정할 수 있습니다. [묶음그룹 추가]를 선택해 새로운 배송 그룹을 만듭니다.

사용 여부 및 계산 방식을 원하는 방식으
로 선택합니다. 제주/도서산간 추가 배송
비를 설정합니다. 제주와 도서산간 지역의
추가 배송비가 동일할 때는 '2권역', 제주와
도서산간 지역의 추가 배송비가 다를 때는
'3권역'으로 설정합니다.

템플릿 관리

템플릿을 등록해 상품을 등록할 때 쉽게 사용할 수 있는 메뉴입니다.

■ 배송비 템플릿 관리

[배송비 템플릿 관리] 메뉴를 선택합니다. 등록한 템플릿은 상품을 등록할 때 불러올 수 있습
니다(배송비 템플릿에는 최대 5,000개까지 등록할 수 있습니다).

■ 카테고리 템플릿 관리

카테고리 대-중-소를 선택해 자주 사용하는 카테고리를 등록합니다. 등록한 카테고리는 삭제할 수도 있습니다.

■ A/S 템플릿 관리

A/S 템플릿을 상품에 맞게 미리 등록하면 상품을 등록할 때 상품별로 A/S와 관련된 내용을 쉽게 변경할 수 있습니다.

■ 이벤트 템플릿 관리

다양한 행사를 진행할 때 문구를 남길 수 있습니다.

등록한 이벤트 템플릿은 [상품 등록-구매/혜택 조건]에서 선택할 수 있습니다. 다양한 이벤트를 기획하는 상품이라면 기간에 맞는 이벤트를 등록해 편리하게 사용할 수 있습니다.

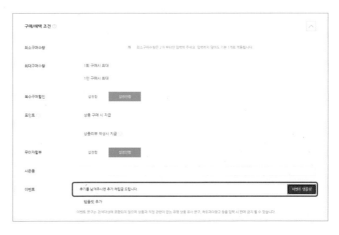

■문의 템플릿 관리

문의 템플릿은 고객 문의가 들어왔을 때 [템플릿 불러오기]를 이용해 손쉽게 답할 수 있는 기능입니다. 문의 유형별로 상품, 배송, 반품, 교환, 환불, 기타에 관한 템플릿을 미리 만들 수 있습니다.

■상품 정보 제공 고시 템플릿 관리

자주 판매하는 상품군에 따른 상품 정보 제공 고시의 항목을 미리 입력해 사용할 수 있습니다.

공지사항 관리

구매자에게 공지할 내용이 생겼을 때 사용하는 메뉴입니다. 공휴일과 같은 다양한 이벤트가 생겼을 때 스토어에 공지를 띄워 알려 줍니다. [상품 관리-공지사항 관리]로 들어간 후 [새 상품 공지사항 등록]을 눌러 공지사항을 작성합니다.

공지사항의 분류에는 일반, 이벤트, 배송 지연, 상품이 있습니다. 공지하고자 하는 분류에 맞게 설정한 후 공지사항을 작성합니다. 공지사항은 PC에 한정할 것인지, 모바일에 한정할 것인지, 전체에 한정할 것인지를 정합니다. 전시 기간을 설정해 특정 기간에만 공지가 나타나고 그 기간이 지난 후에는 자동으로 사라지게 합니다. 공지사항의 노출은 팝업을 띄워 사용할 것인지, 상세 페이지의 가장 위쪽에 노출시킬 것인지를 정합니다. 공지사항은 최대 2개까지 노출할 수 있고, 팝업이 2개 나타나면 구매자가 피로감을 느낄 수 있으므로 적당히 안배하는 것이 중요합니다.

공지사항을 작성하면 페이지의 아래쪽 목록에 리스트가 생깁니다. 전시 중인 공지를 중지하거나 중지된 공지를 전시하기 위해서는 아래쪽에 있는 [전시중], [전시중지] 버튼을 활용해 공지 상태를 변경합니다.

주문 통합 검색

스토어에서 처리되는 모든 주문 상태에 관한 기록을 확인할 수 있습니다. 간혹 주문은 들어왔지만 주문이 보이지 않을 때가 있는데, 이는 주문하고 바로 취소한 경우에 발생합니다. [주문 통합 검색]에서 확인해 보면 주문 후 바로 취소된 것을 알 수 있습니다. 이렇게 모든 주문에 관한 처리를 확인할 수 있습니다.

주문 건은 최대 1주일까지 검색할 수 있고, 1주일을 초과하는 주문 건에 관해서는 상세 조건을 입력해야 조회할 수 있습니다.

조회 기간은 결제일 기준, 발주 확인일 기준, 발송 처리일을 기준으로 조회할 수 있습니다. 상세 조건으로 조회할 수 있는 내용으로는 수취인명, 구매자명, 구매자 연락처, 구매자 ID, 주문 번호, 상품 주문 번호, 상품 번호, 송장 번호가 있습니다.

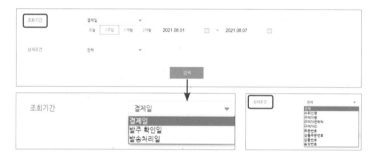

조건을 넣고 조회하면 해당하는 결괏값을 조회할 수 있습니다.

선물 수락 대기

선물하기를 이용한 주문의 수락 대기 건을 확인할 수 있습니다. 수락 대기 건에는 배송지를 입력하지 않았을 때나 모바일 쿠폰일 때 수신자가 수락하지 않은 건이 리스트에 나타납니다. 일정 기간 동안 수락하지 않으면 주문이 자동 취소됩니다.

미결제 확인

구매자가 결제 또는 무통장 입금으로 주문한 후 결제하지 않거나 입금하지 않은 주문 건을 조회하는 메뉴입니다. 결제 전 주문이므로 주문자의 연락처나 배송지를 확인할 수 없고, 결제나 입금이 완료돼야 신규 주문으로 이동합니다. 주문 후 2영업일 이내에 결제나 무통장 입금이 되지 않으면 주문이 자동 취소됩니다.

발주(주문) 확인/발송 관리

주문이 들어오면 발주 확인부터 발송 처리까지 진행할 수 있는 메뉴입니다.

■ 발주 확인

신규 주문이 들어오면 재고를 확인한 후 [발주 확인]을 누릅니다. [발주 확인]을 누르면 신규 주문이 [발주 확인 완료] 단계로 넘어갑니다. [발주 확인]이 되지 않은 상태에서는 구매자의 구매 취소가 바로 처리됩니다. 발주 확인 처리, 판매자의 취소 승인을 거쳐야 구매자의 취소 처리가 완료됩니다. 구매자의 취소율을 낮추려면 가능한 한 발주를 빨리 확인하고, 주문 취소가 들어오더라도 구매자를 설득하는 스킬을 익혀 취소를 최대한 막는 것이 좋습니다.

■ 발송 처리

발주 확인 건에 관한 발송 처리를 할 수 있습니다. 상품을 발송한 후의 배송 방법, 택배사, 송장 번호를 입력한 후 [발송 처리]를 누르면 [배송준비]가 [배송중] 상태로 변경됩니다.

발주를 확인하면 [배송준비]가 [배송중]으로 변경되는 것을 확인할 수 있습니다.

■ 엑셀 일괄 발송 처리

일반 발송 처리와 비슷합니다. [엑셀다운]을 선택해 목록이 포함돼 있는 엑셀 파일을 다운로드합니다.

엑셀 파일에 있는 4가지 항목(상품 주문 번호, 배송 방법, 택배사, 송장 번호)을 확인한 후 입력하면 됩니다. 일괄 발송 처리를 할 때는 반드시 4개의 열에 내용이 포함돼 있어야 합니다.

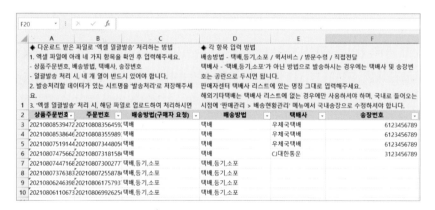

[엑셀 일괄 발송 처리]를 눌러 작성한 엑셀 파일을 업로드합니다. 업로드를 마치면 발주하려고 했던 목록의 리스트가 [배송 중]으로 변경됩니다.

■ 발송 지연 처리

상품의 재고 수급이 어렵다면 예정된 날짜에 발송할 수 없으므로 발송 지연 처리를 해야 합니다. 발송 지연 처리를 하지 않으면 의무 발송 기한 5영업일이 지나게 돼 발송 지연 페널티를 받게 됩니다. 발송 지연 페널티를 막기 위해서는 가능한 한 발송 지연 처리를 빨리 해 주는 것이 좋습니다. 발송 지연 처리는 1회에 한해 가능하고, 결제일에서 최대 90일까지 연장할 수

있으므로 최대한 상품을 발송할 수 있을 때까지 연장하는 것이 좋습니다. 단, 오늘 출발 상품에 한해 결제일에서 최대 7일까지 연장할 수 있습니다. [발송 지연] 버튼을 누르면 오른쪽과 같은 팝업 창이 나타납니다.

발송이 지연되는 사유를 선택한 후 발송 기한을 입력합니다. 마지막으로 발송 지연 상세 사유를 입력한 후 발송 지연 처리를 하면 네이버 시스템에서 구매자에게 발송 지연에 관련된 메시지가 전달됩니다.

■ 판매 취소

판매자가 부득이한 사유로 상품의 판매를 취소할 수 있습니다. 취소할 주문 목록을 선택한 후 [판매 취소]를 누르면 오른쪽과 같은 팝업 창이 나타납니다.

판매 취소와 관련된 정확한 사유(상품 품절, 배송 지연, 서비스 불만족, 구매 의사 취소, 색상 및 사이즈 변경, 다른 상품 잘못 주문, 상품 정보 상이)를 선택한 후 구매자에게 남길 말을 쓰면 판매 취소 처리를 할 수 있습니다.

[Tip] 판매 관리 페널티 부과 기준

항목	상세 기준	페널티 부여일	점수
발송 처리 지연	발송 유형별 발송 처리 기한까지 미발송 (발송 지연 안내 처리된 건 제외)	발송 처리 기한 다음 영업일에 부여	1점
	발송 유형별 발송 처리 기한에서 4영업일 경과 후에도 계속 미발송 (발송 지연 안내 처리된 건 제외)	발송 처리 기한 +5영업일에 부여	3점
	발송 지연 안내 처리 후 입력된 발송 예정일에서 1영업일 이내 미발송	발송 예정일 다음 영업일에 부여	2점
품절 취소	취소 사유가 품절	품절 처리 다음 영업일에 부여	2점
반품 처리 지연	수거 완료일에서 3영업일 이상 경과	수거 완료일 +4영업일에 부여	1점
교환 처리 지연	수거 완료일에서 3영업일 이상 경과	수거 완료일 +4영업일에 부여	1점

(출처: 네이버)

• 발송 유형별 발송 처리 기한: 발송 처리 기한은 발송 유형별로 다르게 실정됩니다.

발송 처리 지연 페널티 예시

판매 관리 페널티 단계별 제재

판매자 단위로 최근 30일간 판매 관리 페널티가 10점 이상이고, 판매 관리 페널티 비율(판매 관리 페널티 점수의 합/결제 건수의 합)이 40% 이상인 때는 적발 횟수에 따라 판매 활동이 제한됩니다.

• 1단계: 주의
최근 30일 동안 스마트스토어의 페널티 점수의 합이 10점 이상이고, 판매 관리 페널티 비율(판매 관리 페널티 점수의 합/결제 건수의 합)이 40% 이상이 최초로 발생한 상태이므로 주의하시기 바랍니다.

• 2단계: 경고
'주의' 단계를 받은 판매자 중 최근 30일 동안 스마트스토어의 페널티 점수의 합이 10점 이상이고, 판매 관리 페널티 비율(판매 관리 페널티 점수의 합/결제 건수의 합)이 40% 이상인 경우로, '경고' 단계를 받은 날에서 7일 동안 신규 상품 등록이 금지(스마트스토어센터 및 API 연동을 이용한 신규 상품 등록 금지)됩니다.

• 3단계: 이용 제한
'경고' 단계를 받은 판매자 중 최근 30일 동안 스마트스토어의 페널티 점수의 합이 10점 이상이고, 판매 관리 페널티 비율(판매 관리 페널티 점수의 합/결제 건수의 합)이 40% 이상인 경우로, 스마트스토어의 이용이 정지 처리돼 판매 활동 및 정산이 제한됩니다.

배송 현황 관리

상품이 발송되고 난 후에는 해당 메뉴에서 배송을 총괄합니다. 배송 중인지, 배송이 완료됐는지, 구매 확정 요청을 해야 하는지 등 송장의 수정, 반품, 교환과 관련된 사항을 관리합니다. 시스템에서 배송 추적이 되는 주문 건은 택배사와의 정보 연동을 이용해 자동으로 배송 완료 처리됩니다. 배송 상태가 업데이트되지 않을 때는 업데이트될 때까지 기다려보고, 그래도 진행되지 않을 때나 간혹 택배사 실수로 배송 진행 처리가 중간에 멈췄을 때는 배송 회사와 조율하고, 그렇지 않을 때는 네이버 고객센터에 문의해 처리합니다.

■ 송장수정

송장을 수정해야 할 일이 생겼을 때는 [송장수정]을 선택해 송장 배송 방법과 송장 번호를 변경할 수 있습니다. [송장수정]을 누르면 나타나는 팝업 창에서 배송 방법을 선택한 후 택배사를 선택하고 송장 번호를 입력한 다음 [송장수정]을 선택합니다. [확인] 창이 나타나면 [확인] 버튼을 눌러 송장수정이 완료됐는지 확인합니다.

■ 판매자 직접 반품

구매자와 반품에 관한 협의가 이뤄진 후에는 판매자가 직접 반품 접수를 진행해야 합니다. [반품요청사유] 항목 중에서 적합한 사유를 선택한 후 선택한 반품 사유에 관한 자세한 내용을 적고, 만약 반품 택배를 예약했다면 반품 택배사에 반품 송장을 넣어 반품 접수를 합니다. 반품 접수 후 반품에 관한 최종 승인 처리는 [반품 관리] 메뉴에서만 진행할 수 있습니다. 입력한 반품 요청 사유는 구매자에게 안내됩니다.

■ **판매자 직접 교환 접수**

구매자와 교환에 관한 협의가 이뤄진 후에는 판매자가 직접 교환 접수를 진행해야 합니다. [교환 요청 사유] 항목 중에서 적합한 사유를 선택한 후 선택한 교환 사유에 관한 자세한 내용을 적고, 만약 교환 택배를 예약했다면 교환 택배사에 교환 송장을 넣어 교환 접수를 합니다. 교환 접수 후 교환에 관한 최종 승인 처리는 [교환 관리] 메뉴에서만 진행할 수 있습니다. 입력한 교환 요청 사유는 구매자에게 안내됩니다.

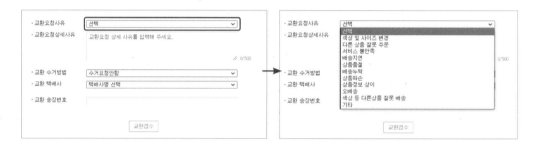

구매 확정 내역

구매 확정된 주문 건을 조회하거나 취소할 수 있는 메뉴입니다. 배송 추적을 할 수 있는 주문 건은 배송 완료 후 8일째 되는 날 구매 확정이 되고, 배송 추적을 할 수 없는 주문 건은 발송 처리일에서 28일째 되는 날 자동 구매 확정됩니다.

구매 확정 후 영업일 기준 1일이 경과되면 정산되고, 정산 내역은 [정산 관리] 메뉴에서 확인할 수 있습니다. 구매 확정된 상태에서 구매자와 협의해 반품을 진행하기로 했다면 구매 확정 후 취소 처리로 환불할 수도 있습니다.

주의) 구매 확정 후 취소를 할 때는 스마트스토어를 이용한 반품 수거 접수 신청을 할 수 없습니다. 또한 전액 환불되므로 구매자에게 배송비를 별도로 받아야 합니다.

■ **구매 확정 후 취소 처리 방법**

[구매 확정 후 취소 처리]를 선택하면 나타나는 팝업 창의 [취소 사유] 항목에서 취소 사유를 선택한 후 취소 상세 사유를 자세히 기술합니다. 그리고 [구매자 재결제 필요 여부 확인하기] (취소가 완료되면, 구매자가 네이버페이의 [마이 페이지]에서 재결제를 해야 할 수도 있습니다. 다른 판매자의 상품을 장바구니로 구매한 경우도 이에 해당하므로 버튼을 확인한 후 구매자에게 안내하세요)에 체크 표시를 합니다.

그런 다음 [고객 확인 여부 체크]에 체크 표시를
해 고객과의 협의하에 취소한 것이라는 것을 재
확인하고, 구매 확정 후 취소 처리를 완료합니다.

취소 관리

구매자의 취소 요청이나 판매자의 사정에 따라 구매 취소를 할 때는 취소 요청 건이 나타나는
데, 이때 해당 항목에서 취소 요청 건에 관한 취소 완료 처리를 하거나 취소 거부 처리를 할
수 있는 메뉴입니다. 취소 요청이 발생하면 취소 요청 건수가 표시됩니다.

[취소 요청]을 선택하면 아래쪽의 테이블에 취소
요청 리스트가 나타납니다. 취소를 받아들여 [취
소 완료 처리]를 할지, 취소를 받아들이지 않고
[취소 거부(철회) 처리]를 할지 결정할 수 있습니

취소할 항목을 선택한 후 [취소 완료 처리] 버튼을 누르면 취소가 마무리됩니다.

위쪽에 있는 [취소 요청]을 선택하면 아래쪽에 있
는 테이블에 취소 요청 리스트가 나타납니다. 취소
거부 항목을 선택한 후 [취소 거부 처리] 버튼을 누
르면 취소 거부 처리됩니다.

반품 관리

반품 건도 취소 건과 마찬가지로 반품 거부 처리나 반품 완료 처리를 할 수 있고, 교환으로 처
리할 수도 있습니다. 반품은 하나의 창에서 편리하게 처리할 수 있습니다.

반품이 들어오면 반품 건수가 올라
갑니다.

반품 건수가 생겼을 때 [반품 요청]을 선택하면 아래쪽에 있는 테이블에 반품 요청 리스트가
나타납니다.

[반품 처리 한번에 하기]를 선택한 후 [상
품 수거 여부 선택], [환불 보류 설정]을 선
택하면 반품 처리를 한 번에 마무리할 수
있습니다.

반품 사유가 구매자 귀책 사유일 때 반품
할 상품을 선택한 후 [반품 완료 처리]를
누르면 반품 배송비가 자동으로 청구됩니
다. 구매자에게 반품 배송비를 별도로 받
았을 때나 판매자 귀책 사유일 때는 보류
해제 후 반품 완료 처리를 진행합니다.

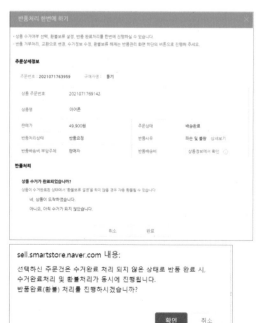

- **반품 거부(철회) 처리:** 판매자가 반품 사유에 해당 하지 않는다고 판단했을 때 반품을 거부할 수 있 는 메뉴입니다. ❶ 반품 건을 선택한 후 ❷ [반품 거부 상세사유]를 기재하고 ❸ [반품 거부 처리] 를 택합니다.

[교환으로 변경]은 반품된 상품을 교환 관리로 넘기는 메뉴입니다. 교환으로 넘기면 상품은 [판매 관리 – 교환 관리] 메뉴로 넘어가므로 교환 관리 메뉴에서 교환 처리를 하면 됩니다.

교환 관리

교환 재배송 처리는 상품의 상태가 수거 완료 상태일 때만 할 수 있습니다. 수거가 완료되면 아래쪽에 있는 [수거 완료 처리] 버튼을 눌러 수거 완료 처리를 한 후 교환 재배송 처리를 합 니다.

- **교환 재배송 처리:** 교환하는 상품이 수거 완료되 면 교환할 상품을 발송한 후 발송한 상품의 배송 정보를 입력하고 교환 재배송 처리를 합니다.
- **교환 거부(철회) 처리:** 구매자가 교환을 요청하는 건이 합당하지 않다고 판단될 때는 ❶ 교환 건을 선택한 후 ❷ [교환 거부 사유]를 기재하고 ❸ [교 환 거부 처리]를 누릅니다.

- **반품으로 변경:** 해당 주문 건을 선택한 후 [반품으로 변경]을 클릭하면 변경할 수 있습니다. 단, 아직 교환으로 재배송되지 않은 건에 한해 반품으로 변경할 수 있습니다.

판매 방해 고객 관리

판매 방해 고객은 구매 의사 없이 반복 구매한 후 취소하거나 언어 폭력, 영업 방해 등으로 상품 판매나 업무에 지장을 초래하는 고객을 말합니다. 이러한 고객은 구매자 ID를 등록해 구매를 제한할 수 있습니다. 단, 구매는 제한할 수 있지만, 상품 Q&A나 상품 리뷰는 차단할 수 없습니다.

03 정산 관리

정산 내역

스마트스토어에서 발생하는 모든 정산 내역을 조회할 수 있는 메뉴입니다.

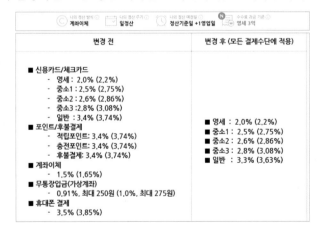

■ 일별 정산 내역

최대 1개월의 범위 내에서 1일 정산 내역을 조회할 수 있습니다.

[참고] 네이버에서 권고하는 필수 확인 사항

- 결제 대금 정산은 상품 주문 번호 단위로 주문 종료(구매 확정, 배송 완료(빠른 정산 대상에 한함), 반품 완료, 교환 완료) 시점에서 1영업일에 정산됩니다. 단, 장바구니에 여러 상품을 담아 주문했을 때는 전체 주문이 종료돼야 배송비 정산이 진행됩니다.
- 정산은 판매자의 정산 방식에 따라 계좌 이체 또는 충전금으로 지급되며, 계좌 이체일 때는 오전에 지급되지만, 정산 건 증가 및 장애가 발생했을 때는 다소 지연될 수 있습니다.
- 정산 방식 및 정산 계좌 변경은 [판매자 정보 – 판매자 정보] 메뉴에서 할 수 있으며, 수정 후 +1영업일 이후에 반영됩니다.
- 스토어 장바구니 할인 쿠폰이 사용됐을 때는 결제 금액에 포함돼 노출됩니다. 이는 실제 구매자 결제 금액과 다르므로 실제 정산 금액과 다를 수 있습니다.
- 정산 내역이 확정된 후 반품에 따른 '정산 후 취소' 건은 정산 금액에 '마이너스(−)'로 반영됩니다.
- 정산받을 금액보다 정산 후 취소 금액이나 공제 금액이 더 클 때는 '마이너스 충전금'으로 처리되고, 충전금이 0원 이상이 될 때까지 정산 대금이 발생했을 때는 자동으로 상계 처리됩니다.
- 수수료에는 '네이버페이 주문 관리 수수료'와 '매출 연동 수수료'가 있습니다.
  - 네이버페이 주문 관리 수수료: 국세청에서 선정된 매출 등급 기준별로 과금됩니다(2021년 7월 31일 결제부터 적용)
  - 매출 연동 수수료: 네이버쇼핑 서비스에 노출해 판매가 이뤄졌을 때 과금됩니다.
  - 자세한 수수료는 도움말을 이용해 확인할 수 있습니다.
- 카드 수수료는 판매자의 국세청 매출 규모에 따라 자동으로 노출되고, 중소상인 카드 결제수수료 인하와 관련된 자세한 내용은 공지사항을 이용해 확인할 수 있습니다.
- 정산 대금 수령 방법을 계좌 이체 방식으로 설정했더라도 이용 정지가 됐을 때는 '충전금'으로 자동 전환됩니다. 충전금 정산 사유는 [충전금 – 내역 조회]에서 확인할 수 있습니다.

■ 건별 정산 내역

최내 1개월의 범위 내에서 건별 정산 내역을 조회할 수 있습니다.

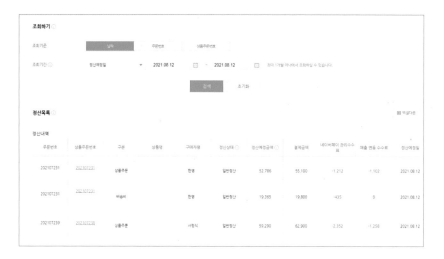

[참고] 네이버에서 권고하는 필수 확인 사항

- 주문 번호, 상품 주문 번호 단위로 정산 상세 내역을 조회할 수 있는 화면으로, 2015년 7월 3일 정산 리뉴얼 이후 데이터부터 조회할 수 있습니다.
- 주문 번호와 상품 주문 번호로 조회할 때는 기간과 관계없이 정산 내역을 조회할 수 있고, 날짜(결제일, 정산 완료일 등)와 기간을 설정해 조회할 수 있습니다(날짜로 조회할 때는 최대 1개월 단위).
- 정산 목록에서 '상품 주문 번호'를 클릭하면 정산할 때 발생한 수수료(결제 수단, 수수료율) 및 혜택 내역을 좀 더 상세하게 확인할 수 있습니다.
- 스토어 장바구니 할인 쿠폰이 사용됐을 때는 결제 금액에 포함돼 노출됩니다. 실제 구매자 결제 금액과는 다르므로 실제 정산 금액과 다를 수 있습니다.
- 미정산 내역(정산이 진행되지 않은 내역)은 조회 기간을 '결제일'로 선택한 후 구분을 '정산 미확정 건'으로 설정하면 조회할 수 있습니다.
- 정산 상태는 일반 정산, 정산 후 취소, 정산 전 취소, 빠른 정산, 빠른 정산 회수로 구분되며, '정산 후 취소'는 정산 완료 후 주문 취소에 따른 정산 취소, '정산 전 취소'는 정산 완료 전 주문 취소, '빠른 정산 회수'는 빠른 정산을 받았지만, 클레임 요청에 따른 빠른 정산 회수를 의미합니다.

■ 나의 수수료

일별/건별 정산 내역 및 정산에서 발생한 네이버페이 주문 관리 수수료 정보를 확인할 수 있습니다.

[참고] 네이버에서 권고하는 필수 확인 사항

- 정산에서 발생한 '네이버페이 주문 관리 수수료 합계' 및 '결제 수단별 결제 금액'을 확인할 수 있습니다.
- 네이버페이 관리 수수료는 네이버페이 주문 관리 수수료로 결제뿐 아니라 상품 주문/발송 관리, 배송 추적, 안심 번호, 고객 관리/마케팅 등 판매자센터를 이용해 제공하는 모든 서비스를 포함하는 수수료이고, 국세청에서 선정한 매출 등급 기준별로 과금됩니다. 좀 더 자세한 내용은 도움말을 이용해 확인할 수 있습니다.
- 수수료 금액과 관련된 자세한 정산 내역은 [정산 내역 – 건별 정산 내역] 메뉴에서 '정산 예정일'을 기준으로 조회하면 확인할 수 있습니다.
- 일별 수수료율의 경우, '네이버페이 관리수수료 합계/결제 금액 합계', 노출, 평균 수수율은 '조회 기간 내 네이버페이 관리수수료 합계/결제 금액 합계'로 계산돼 노출됩니다.

정산 내역 상세

정산 내역을 좀 더 상세하게 구분한 자료를 조회하는 메뉴입니다. 결제 대금/혜택 정산(쿠폰/즉시 할인 등)/공제 & 환급(지정 택배 반품 배송비, 복수 할인 금액 등) 정산 세부 내역을 확인할 수 있습니다.

■ 결제 대금 정산

수수료는 조회 기간 내에 발생한 수수료만 노출됩니다.

■ 혜택 정산

스토어에서 구매 고객에게 제공하는 혜택에 관한 내역을 조회하는 메뉴입니다. 스토어찜, 리뷰 등에 지급된 금액을 건별로 확인할 수 있습니다.

쿠폰 정산		0원	적립 정산		-8,600원	정산금액		-8,600원
!	정산예정일	정산완료일	세금신고기준일	혜택구분	혜택상세	금액	정산상태	
0	2021.08.02	2021.08.02	2021.07.30	적립	포토/동영상 리뷰	-500	일반정산	
2	2021.08.02	2021.08.03	2021.08.02	적립	한달사용 텍스트 리뷰	-200	일반정산	
2	2021.08.03	2021.08.03	2021.08.02	적립	텍스트 리뷰	-200	일반정산	
3	2021.08.04	2021.08.04	2021.08.03	적립	텍스트 리뷰	-200	일반정산	
4	2021.08.05	2021.08.05	2021.08.04	적립	한달사용 포토/동영상 …	-500	일반정산	
4	2021.08.05	2021.08.05	2021.08.04	적립	한달사용 텍스트 리뷰	-200	일반정산	
4	2021.08.05	2021.08.05	2021.08.04	적립	포토/동영상 리뷰	-500	일반정산	
4	2021.08.05	2021.08.05	2021.08.04	적립	톡톡친구/스토어찜 리…	-300	일반정산	
4	2021.08.05	2021.08.05	2021.08.04	적립	텍스트 리뷰	-200	일반정산	

[참고] 네이버에서 권고하는 필수 확인 사항

- 네이버에서 발행한 쿠폰에 관한 정산 금액과 판매자가 추가 혜택을 설정했을 때는 판매자 부담 금액을 확인할 수 있습니다.
- 네이버 부담 쿠폰(즉시 할인, 상품 할인, 배송비 할인)으로 구매자가 할인 혜택을 받아 결제했다면 해당 금액만큼 판매자에게 추가 정산해 '혜택 정산' 영역에 '+'가 표기됩니다.
- 네이버 부담 쿠폰의 즉시 할인, 상품 할인은 쿠폰이 적용된 상품 주문 번호의 구매 확정일 기준, '배송비 할인'은 주문 번호 내 모든 상품 구매 확정일 기준으로 다음 영업일에 정산됩니다.
- 스토어 장바구니 할인 쿠폰을 적용한 주문은 [정산 내역 상세 - 결제 대금 정산] 메뉴에서 '쿠폰 적용 전' 금액으로 노출되고, [정산 내역 상세 - 혜택정산] 메뉴에서 쿠폰 적용 금액만큼 차감됩니다.
- 판매자가 설정한 '구매 적립/스토어할인'은 상품 주문 번호 구매 확정 기준, '리뷰 적립'은 리뷰 작성일을 기준으로 다음 영업일 정산 금액에서 차감됩니다.
- 구매 확정 후 주문 취소 또는 부적절한 리뷰로 블라인드됐을 때는 구매자에게 지급된 포인트가 회수되고, 처리일 기준으로 다음 영업일에 판매자에게 되돌려 드립니다.

■ 일별 공제/환급

'공제'는 복수 구매 할인, 조건부 무료 배송 적용 후 취소 처리된 내역 또는 네이버페이 지정 택배사(우체국 택배)를 이용해 반품/교환 상품 수거해 배송 운임이 발생했을 때 판매자 정산 대금에서 차감된 내역입니다. '환급'은 복수 구매 할인, 조건부 무료 배송 적용 후 부분 취소/반품에 따라 판매자에게 비용이 정산된 내역입니다.

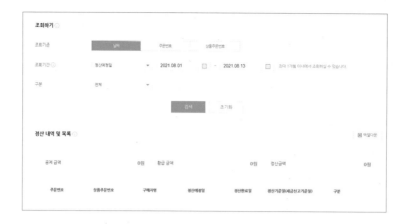

[참고] 네이버에서 권고하는 필수 확인 사항

- 복수 구매 할인 취소, 배송비 금액 변동에 따른 공제/환급 금액 및 네이버페이 지정 택배사(우체국)를 이용해 반품/교환 수거 후 차감된 배송비 금액을 확인할 수 있습니다.
- 조건부 무료 배송 후 구매자가 부분 취소/반품 접수하면서 조건이 깨지는 경우, 초기 배송비를 재계산해 판매자에게 정산됩니다.
- 교환/반품 접수 시 네이버페이 지정 택배(우체국)로 자동 수거 요청했을 때는 건당 3,000원의 택배 비용이 발생하고, 수거 완료 후 정산 내역에서 자동으로 차감됩니다.

■ 지급 보류

지급 보류는 특정 사유에 따라 판매자에게 정산될 대금이 일시적으로 보류되는 것을 의미합니다.

구분	지급보류 설정				지급보류 해제				지급보류 잔액 (G=B-E-F)
	요청(A)	완료(B)	취소(C)	미완료(D=A-B-C)	대기(E)	완료(F)			
						정산	환불	차감	
합계	0	0	0	0	0	0	0	0	0

[참고] 네이버에서 권고하는 필수 확인 사항

- 특정 사유에 따라 판매 대금 정산 지급이 보류된 내역을 확인할 수 있습니다.
- '지급 보류 누적 현황'에서는 판매를 시작한 시점부터 현재까지 설정된 지급 보류 금액과 지급 보류가 해제된 내역을 확인할 수 있습니다.
- 지급 보류 설정 이후 정산 대금이 발생했을 때는 지급 보류 설정 금액에 도달할 때까지 지급이 보류되며, 이후 정산 금액부터 판매자에게 정산됩니다.
- 지급 보류된 사유가 해소되면 지급 보류 해제 일자에 스토어 상태 및 정산 방식에 따라 충전금 또는 계좌로 입금됩니다.

부가세 신고 내역

부가세 신고는 네이버가 대행해 주지 않으므로 판매자가 직접 자료를 모아 신고해야 합니다. 해당 메뉴 부가세 신고 내역은 편의를 위해 제공되는 참고 자료일 뿐, 실제 부가세 신고를 할 때는 차이가 있을 수 있으므로 유념해야 합니다.

세금계산서 조회

스마트스토어에서 판매자에게 발행한 세금계산서를 조회하는 메뉴입니다.

■ 세금계산서 발급 품목(수수료)

- 네이버페이 수수료

- 네이버쇼핑 매출 연동 수수료

- 탑탑 매출 연동 수수료

- 무이자 할부 수수료(판매자가 무이자 할부로 설정했을 때만 해당)

- 네이버 지정 택배(우체국) 수거 비용(판매자 귀책 사유일 때만 해당)

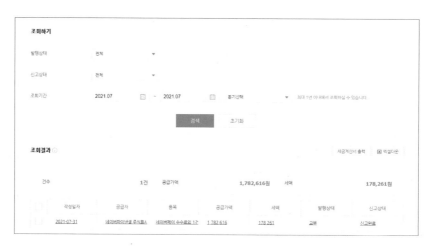

[참고] 네이버에서 권고하는 필수 확인 사항

- 세금계산서는 매월 1일~말일까지 구매 확정된 주문 건의 수수료 금액에 관해 다음달 영업일 3일 이내에 확인할 수 있습니다.
- 스마트스토어는 전자 세금계산서를 사용하고 있고, 판매자의 확인 여부와 관계없이 매월 국세청으로 자동 신고됩니다.
- 스마트스토어가 판매자에게 발행하는 세금계산서이므로 네이버로 발행하면 안 됩니다.

충전금 관리

판매 대금을 정산받을 수 있는 예치금 수단인 충전금을 관리하는 메뉴입니다.

■ 내역 조회

충전금을 충전하거나 출금한 내
역을 일별/월별로 조회할 수 있
습니다.

■ 충전하기

실시간 계좌 이체나 무통장 입금(가상 계좌)을 이용해 충전할 수 있습니다.

[참고] 네이버에서 권고하는 필수 확인 사항

• 판매자 충전금 충전은 '실시간 계좌 이체', '무통장 입금(가상 계좌)' 수단으로 가능한 마이너스 충전일
  때만 '신용카드'를 충전할 수 있습니다.
• 충전금의 충전 금액에 관한 별도의 영수증 및 계산서는 발행되지 않습니다.
• 각 수단별 1회 충전 시 충전 가능 금액이 다르므로 충전 전 수단에 따른 충전 가능 금액을 확인하세요.
• 무통장 입금(가상 계좌)은 충전을 신청한 금액과 동일하게 입금해야 하며, 입금 기한(5영업일 이내)
  내에 입금하지 않으면 자동으로 취소됩니다.

■ 출금하기

충전금 출금은 등록해 둔 계좌로 충전된 금액을 출금할 수 있습니다. 출금한 후에 아래쪽에
있는 [내역 보기]에서 출금했던 내역을 확인할 수 있습니다.

[참고] 네이버에서 권고하는 필수 확인 사항

• 충전금 출금은 즉시 출금과 예약 출금 중에서 선택할 수 있고, 예약 출금일 때는 신청한 출금 금액
  이 만족되는 경우, 신청일의 설정에 따라 자동으로 출금되는 기능입니다.
• 충전금 출금 신청은 1일 1회만 가능하며, 즉시 출금은 최소 1원~최대 10억 원 미만, 예약 출금은 최
  소 30만 원~최대 1억 원 미만 이내로 가능합니다.
• 충전금 출금 신청 후 1영업일째 등록된 계좌로 입금됩니다. 단, 해외 거주일 때는 중개 은행을 거쳐
  해외 계좌로 입금되므로 2영업일 이후에 입금됩니다.

빠른 정산

■ 빠른 정산의 간략한 소개

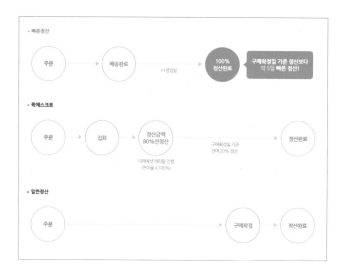

빠른 정산은 구매 확정일까지 기다리지 않고 돈의 흐름을 이어가게 해 주기 위해 배송 완료 +1영업일에 바로 정산받을 수 있게 해 주는 서비스입니다. 빠른 정산의 승인 조건에 해당할 때 빠른 정산을 신청해 좀 더 빠르게 판매 금액을 정산받으면 사업을 하는 데 도움이 될 것입니다.

[참고] 네이버에서 권고하는 필수 확인 사항

- 빠른 정산은 '배송 완료일 +1영업일'에 정산 예정 금액을 미리 정산해 주는 무료 서비스입니다.
- '배송 완료'가 적용되는 상품 주문 건만 빠른 정산 대상 건으로 적용되고, 배송 추적 불가(직접 전달 등), 해외 배송 상품, e 쿠폰(실물 배송 없음) 상품일 때는 빠른 정산에 적용되지 않습니다.
- 빠른 정산 금액은 상품 주문 번호별 정산 예정 금액으로, 배송비 금액 및 리뷰 적립 금액은 반영되지 않은 금액입니다.
- 배송 완료 전 구매 확정이 됐을 때는 빠른 정산이 아닌 일반 정산으로 정산받을 수 있습니다.
- 빠른 정산 공제(클레임 요청)는 빠른 정산 후 클레임(교환/반품)이 진행될 때 빠른 정산 금액을 회수하는 것입니다.
  - 예 1 A 상품 주문 번호(결제 금액 1만 원/네이버페이 주문 관리 수수료 300원)가 3월 1일 배송 완료될 때 3월 2일 9,700원이 빠른 정산되고, 이후 구매 확정되면 주문이 종료됩니다.
  - 예 2 B 상품 주문 번호(결제 금액 1만 원/네이버페이 주문 관리 수수료 300원)가 3월 2일 배송 완료될 때 3월 3일 9,700원이 빠른 정산되고, 3월 4일에 반품 요청이 발생하면, 3월 5일에 −9,700원 공제됩니다.

---

04 문의/리뷰 관리

문의 관리

고객이 상품에 관한 Q&A를 확인한 후 답글을 작성할 수 있는 메뉴입니다. 구매 이력이 없는 고객이더라도 상품 Q&A를 작성할 수 있습니다. 자주 등록되는 문의에 관해서는 답글 템플릿을 만들어 뒀다가 템플릿을 사용해 답변하면 됩니다.

문의 템플릿은 [상품 관리 – 템플릿 관리 – 문의 템플릿 관리]로 이동해 문의 템플릿을 작성하면 됩니다.

고객 문의 답변에 관한 수정 및 삭제 시 판매자가 쓴 답변의 옆에 있는 연필 모양을 선택하면 답변을 수정할 수 있고, ×를 누르면 답변할 수 있습니다.

고객 문의 관리

구매한 고객의 문의 건을 관리할 수 있습니다. 미답변된 문의를 검색해 답변할 수 있고, 이미 답변한 내용을 수정할 수도 있습니다. 또한 만족도에 따른 답변도 별도로 조회할 수 있으므로 스토어 평점을 좋게 유지하려면 고객 문의를 주기적으로 관리하는 것이 좋습니다.

리뷰 관리

상품이 판매돼 구매자가 수령한 후 상품에 관한 리뷰를 달았을 때 해당 리뷰를 관리하는 메뉴입니다. 리뷰는 판매 상품 아래에 다음과 같이 표시됩니다.

리뷰 관리가 잘된다면 추가 구매하는 분들이 상품의 리뷰를 확인하거나 추가 구매가 일어나게 하는 데 큰 도움이 되므로 리뷰 관리는 상품 판매 다음으로 중요합니다. 구매 고객의 리뷰 내용이 좋아서 다른 예비 구매자에게 더 많은 구매를 하도록 베스트 리뷰 선정하고 혜택을 지급합니다.

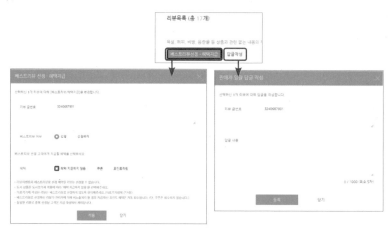

리뷰 이벤트 관리

리뷰 이벤트는 판매자가 상품 판매에 관한 다양한 이벤트를 등록하거나 베스트 리뷰를 선정해 혜택을 지급하는 것을 말합니다. 리뷰 이벤트는 상품 페이지가 잘 보이도록 노출돼 구매자가 이벤트를 쉽게 인지하도록 구성돼 있습니다. 이때 주의해야 할 점은 리뷰 이벤트에 응모된 리뷰를 상품 설명 및 광고 등에 사용하려면 리뷰 작성자의 동의를 얻어야 한다는 것입니다.

베스트 리뷰 선정

다음 메뉴에서 전체 이벤트를 관리합니다.

새로운 이벤트를 진행하려면 [리뷰 이벤트 등록]을 선택해 새로운 이벤트를 생성해야 합니다.

■ 리뷰 이벤트 등록 조건

- 통합 관리자와 계정 주 관리자만 리뷰 이벤트를 등록할 수 있습니다.

- 리뷰 이벤트를 등록하기 위해서는 최초 1회 사전 동의가 필요합니다.

- 리뷰 이벤트에 필요한 예산보다 충전금(성장 지원 포인트)이 충분하지 않을 때는 이벤트를 등록(수정)할 수 없습니다.

- 리뷰 이벤트는 최대 10개까지 동시에 진행할 수 있습니다.

- 리뷰 이벤트를 이용해 베스트 리뷰를 선정하거나 이벤트를 등록할 때는 설정한 네이버페이 포인트가 자동으로 지급됩니다.

- 리뷰 이벤트 적용 대상은 전체, 카테고리 단위, 상품 단위로 설정할 수 있습니다.

- 리뷰 이벤트 관리가 미흡할 때는 운영 정책에 따라 경고, 이용 정지 등과 같은 제재를 받을 수 있습니다.

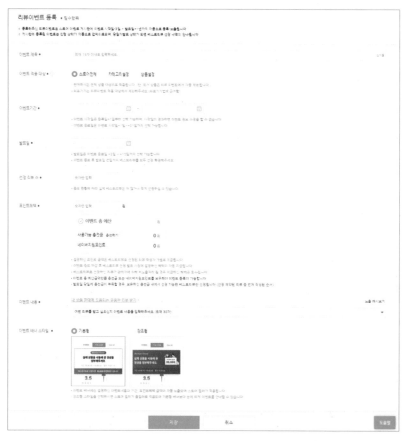

리뷰 이벤트를 등록하거나 응모한 구매자 중 베스트 리뷰를 선정해 이벤트 당첨 포인트를 제공할 수 있습니다. 기획하고 있는 상품이 있거나 스토어를 홍보하고자 한다면 이벤트를 적극적으로 활용할 필요가 있습니다.

톡톡 상담하기

쉽고 간편하게 고객의 문의 사항에 응답할 수 있습니다. 문의사항의 종류에는 평균 배송일 문의, 취소 문의, 상품 정보 문의 등이 있습니다.

❶ **대기:** 문의가 들어오면 대기 카운트가 올라갑니다.

❷ **진행 중:** 문의를 확인하면 진행 중으로 넘어가며 대화를 완료하지 않을 때까지는 진행 중으로 계속 남아 있습니다.

❸ **보류:** 톡톡 관리자가 대화를 보류해야 할 상황이 생겼을 때 보류를 걸어 두면 보류 항목의 카운트가 올라갑니다.

❹ **완료:** 모든 대화를 마치고 더 이상 대화가 필요 없을 때 [상담 완료]를 선택하면 해당 문의 건이 닫히고, 진행 중 카운트가 1 내려가며 문의 대화가 [완료]로 넘어갑니다.

스마트스토어 내에서 가장 많이 활용할 내용이 '톡톡 상담하기'이므로 네이버에서는 별도의 네이버 톡톡 파트너 앱을 제공합니다. 해당 앱을 설치하면 고객의 새로운 메시지가 도착했을 때 바로 푸시 메시지가 와서 좀 더 빠른 응대 및 CS를 할 수 있습니다. 안드로이드폰은 플레이 스토어, 아이폰은 앱스토어에서 [네이버 톡톡 파트너]를 검색해 설치할 수 있습니다.

톡톡 쇼핑 챗봇 설정

구매사가 가장 많이 묻는 내용에는 평균 배송일, 배송 현황, 인기 상품 추천, 주문 취소/배송지 변경, 교환/반품이 있습니다. 해당 내용에 관해서는 판매자들마다 매뉴얼을 만들어 일관되게 응대하는 것이 좋습니다. 이런 매뉴얼적인 대응을 자동으로 지원해 주는 것이 '톡톡 쇼핑 챗봇'입니다. 쇼핑 챗봇 사용 설정을 선택해 활성화하면 쇼핑 챗봇이 작동합니다.

쇼핑 챗봇은 다음 항목을 안내하므로 확인한 후에 설정하기 바랍니다.

---

06 스토어 전시 관리

스마트스토어

구매를 원하는 고객이 스마트스토어를 방문했을 때 가장 먼저 살펴보는 것은 상품, 분위기, 색, 전체적인 느낌입니다. 이런 기본적인 기획, 디자인을 미리 준비하고 계획하면 더욱 눈에 띄고 기억에 오래 남는 나만의 스마트스토어를 만들 수 있습니다. [스토어 전시 관리 – 스마트스토어]를 선택해 진입합니다.

■ 창 전환

쉽게 지나치기 쉬운 창 전환 메뉴입니다. 모바일, PC, 전체 보기 메뉴로 구성돼 있습니다. 전체 보기 메뉴는 PC 화면을 넓게 보기 위해 사용합니다. 왜 모바일과 PC가 구분돼 있는지를

잘 살펴봐야 합니다. 모바일과 PC의 화면 크기가 다르기 때문에 전체적인 구성을 변경하고
모바일과 PC를 각각 확인해 문제가 없는지 확인해야 합니다. 모바일 쇼핑을 하거나 모바일로
결제하는 비중이 PC로 결제하는 비중을 앞지르고 있는 추세이므로 모바일 UI도 PC UI의 비
중 못지않게 고려하는 것이 좋습니다.

■공통 관리

다음과 같이 왼쪽에는 컬러 테마와 메뉴의 위치를 정할 수 있는 [PC GNB 위치] 메뉴가 있고,
위쪽 가운데에는 모바일 버전과 PC 버전으로 전환할 수 있는 메뉴가 있습니다.

- **컬러 테마:** 스토어에 들어갔을 때 가장 먼저 눈에 띄는 것은 '색'입니다. 단조로운 1가지 색이라도 스토어의 분위기나 구매자의 기분을 바꿀 수 있으므로 카테고리나 아이템에 잘 어울리는 색을 신중하게 골라야 합니다.

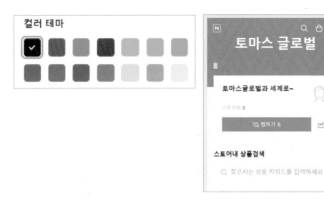 

- **색깔별 이미지:** 기업들은 각 색깔의 이미지를 고려해 상품에 맞는 색상을 선택합니다. 빨간색은 주로 음식점의 간판, 전단지에 사용되고, 파란색은 기업의 로고나 여름 상품, 스포츠 음료의 포장에 사용합니다. 검은색은 고급 음식점, 명품점에 사용되고, 흰색은 옷을 만드는 의류 업체에 사용합니다. 또한 노란색은 어린이 대상 상품에 사용되고, 초록색은 신선한 상품을 판매하는 슈퍼마켓의 과일, 채소 코너에 사용됩니다.

컬러 마케팅으로 성공한 기업의 사례도 찾아볼 수 있는데요. 미국의 컴퓨터 회사인 애플 사는 원래 호환성 문제로 소비자들의 외면을 받고 있었지만, 어느 날 상품에 화사한 색깔을 입혀 소비자들에게 큰 인기를 끌었습니다. 스타벅스는 회색 빌딩으로 가득한 도심의 한복판에 녹색 나무 한 그루를 심겠다는 이미지를 전 세계 소비자의 마음에 심어 세계적인 커피 전문점으로 성장했습니다.

이처럼 컬러는 브랜드 이미지를 만들거나 소비자의 상품 선택 과정에 중요한 역할을 합니다. 스마트스토어에서도 색은 중요한 마케팅 요소라고 할 수 있습니다.

빨간색	파란색	검은색	흰색	노란색	초록색
신선한 이미지, 식욕 증진	신뢰감과 안정감	차분한 느낌	순수하고 깨끗한 이미지	밝고 따뜻한 느낌	자연의 깨끗하고 순수한 이미지

- **PC GNB 위치:** 모바일은 창이 작기 때문에 메뉴의 위치 구성을 자유롭게 변경하지 못합니다. 따라서 PC 버전에만 적용할 수 있습니다. 따라서 메뉴는 위쪽이나 왼쪽에 두는 것이 좋습니다. 위쪽 메뉴는 좀 더 트렌디한 아이템, 왼쪽 메뉴는 클래식하거나 정적인 아이템에 적합합니다.

상단형   좌측형

상단형   좌측형

[TIP] 색을 통한 이미지 각인 효과

저는 새로운 스토어를 오픈할 때 가장 먼저 스토어의 색을 결정합니다. 색을 결정할 때 주의해야 할 점은 '일관성'과 '통일성'입니다. 색은 고유의 느낌을 지니고 있습니다. 예를 들어 빨간색은 정렬, 화끈함, 강렬함이 느껴지는 반면, 파란색은 차가움, 맑음, 시원함, 청량함이 느껴집니다. 또한 녹색은 상쾌함, 푸르름, 싱그러움 등이 느껴집니다.

이렇게 같은 단어라도 어떤 색을 주로 사용하는지에 따라 느낌이 달라집니다. 이렇듯 모든 색에는 보는 사람에게 감정을 전달하는 힘이 있습니다.

주 카테고리가 없는 상황에서 스토어를 꾸미고 싶다고 가정해 보겠습니다. 이때는 무엇보다 본인다운 색을 고르는 것이 좋습니다. 나의 성격은 어떻고, 나에게서 느껴지는 이미지가 어떤 색과 어울리는지 생각해 보세요.

만약 내가 적극적이고 외향적인 성격이라면 빨간색을 주로 사용하면 됩니다. 그러면 스토어에 들어온 고객들의 머릿속에 강한 이미지가 남게 됩니다. 그런데 막상 아이템을 클릭해 상세 페이지 들어가 봤더니 분위기가 정적이거나 딱딱하다면 실망할 것입니다. 심지어 아이템이 파란색이 잘 어울리는 물놀이 용품이라면 무척 어색하게 느낄 것입니다. 이때는 반전 매력이 아니라 오히려 반감을 느낄 것입니다.

또한 무엇이든 나에게 잘 어울리는 것이 중요합니다. 고객은 화면만 보고 판단하기 때문에 색이 큰 역할을 합니다. 저는 메인 페이지에 아이템을 배치하고, 배경을 메인 색에 맞춰 배색합니다. 내 스토어의 이미지를 고객이 임의로 판단하게 하는 것이 아니라 고객들이 내가 의도한 대로 느끼고 판단할 수 있도록 합니다.

예를 들어 수산물을 판매하는 스토어라면 주로 파란색을 많이 사용할 것입니다. 실제로 대부분의 수산물 스토어에서는 파란색을 많이 사용합니다. 섬네일, 상품명, 상세 페이지 모두 파란색이 주는 느낌을 기반으로 글, 사진, 말투, CS 등을 맞춥니다.

많은 분이 시각적인 것에만 너무 집중하는데, CS를 할 때도 색이 중요합니다. 스토어가 열정적인 이미지라면 CS에도 열정적인 색을 사용하세요. 스토어가 전문적인 이미지라면 CS에 전문적인 느낌의 색을 사용하고, 귀엽고 친근한 느낌의 이미지라면 CS에 친설한 색을 사용하세요.

스토어에서는 말투도 색과 어울려야 합니다. 부드러운 느낌이 드는 색이 사용된 스토어에 딱딱한 말투를 사용하면 왠지 어울리지 않는 느낌을 받기 때문입니다. 예를 들어 노란색을 사용한 스토어에 "～했어요.", "～하면 어떨까요?", "～하면 좋을 것 같아요."와 같은 말투를 사용하면 친근한 이미지를 심어 줄 것입니다.

색은 이처럼 여러분의 스토어에 생기를 불어넣어 주거나 여러분의 아이템을 돋보이게 만들어 주는 역할을 합니다. 색을 잘 선택하면 나만의 분위기를 뿜어내는 스토어가 되고, 그 스토어는 유니크해집니다.

■ 컴포넌트 관리

스마트스토어에 구성돼 있는 하나하나의 컴포넌트들을 모두 커스터마이징해 나만의 스토어를 꾸며 줍니다.

- **스토어 이름:** 스마트스토어의 위쪽에 나오는 스토어명을 꾸며 줍니다. 이때 이름은 '로고형'과 '텍스트형'으로 꾸며 줍니다. 텍스트형일 때는 [스마트스토어 설정] 메뉴에서 스토어명을 변경해야 합니다. 스토어명은 1회만 변경할 수 있기 때문에 신중하게 선택해 변경해야 합니다.

  스토어가 좀 더 개성이 드러나도록 하기 위해서는 스토어명을 이미지로 만들어 등록하는 것이 좋습니다. 모바일 버전과 PC 버전의 이미지 크기는 각각 다르게 올려야 하므로 작업할 때 주의해야 합니다.

텍스트형   로고형

간단하게 텍스트로만 이미지 작업을 해 봤지만, 스토어 내에 적용해 보면 일반적인 스토어와는 다르다는 것을 느낄 수 있습니다.

- **카테고리 & 메뉴 관리**: 스마트스토어에서 보이는 가장 큰 메뉴 또는 카테고리를 설정합니다.

- **카테고리 관리**: [스토어 전시 관리 – 카테고리 관리] 메뉴를 이용해 카테고리를 관리합니다. 올린 상품 그대로 카테고리를 만들어 사용할 수도 있고, 원하는 카테고리명을 정한 후 그곳에 상품을 넣어도 됩니다.

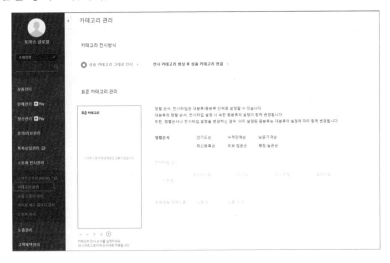

일반적인 의자 카테고리에서 벗어나 커피숍 의자라는 좀 더 독특한 제목의 카테고리를 만들어 홍보한다고 가정해 보겠습니다. [카테고리 추가] 버튼을 눌러 카테고리를 추가합니다.

원하는 카테고리에 넣었으면 해당 카테고리가 스토어에 잘 들어가 있는지 확인해 봅니다. 다음과 같이 추가한 카테고리를 확인할 수 있습니다.

특정 브랜드만을 강조하거나, 특별한 기획전을 열거나, 개성 있는 카테고리를 만들어 올리면 판매에 도움이 됩니다.

– 공지사항 관리: 공지사항을 생겼을 때 고객에게 제때 알리기 위해서는 공지사항을 잘 관리해야 합니다. 공지사항의 대표적인 예로는 택배 문제, 상품에 관한 사항 등을 들 수 있습니다. 상황에 따라 공지해야만 고객의 불만과 클레임을 줄일 수 있습니다.

[새 상품 공지사항 등록]을 선택해 새로운 공지사항을 등록합니다. 공지는 일반, 이벤트, 배송 지연, 상품에 관한 내용으로 분류할 수 있습니다. 중요 공지사항으로 설정할 수도 있고, 공지를 카테고리가 아닌 모든 상품의 위쪽에 배치할 수 있는 [모든 상품에 공지사항 노출]로 설정할 수도 있습니다.

팝업 사용을 설정하기 위해서는 팝업 사용 기간을 설정해야 합니다. 팝업 설정을 완료한 후 스토어에 접속하면 공지가 팝업으로 나타나 공지를 놓치는 일을 예방할 수 있지만, 팝업이 나타나는 걸 싫어하는 구매자가 이탈할 위험성도 존재합니다.

주의) 통신이 완료되기까지는 시간이 걸리기 때문에 모든 설정이 바로 적용되지 않습니다.

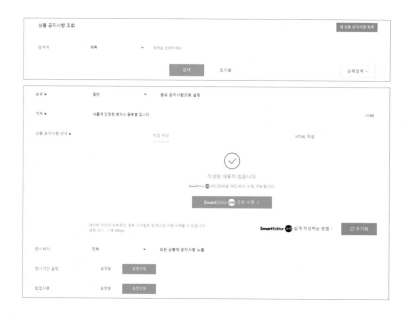

[중요 공지사항]에 체크 표시를 했을 때

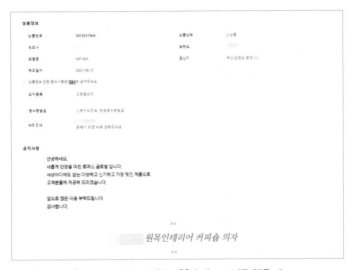

[모든 상품에 공지사항 노출]에 체크 표시를 했을 때

[팝업 사용]으로 설정했을 때

– 판매자 정보 관리: 스토어를 관리할 수 있는 페이지입니다. [스토어 전시 관리 – 스토어 관리]에서 스토어 정보를 입력하거나 수정할 수 있습니다. 스토어명, 스토어 대표 이미지, 스토어 소개, 스토어 URL, 고객센터 전화번호를 설정합니다.

스토어명은 1회에 한해 수정할 수 있으므로 신중하게 고른 후 스토어명을 짓거나 수정합니다. 처음 스토어를 만들 때 가장 많이 고민하는 것 중 하나가 스토어명인데요. 가장 많이 입에 오르내리기도 하고 CS를 할때나 업체와 미팅할 때도 많이 사용하므로 충분히 고민한 후에 결정해야 합니다.

스토어 대표 이미지는 스토어를 대표해 나타낼 수 있는 이미지를 최소 160×160픽셀 이상의 성비율 이미지만 사용해 등록합니다. 이미지를 등록한 후 네이버 자체 검수가 영업일 기준 1~2일이 소요되므로 시간을 고려해 등록하는 것이 좋습니다. 스토어 소개에는 스토어를 한마디로 소개할 인상적인 문구를 적습니다. 스토어 URL에는 모바일 URL과 PC URL이 있습니다.

- 기획전 관리: [기획전]은 PC에서만 노출되는 메뉴입니다. 기획전의 이름을 변경하거나 기획전의 활성화에 관한 사항을 변경할 수 있는 메뉴입니다. 다양한 기획전을 열 때는 메뉴명을 바꿔 좀 더 눈에 띄게 하는 것이 좋습니다. 오른쪽에 위에 있는 버튼을 스크롤하면 활성화 여부를 설정할 수 있습니다.

- 묻고 답하기 관리: 묻고 답하기의 이름을 변경하거나 묻고 답하기의 활성화 여부를 결정할 수 있는 메뉴입니다. '묻고 답하기'가 식상하다면 나만의 아이디어로 바꿔 보세요.

메뉴가 묻고 답하기 대신 새로운 이름으로 바뀐 것을 알 수 있습니다.

– 쇼핑스토리 관리: 다양한 주제와 소재로 쇼핑스토리를 자유롭게 등록하는 메뉴입니다. 쇼핑스토리명 대신 나만의 이름을 넣어 개성을 표현할 수도 있습니다.

메뉴가 쇼핑스토리대신 새로운 이름으로 바뀐 것을 알 수 있습니다.

– 리뷰 이벤트 관리: 리뷰 이벤트를 만들어 관리하는 메뉴입니다. 구매자의 리뷰 참여를 이끌어내기 위해 사용하는 메뉴입니다.

메뉴가 리뷰 이벤트 대신 새로운 이름으로 바뀐 것을 알 수 있습니다.

■ 프로모션 이미지 관리

스토어의 위쪽에 광고 이미지를 넣은 후 상품을 연결할 수 있습니다. 최대 5장의 이미지를 넣을 수 있고, 5개의 상품 광고도 할 수 있습니다. 모바일 버전과 PC 버전을 별도로 작업해야 합니다. 프로모션 이미지도 나만의 스토어 꾸미는 데 도움이 됩니다.

다음과 같이 이미지를 추가한 후 이미지에 상품이나 URL을 링크해 클릭하면 바로 이동하게 만듭니다. 다음과 같이 배너가 들어가면 스토어가 더욱 풍성해 보이고, 다양함을 강조할 수도 있습니다.

■스토어 및 셀러 정보 관리

내 스마트스토어에 방문자 수나 데이터 랩 스토어 등급을 표시할 것인지를 결정할 수 있습니다. 초기 새싹 셀러의 입장에서는 방문자 수가 적고, 스토어의 등급이 낮기 때문에 이런 정보를 보여 주기가 어렵습니다. 스마트스토어의 신뢰도에 결정적인 영향을 미치기 때문입니다. 따라서 처음에는 노출을 자제했다가 어느 정도 방문자 수가 증가하거나 스토어 등급이 상승할 때쯤 해당 정보를 노출하면 큰 효과를 기대할 수 있습니다.

오른쪽에 방문자 수가 노출됩니다. 수치가 너무 낮으므로 비활성화하면 사라지는 것을 알 수 있습니다.

■ 추가 컴포넌트 관리

프로모션 이미지의 아래에 다양한 컴포넌트를 추가, 삭제할 수 있습니다. 해당 컴포넌트의 상품은 자동이나 수동으로 등록할 수 있습니다. 컴포넌트를 추가한 후 컴포넌트 이름을 스토어에 맞게 변경하면 스토어를 좀 더 풍성하게 만들 수 있습니다.

- **베스트 상품:** 일간 베스트로 상품을 최대 4개까지 자동으로 선정해 전시합니다.
- **베스트 리뷰 상품:** 평점을 기준으로 상위 상품을 최대 6개까지 추출해 자동으로 전시합니다.
- **신상품:** 최신 등록된 상품을 실시간으로 자동 선정해 정렬합니다.
- **자유 상품:** 전시 순서와 원하는 상품을 드래그 앤 드롭으로 자유롭게 전시할 수 있습니다.
- **자유 배너:** 위쪽에 있는 프로모션 이미지와 비슷하게 원하는 배너를 1개 더 등록할 수 있습니다.
- **쇼핑스토리:** 쇼핑스토리는 [스토어 전시 관리 – 쇼핑스토리 관리]에서 등록 및 수정할 수 있습니다.
- **전체 상품:** 인기도순으로 최대 50개의 상품을 자동으로 선정해 정렬합니다.
- **기획전 배너:** [노출 관리 – 기획전 관리]에서 등록한 기획전이 자동으로 노출됩니다.
- **스토리형 상품:** 자유 상품, 랭킹 상품, 베스트 리뷰 상품, 쇼핑스토리 상품을 조합해 전시합니다.

카테고리 관리

스마트스토어에 보이는 카테고리의 전시 방식을 판매자가 원하는 취향으로 변경 및 관리할 수 있는 메뉴입니다. 카테고리 전시 방식은 상품을 등록할 때 선택한 카테고리가 그대로 전시되는 방식과 전시할 카테고리를 생성한 후 등록한 상품을 생성한 카테고리에 연결하는 방식이 있습니다.

❶ **상품 카테고리 그대로 전시:** 상품을 등록할 때 지정한 카테고리가 스마트스토어 내에 전시됩니다.

❷ **전시 카테고리 생성 후 상품 카테고리 연결:** 임의로 등록한 카테고리에 상품 카테고리를 연결하면 스마트스토어에 등록된 카테고리에 연결된 카테고리의 상품이 전시됩니다.

■ 표준 카테고리 관리

'상품 카테고리 그대로 전시'를 의미합니다. 화살표를 이용해 카테고리의 위치나 순서를 변경할 수 있습니다. 정렬 순서, 전시 타입은 대분류, 중분류 단위로 설정할 수 있습니다. 대분류의 정렬 순서, 전시 타입을 설정할 때 속한 중분류의 설정이 함께 변경됩니다.

대분류, 중분류별에서 전시 타입을 변경하면 섬네일 및 상세 설명의 표기가 변경됩니다.

큰 이미지형

이미지형

리스트형   갤러리형

■ 전시 카테고리 관리

스마트스토어를 기획해서 카테고리의 특색을 주거나 색을 입히기 위해 사용합니다. 대분류,
중분류, 소분류라는 카테고리를 만듭니다.

카테고리의 대분류에서는 카테고리명 대신 이
미지로 변경할 수 있습니다. 메뉴에 걸맞은 이
미지를 등록해 둔다면 구매자에게 좀 더 잘 노
출돼 판매에 좋은 영향을 미칠 것입니다.

제작해 놓은 카테고리에 카테고리 자체를 연결할 것인지, 개별 상품을 각각 연결할 것인지를 정
한 후 상품을 연결합니다. 상품을 연결한 후 실제 스마트스토어에 노출되기까지는 대략 30분
정도가 소요됩니다.

쇼핑스토리 관리

쇼핑스토리는 상품에 관련된 스토리, 회사의 경영 이념 등을 기술하거나 홍보 자료를 만드는 등 이야깃거리를 만들어 주는 항목입니다. 구매자가 스토어를 방문해 스토리를 읽음으로써 좀 더 다양한 이야기를 접한다면 구매 명분을 만드는 데 큰 역할을 할 것입니다. 쇼핑스토리를 조회하거나 등록할 수 있습니다.

쇼핑스토리는 네이버 블로그나 스마트스토어의 상세 페이지를 만들듯이 스마트에디터 ONE을 사용해 쉽고 편리하게 작성할 수 있습니다.

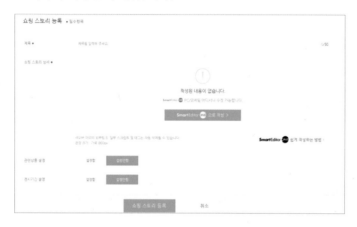

라이브 예고 페이지 등록

라이브 예고 페이지는 라이브 방송을 사전에 소개할 수 있는 페이지입니다. 라이브 소개와 라이브에서 제공하는 다양한 혜택 등 라이브 방송에 관한 전반적인 내용을 안내할 수 있습니다. 라이브 예고 페이지 등록에서 라이브를 진행하기 전에 제공하는 이벤트 예고를 등록합니다.

❶ **라이브 ID**: 라이브 예고 페이지를 생성하기 위해 예약한 라이브 방송의 번호입니다.

❷ **제목**: 위쪽 이미지 위에 노출될 라이브 예고 페이지의 타이틀입니다.

❸ **상단 이미지**: 가장 위쪽에 노출될 라이브 예고 페이지의 이미지입니다.

❹ **라이브 소개**: 진행할 라이브에 관한 홍보 및 이벤트 내용입니다.

❺ **자유 버튼**: 스토어 또는 스토어 공지사항 등으로 이동시키는 자유 버튼입니다.

❻ **스토어찜/소식 쿠폰**: [고객혜택관리 – 혜택 등록]에 등록된 스토어찜/소식 알림 쿠폰을 자동으로 노출합니다.

❼ 지난 라이브 다시 보기: 스토어의 이전 라이브 다시 보기 노출 선택 기능입니다.

❽ 댓글: 이벤트, 미션을 진행하기 위한 댓글 사용 기능입니다.

❾ 전시 노출 여부: 전시 노출 선택 기능입니다.

스토어 정보

스마트스토어의 기본 정보를 수성 및 관리하는 메뉴입니다.

❶ 스토어명: 현재 소유하고 있는 스마트스토어명입니다. 최대 1회에 한해 스토어명을 변경할 수 있습니다.

❷ 스토어 대표 이미지: 스토어를 대표할 수 있는 이미지를 등록합니다. 대표 이미지는 스마트스토어 프로필, 네이버쇼핑에 노출됩니다. 160×160픽셀 이상의 가로, 세로 정비율 이미지만 등록할 수 있습니다. 스토어 대표 이미지는 변경할 수 있지만, 담당 부서의 검수가 완료되는 영업일 기준 1~2일 후에 변경됩니다.

❸ 스토어 소개: 스마트스토어를 가장 잘 소개할 수 있는 글로, 최대 50자까지 입력할 수 있습니다. 스토어 소개는 스마트스토어의 위쪽에서 확인할 수 있습니다.

❹ 스토어 URL: 스마트스토어 URL을 기본 제공 URL로 할 것인지, 개인 도메인을 사용할 것인지를 선택할 수 있습니다.

　– 개인 도메인 설정 방법: [스토어 전시 관리 – 스토어 관리] 메뉴로 접속 ➡ 스토어 URL 항목을 '개인 도메인'으로 선택 ➡ PC 주소 입력 ➡ 아래쪽 [저장] 버튼 누름

❺ 고객센터 전화번호: 소개 페이지 또는 스마트스토어의 가장 아래에 노출되는 전화번호를 수정할 수 있습니다.

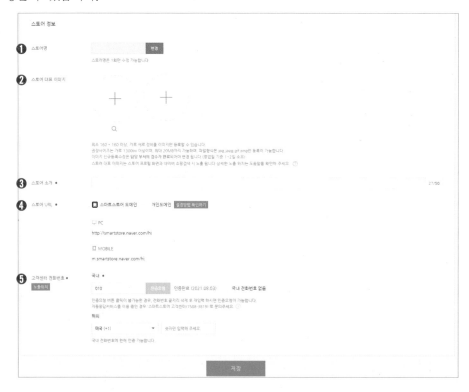

07 노출 관리

쇼핑 윈도 노출 제안

쇼핑 윈도 서비스 영역에 노출하기를 원할 때 입점을 신청하는 메뉴입니다. 쇼핑 윈도군으로는 스타일 윈도(패션), 리빙 윈도(리빙 상품군), 키즈 윈도(유ㆍ아동), 뷰티 윈도(브랜드 본사, 공식 수입사만 가능), 플레이 윈도(디지털, 스포츠ㆍ레저, 키덜트 상품군), 아트 윈도(담당자와 사전 합의된 작가, 갤러리만 신청 가능), 해외 직구 윈도(해외 직구 서비스 지역의 현지 해외

사업자), 펫 윈도(사료, 간식, 애완 패션 & 리빙 용품 외 강아지, 고양이를 위한 상품군), 푸드 윈도(산지 직송, 지역 명물, 간편 집밥, 전통주 등 다양한 푸드 상품군)으로 나뉘어 있습니다. 노출을 원하는 상품군을 확인한 후 신청 조건을 충족하고 신청하면 됩니다.

쇼핑 윈도 신청 완료 후 심사는 3일 정도 걸립니다. 진행 결과는 [판매자 정보 – 심사 내역 조회] 메뉴에서 확인할 수 있습니다.

기획전 관리

내 스마트스토어의 상품을 다양한 방법으로 홍보하고 판매할 수 있습니다. 즉시 할인, 소식알림 동의 쿠폰, 스토어찜 쿠폰, 포인트 적립의 기획전을 개최할 수 있습니다. 기획전 개최 여부는 [네이버쇼핑 – 기획전] 탭에서 확인할 수 있습니다.

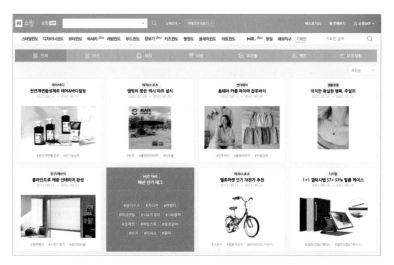

다음과 같이 새로운 기획전을 열려면 [신규 기획전 등록]을 눌러 기획전을 만듭니다.

원하는 기획선에 맞는 타입, 카테고리, 제목, 기간 등을 입력한 후 기획전 심사 요청을 해야
합니다.

등록된 기획전은 기획전 목록에서 확인할 수 있습니다. 심사 완료 상태가 돼야 기획전 및 네이버쇼핑에 노출할 수 있습니다. 내부 기준에 맞지 않을 때는 승인 거부 처리가 됩니다. 승인 거부 사유의 코멘트를 확인하고 기획전을 수정한 후 [재심사 요청]을 눌러 심사 요청 상태를 변경합니다.

심사 승인이 완료되면 기획전에 관해서는 수정 및 중단 처리를 할 수 없으며, 설정한 진행 기간에 기획전 페이지에 노출됩니다.

럭키투데이 제안 관리

럭키투데이는 판매자가 상품을 직접 선정하거나, 등록하거나, 프로모션할 수 있는 서비스입니다. 기존의 판매 상품 중 괜찮은 상품이 있을 때 럭키투데이를 신청하면 보다 많은 유입과 광고 효과를 볼 수 있습니다.
럭키투데이를 제안할 때 갖춰야 할 몇 가지 필수 조건이 있습니다. 네이버에서 럭키투데이 가이드를 보시고 필수 조건에 맞춰 럭키투데이를 제안해 보세요.

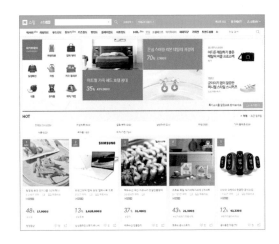

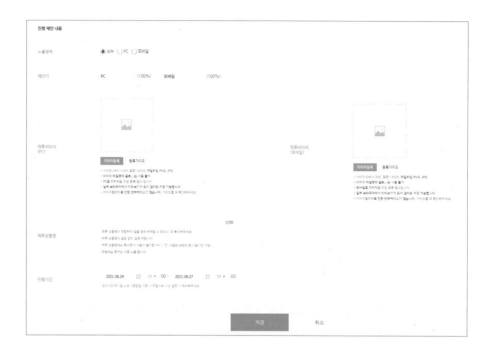

노출 서비스 관리

네이버에서 제공하는 내 쇼핑몰을 알릴 수 있는 다양한 서비스를 제공합니다. 상품을 다양한 곳에 노출시켜 판매를 증대할 수 있습니다.

■ 노출 서비스 관리

- **네이버쇼핑**: 네이버쇼핑 연동 시 상품 등록 페이지에 [네이버쇼핑] 항목이 활성화되고, 체크 표시를 하면 상품이 네이버쇼핑에 노출됩니다. [상품 관리 – 상품 등록 – 가격 비교 사이트 등록]에 노출됩니다.

- **네이버 톡톡**: 네이버 톡톡이 활성화되면 판매자의 스마트스토어 판매 상품 화면에 [톡톡 문의] 버튼이 노출됩니다. 이 버튼을 이용하면 스마트스토어센터에서 고객 상담을 할 수 있습니다.

- **웹 사이트 검색 등록**: 스토어명을 네이버에서 검색하면 웹 사이트 검색 결과에 노출됩니다. 스토어가 브랜딩돼 있다면 이 서비스는 더욱 판매자의 성장에 도움이 될 것입니다.

- **스마트 플레이스**: 오프라인 매장을 운영하고 있는 판매자의 스토어를 네이버 지도 검색 결과에 등록할 수 있는 서비스입니다(백화점, 아울렛, 스타일, 리빙, 키즈 윈도에 해당).
- **네이버TV**: 상품 정보에서 동영상을 업로드할 때 영상이 네이버TV에 노출되고, 상품 링크도 노출할 수 있습니다.

- **Modoo!**: 계정에 연동돼 있는 Modoo! 채널을 확인할 수 있습니다. Modoo!로 제작한 홈페이지에 스마트스토어 상품을 노출할 수 있습니다.

- **그라폴리오**: 그라폴리오에 창작자로 등록된 판매자는 아트 상품 스토어에 상품을 노출할 수 있습니다.

- **애널리틱스**: 사이트의 방문자에 관한 분석 자료를 제공하는 웹 로그 분석 서비스입니다.

■ 업무 도구 연결

• **네이버웍스:** 스토이의 규모가 조금씩 커지면 의사 소통이 더욱 중요시됩니다. 네이버웍스를 사용하면 업무 메신저를 제공하거나, 일정, 주소록, 설문 등을 팀원들과 공유하거나, 업무를 효율적으로 진행할 수 있습니다. 스마트스토어 판매자일 때는 네이버웍스 Free 상품을 무료로 이용할 수 있습니다.

• **WORKPLACE:** 다양한 기업 환경에 맞춘 워크플로, 인사, 근무 회계 기능이 포함된 기업 정보 시스템을 이용해 스마트한 업무 환경을 만들 수 있습니다.

■ **가격 비교 서비스 연결**

가격을 비교해 최저가나 그에 준하는 가격을 찾는 에누리, 다나와 등을 네이버 서비스와 연결합니다. 구매가 일어나면 [판매 관리 – 구매 확정 내역]의 매출 연동 수수료 유입 경로에서 확인할 수 있고, 유입이 발생하면 해당 업체에 추가 수수료 2%를 지급해야 합니다. 해당 수수료는 관리자에게 별도 청구됩니다.

■ **SNS 설정**

스마트스토어 내 SNS 아이콘을 노출해 이동할 수 있고, 링크 노출 위치는 스마트스토어의 아래쪽입니다.

08 고객 혜택 관리

첫 구매 고객, 재구매 고객, 그룹 고객 등 원하는 타깃을 대상으로 혜택을 설정할 수 있는 메뉴입니다. 혜택으로는 쿠폰이나 포인트를 적립합니다.

혜택 등록

[고객혜택관리 – 혜택 등록] 메뉴에서 고객에게 제공할 혜택을 설정합니다.

❶ **첫 구매 고객**: 최근 2년간 구매 이력이 없는 고객에게 혜택이 적용됩니다.

❷ **재구매 고객**: 최근 6개월 동안 구매 이력이 있는 고객에게 혜택이 적용됩니다.

❸ **스토어찜**: 아직 스토어찜을 하지 않은 고객에게 혜택이 적용됩니다. 스마트스토어의 위쪽에 배너로 다음과 같은 스토어찜 배너가 제공됩니다.

구매하는 상품의 상세 페이지에 오른쪽과 같은 배너가 나타나면 오른쪽 아래에 있는 [다운로드] 버튼을 눌러 할인 적용을 받을 수 있습니다.

❹ **소식 알림**: 소식 알림 동의 고객에게 쿠폰을 첨부해 메시지를 보내거나 아직 소식 알림 동의하지 않은 고객에게 다운로드 혜택을 적용할 수 있습니다. 스마트스토어의 위쪽에 있는 배너로 다음과 같은 소식 알림이 제공됩니다.

구매하는 상품의 상세 페이지에 오른쪽과 같은 배너가 나타나면 오른쪽 아래의 [다운로드] 버튼을 눌러 할인 적용을 받을 수 있습니다.

❺ **타깃팅**: 타깃팅 그룹은 거래 내역과 관심 여부 조건으로 생성할 수 있습니다. 지정한 고객을 대상으로 설정된 발급일에 쿠폰이 즉시 발급됩니다. 발급받은 쿠폰은 고객의 네이버페이 MY 화면에서 확인할 수 있습니다.

혜택 조회/수정

등록한 혜택의 조회/수정이 가능한 메뉴입니다. 신택한 혜택의 삭제, 시작, 중지를 할 수 있습니다. [새 고객 혜택 등록] 버튼을 선택하면 새로운 고객 혜택 이벤트를 만들 수 있습니다.

혜택 리포트

고객에게 주어진 다양한 혜택의 리스트를 볼 수 있습니다. 스토어 내에서 판매자가 직접 설정한 혜택들이지만, 혜택 리스트를 보고 좀 더 늘려야 할 혜택과 줄여야 할 혜택을 구분하기 좋습니다.

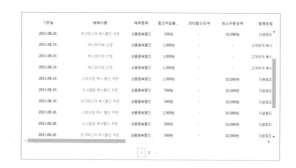

고객 등급 관리

스토어의 재구매율을 높이기 위해 스토어에 고객 등급을 설정합니다. 총 구매 금액에 따라 등급을 나누고, 해당 등급이 되면 다양한 쿠폰 및 포인트를 적립해 주는 기능입니다. 다른 스토어의 판매가가 내 스토어의 판매가보다 저렴하더라도 내 스토어에서 구매해 등급을 올리면 더 많은 혜택을 받을 수 있다는 생각을 하게 되면 단골 고객 내지 충성 고객을 만들 수 있습니다. 각각의 등급을 활성화해 등급 조건 및 등급 혜택을 줄 수 있습니다. 등급의 설정을 진행하다가 중지를 하고 싶을 때 중지할 수 있지만, 즉시 반영되지는 않고 다음 달부터 반영된다는 점에 유의하기 바랍니다. 부득이하게 중지시킬 때는 사전에 고지를 해서 클레임에 대비해야 합니다.

포인트 지급 내역 조회

판매자 혜택으로 고객에게 지급된 포인트 내역을 확인할 수 있는 메뉴입니다. (구)구매평 작성 포인트는 '텍스트 리뷰 작성' 조회 결과, (구)프리미엄 구매평 작성 포인트는 '포토/동영상 리뷰 작성' 조회 결과에 포함됩니다.

❶ **텍스트 리뷰 작성:** [상품 리뷰 – 텍스트 작성]으로 적립된 포인트

❷ **포토/동영상 리뷰 작성:** [상품 리뷰 – 포토/동영상 첨부 작성]으로 적립된 포인트

❸ **톡톡 친구/스토어찜 고객 리뷰:** 톡톡 친구이거나 스토어찜 고객 리뷰를 작성했을 때 추가로 적립된 포인트

❹ **한달 사용 텍스트 리뷰 작성:** [한달 사용 리뷰 – 텍스트 작성]으로 적립된 포인트

❺ **한달 사용 포토/동영상 리뷰 작성:** [한달 사용 리뷰 – 포토/동영상 첨부 작성]으로 적립된 포인트

	적립구분	적립상태	적립률/액	적립 건	취소 건	총적립액 (원)	비용구분	최종적립일
❶	텍스트리뷰 작성	완료	200 원	1	0	200	판매자 부담	2021/11/25 08:47:30
❷	포토/동영상리뷰 작성	완료	500 원	5	0	2,500	판매자 부담	2021/11/27 21:14:29
❸	톡톡친구/스토어찜 리뷰 추가적립	완료	300 원	3	0	900	판매자 부담	2021/11/27 21:14:29
❹	한달사용 텍스트리뷰 작성	완료	200 원	2	0	400	판매자 부담	2021/11/25 08:48:18
❺	한달사용 포토/동영상 리뷰 작성	완료	500 원	1	0	500	판매자 부담	2021/10/04 12:19:11
	텍스트리뷰 작성	완료	200 원	1	0	200	판매자 부담	2021/10/06 21:43:13
	포토/동영상리뷰 작성	완료	500 원	1	0	500	판매자 부담	2021/11/21 17:45:25
	포토/동영상리뷰 작성	완료	500 원	1	0	500	판매자 부담	2021/10/31 01:55:35
	텍스트리뷰 작성	완료	200 원	1	0	200	판매자 부담	2021/12/07 10:39:36
	한달사용 텍스트리뷰 작성	완료	200 원	1	0	200	판매자 부담	2021/12/05 17:56:25

09 마케팅 메시지

스토어가 어느 정도 자리잡았다면 소식 알림 동의 고객과 스토어찜 고객도 어느 정도 인원이 채워졌을 것입니다. 새로운 상품이 출시돼 홍보해야 할 때 광고비를 내고 홍보하는 방법도 있지만, 소식 알림에 동의한 고객에게 마케팅 메시지를 보내는 방법도 있습니다. 광고비도 들지 않을 뿐 아니라 한 번 구매했던 고객이므로 방문율이나 마케팅 메시지에 따라 구매율이 증가할 수 있을 것입니다. 매달 소식받기 수만큼의 마케팅 메시지를 보낼 수 있으므로 마케팅 메시지를 적재적소에 전략적으로 보내 마케팅에 활용하는 것이 좋습니다.

마케팅 보내기

총 4개의 스텝으로 나뉘어 있습니다. 모든 스텝별로 값을 넣어 줘야 다음 스텝으로 넘어갈 수 있습니다. 모든 스텝이 완료되면 테스트 전송, 임시 저장, 즉시 전송, 예약 전송을 할 수 있습니다.

■STEP 1. 발송 스토어 정하기

다수의 스토어를 보유하고 있다면 메시지를 발송할 해당 스토어를 선택한 후 [스토어 확정]을 눌러 스토어를 정합니다.

■STEP 2. 마케팅 메시지 대상 정하기

원하는 마케팅 대상 6가지 중 1가지를 선택합니다. 원하는 마케팅을 선택하면 소식 알림을
보낼 예상 수신 수가 표기됩니다.

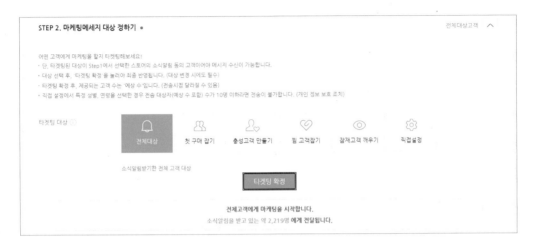

■STEP 3. 혜택 첨부 설정

STEP 2에서 확정한 대상이 사용할 수 있는 쿠폰을 첨부해 보세요. 첫 구매 고객/재구매 고객
등 특정 타입을 선택했다면 '추천 쿠폰'을 따로 보여 줍니다. 이때는 '마케팅 메시지용 다운로
드 쿠폰'은 아니지만, 메시지에 첨부할 수 있습니다.

■STEP 4. 톡톡 마케팅 메시지 편집

모든 스텝을 마쳤다면 마지막으로 메시지를 편집할 수 있습니다. [톡톡 마케팅 편집] 버튼을
눌러 편집합니다.

4가지 유형의 템플릿을 제공합니다. 원하는 템플릿을 선택해 나만의 메시지를 만들어 봅니다.

❶ **텍스트형**: 제목, 내용, 링크 버튼(최대 2개)으로 구성된 설명형 메시지입니다.

❷ **이미지형**: 이미지, 제목, 내용, 링크 버튼(최대 2개)으로 구성된 기본 메시지입니다.

❸ **상품 리스트형**: 이미지, 제목, 내용, 상품(최대 3개), 버튼(최대 2개)으로 구성된 메시지입니다. 스마트스토어에 등록된 상품을 리스트 형태로 첨부할 수 있습니다.

❹ **상품 카드형**: 제목, 내용, 상품(최대 6개), 버튼(최대 2개)으로 구성된 메시지입니다. 스마트스토어에 등록된 상품을 가로 형태로 첨부할 수 있습니다.

메시지까지 모두 완료됐으면 [전송하기] 버튼을 선택해 타깃팅된 구매자에게 전송합니다.

마케팅 이력

[마케팅 보내기] 메뉴를 이용해 전송된 메시지의 전송 결과를 확인할 수 있습니다.

전송일	전송상태	발송스토어	타깃팅	타깃팅 대상수	발송 전 전송 가능 메시지 수	전송 대상자 수	쿠폰 혜택명	메시지	전송 설정 상세
2020-09-02 12:17:22	완료	아이아이	재구매	13	36	13	재구매 고객 즉시할인 9%	재구매하면 9% 할인혜택쿠폰	보러가기
2020-09-02 12:16:21	완료	아이아이	재구매	13	49	13	재구매 고객 즉시할인 800원	재구매 800원 할인 쿠폰	보러가기

마케팅 통계

전일자까지의 누적 기준으로 메시지별 전송 대비 읽음 수를 확인할 수 있습니다.

10 통계

스마트스토어의 전체적인 흐름이나 앞으로의 판매 동향을 살피기 위해 미리 분석해 둬야 할 것이 바로 '통계'입니다. 나와 있는 지표를 얼마나 잘 분석하고, 분석을 바탕으로 계획을 세우느냐에 따라 매출이 달라집니다.

요약

■ 전자상거래 요약

전자상거래 사업 분석에 필요한 핵심 지표만을 모아 만든 보고서입니다. 어제의 주요 성과를 한눈에 분석해 볼 수 있도록 스코어 카드로 만들어져 있습니다. 스코어 카드에는 요약한 정보 값이 있고, 카드 내에서 녹색이나 빨간색으로 지난 주 대비 이번 주 상승, 하락에 관한 표기가 한눈에 들어오도록 표기돼 있습니다.

■ 판매 성과

7일 동안 결제된 금액과 환불된 금액을 보여 줍니다. 요일에 따라 매출의 차이가 있지만, 전체적인 그래프의 흐름을 보면서 매출이 어떻게 진행되고 있는지를 파악합니다.

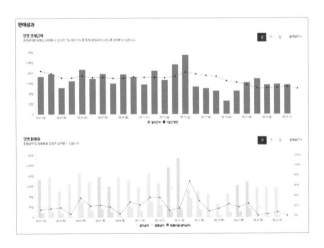

■ 마케팅 성과

어떤 유입을 이용해 고객들이 방문하는지를 파악합니다. 또한 유입에 따른 결제 추이, 성별에 따른 결제 추이도 살펴볼 수 있습니다. 어떤 유입과 어떤 성별에 따른 결제율이 높은지를 살펴보고 약한 쪽은 좀 더 힘을 실어 주고, 잘 나가는 쪽은 좀 더 보완해야 스토어의 매출을 높일 수 있습니다.

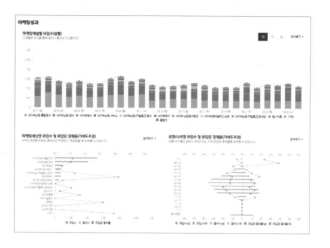

■ 상품 성과

상품 판매 금액에 따른 환불별, 채널별, 성별, 나이별, 지역별 결제 금액과 결제의 기여도를 확인해 볼 수 있습니다.

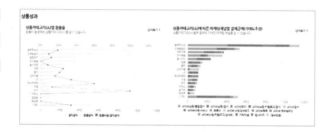

■ 오늘 보고서

오늘 하루, 현재까지의 내 스토어의 사업 성과는 어느 정도인지 궁금할 때 한눈에 바로 확인할 수 있습니다. 현재까지의 결제 금액 및 현재까지의 유입 수가 바로 나타납니다. 서버와의 통신 상태에 따라 약간의 딜레이가 발생할 수 있습니다.

■ 실시간 보고서

고객이 내 스토어에 방문해 최근 30분 동안 행동한 패턴을 분석합니다. 고객의 행동을 실시간으로 분석할 수 있어 발빠르게 대응할 수 있고, 스토어의 어떤 부분에 관심을 갖는지를 분석할 수 있습니다.

❶ **페이지뷰:** 최근 30분 동안 방문한 고객들이 본 총 페이지 뷰입니다.

❷ **방문고객수:** 최근 30분 동안 방문한 고객의 수입니다.

❸ **유입수:** 최근 30분 동안 방문한 고객들이 들어온 횟수(유입 수)입니다.

❹ **유입모바일비율:** 최근 30분 동안 모바일 기기를 이용해 들어온 횟수(유입 수)입니다.

❺ **검색유입비율:** 최근 30분 동안 검색 관련 마케팅 채널에서 유입된 비율입니다.

❻ **결제금액:** 최근 30분 동안의 결제 금액 합계입니다.

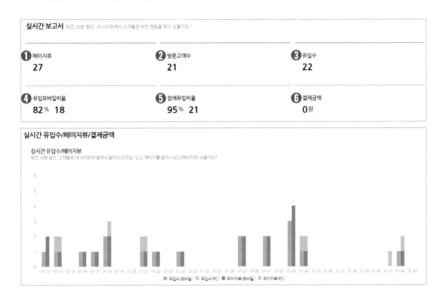

판매 분석

스토어에서 판매하는 상품의 판매 성과를 일별로 분석할 수 있습니다. 상품별, 마케팅 채널별, 검색 채널별, 인구 통계별, 고객 프로파일별, 지역별로 판매를 분석할 수 있습니다. 또한 일정 기한별 분석 및 매출 조회를 할 수 있으므로 특정 기간의 매출을 조회할 때 많이 사용합니다.

기간 설정

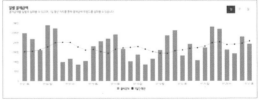

일별 결제 금액

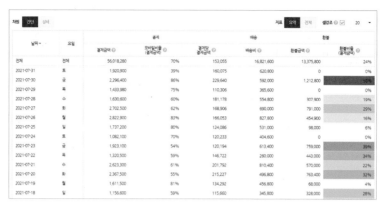

지정한 기간의 매출 확인

마케팅 분석

마케팅 채널별 유입 수와 채널별 유입당 결제율을 확인할 수 있습니다. 다양한 유입 정보를 확인할 수 있고, 발전할 수 있는 채널을 분석할 수도 있으며, 네이버를 제외한 추가 채널의 홍보를 분석하는 데도 도움이 됩니다.

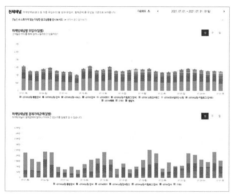

쇼핑 행동 분석

스토어에서 구매자의 조회당 결제를 하는 주요 행동을 분석할 수 있습니다. 조회수는 높지만 판매는 저조하거나, 판매는 높지만 조회수는 저조한 이유를 알고 그 점을 보완하면 더 큰 매출을 올릴 수 있습니다.

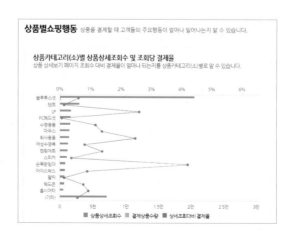

시장 벤치마크

스마트스토어의 전체 스토어 내에서 내 스토어의 지표와 다른 스토어의 지표를 비교해 내 스토어의 각 지표별 현재의 위치를 확인할 수 있습니다.

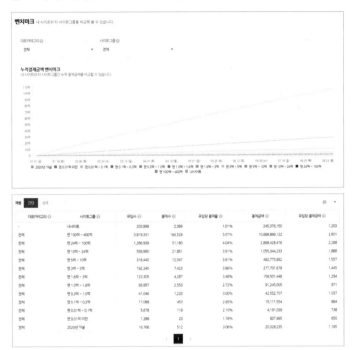

판매 성과 예측

과거의 매출 데이터를 기준으로 앞으로의 매출을 네이버에서 자체적으로 계산해 예측한 매출을 보여 줍니다. 파란색은 '과거 매출', 빨간색은 앞으로의 '예상 매출'입니다. 예상 매출이 하향 안정세로 간다는 건 기존 판매 상품의 안정기로 고정적인 매출을 유지할 수 있다는 방증이지만, 반대로 말하면 추가적인 판매 상품군이 없어 상승이 나타나지 않는다는 걸 뜻합니다. 그래프를 바탕으로 새로운 아이템을 발굴해 판매해야 한다는 결론을 얻을 수 있습니다.

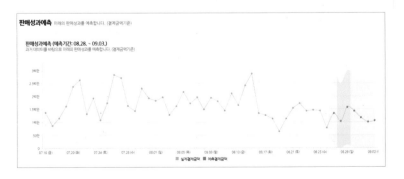

고객 현황

내 스마트스토어에서 원하는 기간 내의 고객 현황을 알 수 있습니다. 주문 고객, 관심 고객, 성별/연령별, 등급 고객의 현황을 그래프를 이용해 쉽게 파악할 수 있습니다.

■ 주문 고객

검색한 기한 내에 1회 이상 결제한 고객으로, 1명당 1회까지 집계됩니다.

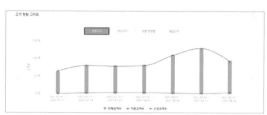

■ 관심 고객

스마트스토어의 소식 알림 또는 스토어찜을 한 고객 수를 나타냅니다.

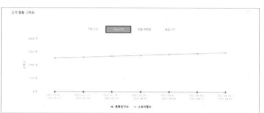

■ 성별/연령별

스마트스토어 내에서 결제한 고객을 기준으로 성별, 연령별 현황을 나타냅니다.

■ 등급 고객

스마트스토어 내에 설정해 둔 고객 등급을 기준으로 만들어진 동급 고객 수를 나타냅니다.

재구매 통계

스마트스토어에서 결제한 고객을 기준으로 1회 결제한 구매자 비율과 2회 이상 결제한 재구매자 비율을 확인할 수 있습니다.

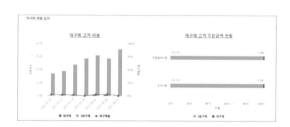

11 탑탑

국내 패션 소호몰을 대상으로 진행되는 모바일 전용 서비스로, 여성 패션 상품군에 한해 취급
할 수 있고, 콘셉트나 테마가 있는 여성 패션 판매자가 신청할 수 있습니다. 스마트스토어 내
상품 50개 이상을 등록해야 신청 조건에 부합합니다. 그 밖의 상품군(유·아동, 전통 의상,
아웃도어)이나 해외 배송, 구매대행은 입점할 수 없습니다.

12 판매자 지원 프로그램

스타트 제로 수수료

초기 창업을 스마트스토어에서 한 판매자에게 12개월간 네이버페이 주문 관리 수수료, 6개월
간 네이버쇼핑 매출 연동 수수료를 무료로 지원해 사업 초기의 안정화에 도움을 주는 프로그
램입니다. 신청 조건에 부합하면 신청을 해서 도움을 받는 것이 좋습니다.

월 매출이 500만 원인 분에 한해 지원해 주는 프로그램이기 때문에 초기 사업 초창기에 프로
그램을 신청하기보다는 매출이 500만 원 정도 나올 무렵에 신청하면 네이버에서 지원해 주는
주문 관리 수수료를 최대한 지원받을 수 있습니다. 매출 연동 수수료는 지원 한도에 제한이
없습니다.

성장 포인트

네이버에서 스마트스토어 판매자들의 사업에 도움이 되고자 단계별로 마케팅비를 지원해 주는 제도입니다. 입점 승인일 1년 미만 판매자 중 최근 3개월 평균 거래액이 다음 기준에 부합하면 1회에 한해 해당 성장 포인트를 지급합니다. 포인트 지급 내역은 [스마트스토어센터 – 고객 혜택 관리 – 포인트 지급 내역 조회]에서 확인할 수 있습니다. 수령한 성장 포인트는 판매자 부담의 리뷰에 따른 포인트 지급 등에 사용할 수 있습니다. 또한 수령한 성장 포인트를 비즈머니로 전환해 원하는 상품의 광고비로 사용할 수도 있습니다.

13 판매자 정보

판매자 정보

스마트스토어의 판매자와 관련된 정보 및 탈퇴 신청을 할 수 있는 메뉴로 구성돼 있습니다.

■ 판매자 정보

스마트스토어 대표 판매자의 정보를 확인할 수 있습니다.

■ 담당자 정보

스마트스토어를 담당하고 있는 담당자의 정보를 확인할 수 있습니다. [담당자 변경] 메뉴를 선택하면 담당자의 정보를 변경할 수 있습니다.

■ 정산 정보

스마트스토어에서 정산을 받을 방법 및 받을 계
좌에 관한 정보를 확인할 수 있습니다. 정산 대
금 수령 방법은 정산 대금 입금 계좌, 판매자 충
전금의 2가지로 설정할 수 있습니다.

■ 상품 대표 카테고리

스마트스토어에서 판매하고 있는 주력 카테고리
1개를 대표 카테고리로 설정합니다.

■ 배송 정보

주소록에 만든 주소를 이용해 출고지 주소와 반
품, 교환지 주소를 설정, 변경할 수 있고, 택배사
관리도 할 수 있습니다.

탈퇴 신청

가입하기도 쉽지 않지만, 탈퇴할 때도 조건에 부합해야 합니다. 진행 중인 거래, 판매 상품의
클레임 등 배송, CS에 관한 처리를 완료합니다. 이때는 충전금의 잔액이 0원이어야 합니다.
쇼핑 광고주로 입점돼 있을 때는 쇼핑파트너센터에서 광고주의 퇴점에 필요한 절차를 진행해
야 합니다. 진행 중인 정기 구독 서비스가 있을 때는 '구독 완료' 또는 구매자 안내를 이용해 '구
독 해지' 후 정상적으로 탈퇴할 수 있습니다. 탈퇴 조건 현황을 확인한 후 탈퇴를 신청합니다.

판매중 상품	판매중인 상품 및 대기 상품 판매중지 처리	판매중인 상품 73개 조회하기	판매중인 상품 및 판매대기 상품이 존재하는 경우
금일 구매확정 건수	해당 건 +1영업일 이후 정산완료	금일 구매확정 0건 조회하기	금일 구매확정된 건이 존재하여 아직 정산예정 금액으로 집계되지 않은 경우
금일 직권취소 건수	해당건 +1영업일 이후 마이너스 정산처리	금일 직권취소 0건	금일 직권취소된 건이 존재하여 아직 마이너스 정산이 이루어지지 않은 경우
충전금 잔액 (마이너스 잔액 또는 출금가능 잔액 보유)	충전금 잔액 인출 및 마이너스 충전금 결제	판매자 충전금 0원 조회하기	마이너스 판매자 충전금을 보유하고 있는 경우 또는 출금가능 판매자 충전금을 보유하고 있는 경우
정산예정금액 보유여부	정산예정금액	정산예정금액 0원 조회하기	지급 예정인 정산예정금액을 보유하고 있는 경우 정산 처리 완료 후 서비스 해지 가능
지급보류 보유 여부	지급보류 금액	지급보류 금액 0원 조회하기	지급보류 금액이 설정되어 있는 경우 지급보류 사유를 확인하시고 정상 처리 후 서비스 해지 가능
네이버 쇼핑 광고주 입점 여부	쇼핑 광고주 퇴점	네이버 쇼핑 입점중 회원하기	네이버 쇼핑 광고주 회원으로 입점 되어 있는 경우
브랜드 패키지 프리미엄 권한 여부	브랜드 패키지 프리미엄 권한 없음	브랜드 패키지 프리미엄 권한 없음	브랜드 패키지 프리미엄 권한을 가진 경우
구매자 회원 연동 여부	구매자 회원 미연동, 연동 해지 상태	구매자 회원 연동 상태 미 연동	구매자 회원 연동 상태가 연동 완료인 경우
제 3자 정산 여부	판매자 계좌 정산	제3자 계좌 없음 확인하기	제 3자 계좌 정산중인 경우(미래에셋 확에스크로 포함)

정보 변경 신청

스마트스토어에 가입한 대표 사업자의 정보를 변경할 수 있는 메뉴입니다.

■ 판매자 사업 정보

❶ 상호명: 사업자등록증의 상호명과 일치해야 등록할 수 있습니다. 상호명을 변경하기 위해서는 사업자등록증 사본 1부(최근 1년 이내 발급분), 법인 명의 통장 사본 1부(법인사업자에 한함)가 필요합니다.

❷ 대표자명: 대표자명이나 대표자 구성원이 변경됐을 때는 이에 해당하는 서류를 제출해야 합니다.

❸ 사업자 구분: 간이사업자에서 일반 과세자로의 변경은 해당 메뉴에서 할 수 있지만, 이외 법인사업자로의 변경은 해당 메뉴에서는 할 수 없고, 법인사업자로 신규 가입을 하거나 기존 개인사업자 정보를 그대로 이용할 때는 양도 · 양수를 신청해야 합니다.

❹ 업태/업종: 사업자등록증에 기재된 업태/업종으로 변경할 수 있습니다. 사업자등록증 사본 1부가 필요합니다(최근 1년 이내 발급분).

❺ 사업장 소재지: 사업자등록증에 기재된 사업장 소재지로 변경할 수 있습니다. 사업자등록증 사본 1부가 필요합니다(최근 1년 이내 발급분).

❻ 통신 판매업 신고 번호: 별도의 제출 서류는 없습니다. 공정위에서 제공하는 [통신 판매업 신고 번호 확인하기]에서 신고 번호를 확인하면 됩니다. 정보 변경 신청의 오른쪽에 대표자명 변경 안내, 스마트스토어 추가 안내, 양도 양수 안내에 관한 내용도 포함돼 있습니다.

■ 스마트스토어 추가 조건

하위 4개의 조건을 충족하면 스마트스토어 추가 개설을 할 수 있습니다. 단, 기존 계정과 상품군(소분류 카테고리 기준)이 다를 때만 허용됩니다.

❶ 회원가입일자: 회원 가입일로부터 6개월 이상이 경과돼야 합니다(즉, 가입 승인일에서 6개월 경과된 다음날 기준 만족).

❷ 매출액: 최근 3개월 총 매출 800만 원 이상이어야 합니다(최근 3개월 1일~말일까지의 상품 주문 번호 단위 결제 금액(옵션가/추가 상품가 포함)−직권 취소된 상품 주문 번호 단위 결제 금액(배송비 미포함)).

❸ 판매만족도: 최근 3개월간 판매한 기록에 대한 구매 만족도가 4.5점 이상이어야 합니다.

❹ 징계여부: 최근 3개월간 이용 정지 이력이 없어야 합니다.

스마트스토어 조건에 충족되면 [추가 요청을 선택해 문의하기]를 이용해 추가 개설을 진행합니다.

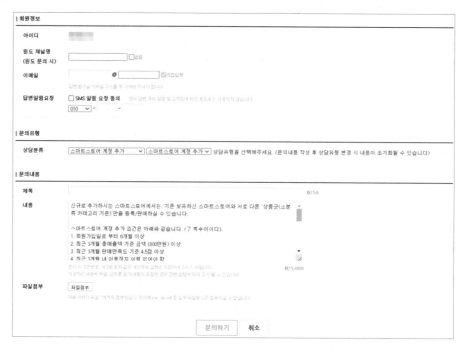

■ 양도양수 안내

• 양도인 폐업 시 가능

- '간이/개인사업자에서 법인사업자로' 또는 '법인사업자에서 간이/개인사업자'로 변경됐을 때
- 간이/개인사업자의 사업자등록번호가 변경됐을 때
- 법인사업자의 법인 등록 번호가 변경됐을 때

• 가족에 한해서만 가능

- 개인 판매 회원이 사업자 전환 시 해당 사업자등록번호가 기가입돼 있을 때
- 개인 판매 회원이 사업자로 전환 시 대표자가 다를 때
- 개인사업자의 사업자 번호 변경 없이 대표자만 변경될 때

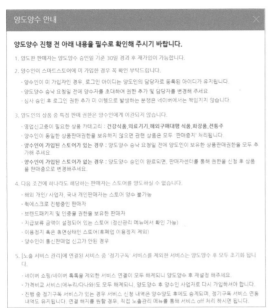

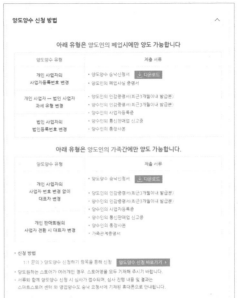

상품 판매 권한 신청

특정 카테고리에 한해서는 상품 판매 권한을 신청해 권한을 획득해야 합니다. 해외 상품, 건강 기능 식품 관련, 의료 기기 관련, 구매대행 판매(수입 식품), 구매대행 판매(화장품), 레슨/강습 상품 판매, 전통주가 이에 해당합니다. 각 카테고리별로 관련 서류 및 동의를 이용해 권한 신청을 할 수 있습니다.

심사 내역 조회

가입이나 정보 변경에 관한 심사 신청의 진행 내역을 조회할 수 있는 메뉴입니다. 심사 상태는 다음과 같습니다.

- **심사 중**: 현재 심사가 진행 중입니다. 영업일 기준 3일 이내에 심사가 완료됩니다.
- **심사 중(서류 미제출)**: 필수 서류를 모두 제출하지 않아서 심사가 진행되지 않고 있습니다. 서류를 제출하면 바로 심사가 진행됩니다.
- **심사 중(서류 통과)**: 쇼핑 윈도 노출 심사 시 서류 심사가 승인된 상태입니다.
- **보류**: 제출한 서류/정보 중 부족한 점이 발견돼 가입 심사가 보류됐습니다. 보류 사유를 확인하고 서류 미비로 보류됐을 때는 서류를 재등록하면 심사가 다시 진행됩니다.

- **거부:** 스마트스토어센터에 가입할 수 없습니다.
- **승인:** 신정한 심사가 승인됐습니다.

등급 산정 기준 안내

■ 판매자 등급

판매자 등급은 스마트스토어의 판매량 판매
금액을 기준으로 매겨집니다. 구매자들도 판
매자의 등급을 보고 구매할 수 있도록 판매자
의 등급을 판매 페이지에 표기합니다. 산정은
최근 3개월 누적 데이터, 구매 확정을 기준으로
합니다.

■ 굿 서비스

굿 서비스는 최소 판매 20건 이상인 판매자 및
오른쪽과 같은 서비스를 모두 만족한 판매자에
게 부여됩니다. 실제 네이버쇼핑에서 구매자가
검색했을 때 나타나는 화면입니다.

■ 상품 등록 한도

판매자 등급이 올라가면 상품 등록 한도가 올라
가 더욱 다양한 상품을 스마트스토어 내에서 판
매할 수 있습니다.

■ 전체 구매자 평

일정 기간 동안 구매 확정한 구매자가 매기는 판매 만족도를 바탕으
로 구매자 평점이 매겨집니다. 네이버 굿 서비스 마크를 받기 위한
부분으로, 구매 만족도 4.5점 이상이 돼야 합니다.

■ 판매 관리 프로그램

네이버에서는 판매자와 구매자 간의 안전한 전자상거래를 위해 판매 관리 프로그램을 운영합
니다. 판매 관련 문제가 발생하면 판매자는 페널티나 제재를 당하게 됩니다.

판매자가 페널티나 제재를
면하려면 구매자에게 성실
하게 판매해야 합니다. 판
매 관리 페널티 부과 기준
은 오른쪽과 같습니다.

항목	상세 기준	페널티 부여일	발송유형별 페널티 점수		
			일반배송	오늘출발	정기구독
발송처리 지연	발송유형별 발송처리기한까지 미발송 (발송지연 처리된 건 제외)	발송처리기한 다음 영업일에 부여	1점	1점	1점
	발송유형별 발송처리기한으로부터 4영업일 경과후에도 계속 미발송 (발송지연 처리된 건 제외)	발송처리기한 +5영업일에 부여	3점	3점	3점
	발송지연 처리 후 입력한 발송예정일로부터 1영업일 이내 미발송	발송예정일 다음 영업일에 부여	2점	2점	3점
품절취소	취소 사유가 품절	품절 처리 다음 영업일에 부여	2점	2점	3점
반품 처리지연	수거 완료일로부터 3영업일 이상 경과	수거완료일 +4영업일에 부여	1점	1점	1점
교환 처리지연	수거 완료일로부터 3영업일 이상 경과	수거완료일 +4영업일에 부여	1점	1점	1점

판매 관리 페널티 단계별
제재는 오른쪽과 같습니다.

| 1단계 주의 | 2단계 경고 | 3단계 이용제한 |

1단계: 주의
최근 30일 동안 스마트스토어의 페널티 점수의 합이 10점 이상이며,
판매관리 페널티 비율(판매관리 페널티 점수의 합/결제건수의 합)이 40% 이상이 최초로 발생된 상태이니 주의해주시기 바랍니다.

2단계: 경고
'주의'단계를 받은 판매자 중 최근 30일 동안 스마트스토어의 페널티 점수의 합이 10점 이상이고,
판매관리 페널티 비율(판매관리 페널티 점수의 합/결제건수의 합)이 40% 이상인 경우이며 '경고'단계를 받은 날로부터
7일간 신규 상품 등록이 금지(스마트스토어센터 및 API 연동을 통한 신규 상품 등록 금지)됩니다.

3단계: 이용제한
'경고'단계를 받은 판매자 중 최근 30일 동안 스마트스토어의 페널티 점수의 합이 10점 이상이고,
판매관리 페널티 비율(판매관리 페널티 점수의 합/결제건수의 합)이 40% 이상인 경우이며 스마트스토어 이용정지 처리되어
판매 활동 및 정산이 제한됩니다.

- **고의적 부당 행위의 대표적인 예시(네이버 제공)**
  - 구매자 또는 상담원에서 욕설, 성적, 비하 발언을 했을 때
  - 판매자 연락처를 기입하지 않거나 허위로 기재했을 때
  - 구매자의 불만을 네이버에 전가하고 처리하지 않았을 때
  - 판매자가 연락 두절일 때
  - 직거래를 유도하는 행위를 했을 때
  - 악의적으로 AS를 피하는 행위를 했을 때
  - 구매자 정보를 무단으로 사용하거나 유출하는 행위를 했을 때
  - 가송장, 선송장을 등록했을 때
  - 반품 취소 사유를 실제와 다르게 임의로 설정해 페널티를 면했을 때
  - 배송 기한을 구매자 동의 없이 일정 기간 이상으로 연장했을 때

그 밖에도 다양한 사유에 따른 스토어 제재가 발생할 수 있으므로 항상 스토어 관리에 유념해
야 합니다.

매니저 관리

어느 정도 매출이 오르거나 이미 자리잡은 회사라면 많은 매니저가 필요한데, 이때 스토어를
관리할 수 있는 매니저를 추가하는 메뉴입니다. 매니저의 종류 및 권한에 관한 내용은 다음과
같습니다.

❶ **계정 부매니저:** 매니저 관리 메뉴에의 접근이 제한되므로 매니저의 권한 변경 기능을 이용
할 수 없습니다. 상품 등록/수정, 채널 정보 변경 등 일부 기능만 이용할 수 있습니다.

❷ **계정 주매니저:** 계정 부관리자의 권한을 회수할 수 있습니다. 스마트스토어 계정의 전체 기
능과 스마트스토어센터의 모든 메뉴를 이용할 수 있습니다.

❸ **통합 매니저:** 계정 주/부 관리자의 권한을 회수하거나 변경할 수 있습니다.

매니저 목록 · 스마트스토어 운영 업무 도구, 네이버웍스를 이용해 보세요. 네이버웍스 자세히 알아보기 > 연결하러 가기   매니저 초대

매니저 초대를 통해 서브 권한 매니저가 채널을 관리할 수 있습니다. 매니저 초대를 이용해보세요.
스마트스토어센터에 로그인해서 판매 관리 활동을 할 수 있도록 권한을 부여하는 기능입니다.

매니저 5명

아이디	이름	권한	초대일자 (수락일자)	삭제
N 네이버 ID 4s*****		❶ 계정 부매니저 변경	2021.01.22 (2021.01.23.)	삭제
hi*********@naver.com		❷ 계정 부매니저 변경	2020.11.22 (2020.11.22.)	
wa*****@naver.com		계정 부매니저 변경	2020.08.06 (2020.08.06.)	
N 네이버 ID wa*****		계정 부매니저	2019.11.25 (2019.11.25.)	
N 네이버 ID eb*****		❸ 통합 매니저	2019.11.18	

14 지식재산권 침해 관리

지식재산권은 문학, 예술 및 과학 작품, 연출 예술가의 공연, 음반 및 방송, 발명, 과학적 발견, 공업 의장, 등록 상표, 상호 등에 관한 보호 권리와 공업, 과학, 문학 또는 예술 분야의 지적 활동에서 발생하는 기타 모든 권리를 말합니다. 지식재산권은 산업재산권, 저작권, 신지식재산권, 산업재산권은 특허권, 실용신안권, 디자인권, 상표권으로 분류할 수 있습니다.

지식재산권 침해가 의심되는 상품을 직접 신고하거나 신고가 들어온 경우, 소명을 할 수 있는 메뉴입니다. 지식재산권 침해 관련 소명 요청을 받았다면 네이버에서 담당 매니저에게 소명 요청 메일이 옵니다.

소명 요청을 받았다면 소명서를 이용해 권리 침해 사실이 없다는 것을 증빙해야 합니다. 만약 제대로 소명되지 않거나 소명에 관한 회신을 하지 않는다면 스마트스토어에 등록된 상품이 삭제되고, 판매 금지 처리됩니다.

검색결과

※ 소명마감일이 지나면 소명서를 제출하실 수 없으니 소명기간을 준수하여 주시기 바랍니다.

소명마감일	신고접수일	진행 (상품) 상태	상품명/상품번호	신고 권리자	처리/소명서상태
2021-05-04	2021-04-29	종료 (판매금지)	젠하이저 IE-100 프로 블루투스 모니터링 이어폰 SENNHEISER IE 100 PRO 상품번호 : 5435128847	젠하이저코리아 유한회사	소명만료 소명결과
2021-05-04	2021-04-29	종료 (판매금지)	젠하이저 IE-100 프로 모니터링 이어폰 SENNHEISER IE 100 PRO 상품번호 : 5435110386	젠하이저코리아 유한회사	소명만료 소명결과

1

03 앞으로의 매출을 책임질 철저한 판매 기획 수립

판매 기획은 판매의 목적을 이루기 위해 누군가를 설득하는 일을 말합니다. 가장 먼저 목적을 정확히 설정한 후 그에 따라 고객을 설득할 수 있는 내용을 채웁니다. 우리의 가장 큰 목적은 '상품 판매'와 '고객 설득'입니다. 고객을 설득하기 위해서는 지피지기의 마음으로 임해야 합니다.

나의 상품 분석
나의 상품을 분석하려면 상품의 장단점을 정확하게 파악해야 하고, 상품의 품질을 테스트해야 합니다.

- **QA(Quality Assurance, 품질 보증):** 일정 수준 이상의 상품을 생산하기 위한 전 과정의 품질 보증 업무를 말합니다. 주로 품질과 관련된 문서를 시스템화해 품질을 체크합니다.
- **QC(Quality Control, 품질 관리):** 실제 상품에 관한 검사 및 시험 등을 이용해 상품에 관한 품질을 관리하는 것을 말합니다. 상품의 품질을 관리하기 위한 인수, 중간, 상품 검사 등을 실시합니다.

타사 상품 분석
타사 상품의 장단점, 타사 상품의 특징, 타사 상품의 마케팅 포인트를 확인합니다.

내 상품과 타사 상품 비교
타사 상품 대비 내 상품의 장단점, 내 상품과 타사 상품의 시장 점유율을 파악합니다.

시장 파악 및 가격 설정
판매할 상품의 전체 시장 규모를 파악하고, 판매할 상품의 가격을 비교한 후에 설정합니다.

마케팅
성과를 지속적으로 체크하고 피드백을 반영합니다.

04 따라 하기만 하면 완성되는 상품 등록

이제부터 하나하나 따라 하면 누구나 쉽게 상품을 등록할 수 있습니다. 오른쪽 의자를 등록해 보겠습니다.

상품 등록

상품 등록은 [스마트스토어센터 – 상품 관리 – 상품 등록]에서 할 수 있습니다.

복사 등록

많은 상품을 올려야 하는 스토어를 보유하고 있을 때 가장 많이 사용하는 메뉴 중 하나입니다. 최근 등록한 상품 10개에 관한 리스트가 나타나고, 그중 원하는 상품을 선택하면 선택한 상품의 정보를 복사해 현재 열린 상품 등록 창을 채웁니다. 비슷한 카테고리나 상품군의 상품을 복사하면 상품을 쉽게 등록할 수 있습니다.

카테고리

복사 등록으로 농일 카테고리의 상품을 복사해 넣었다면, 카테고리는 별도로 수정할 필요가 없습니다. 카테고리를 새로 등록하는 데는 카테고리를 검색해 입력하는 방법, 카테고리를 대분류, 중분류, 소분류로 찾아가는 방법, 자주 사용하는 카테고리를 템플릿에 넣어 두고 사용하는 방법이 있습니다. [템플릿 추가]에 체크하면 등록한 카테고리가 카테고리 템플릿에 추가돼 다음에 사용할 때 추가된 카테고리 템플릿을 볼 수 있습니다.

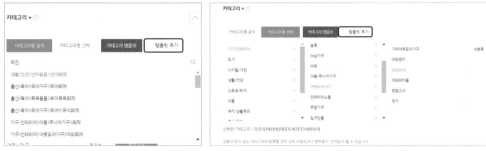

| 카테고리를 검색해 찾는 방법 | 카테고리를 분류별로 직접 찾는 방법 |

이미 등록한 카테고리 템플릿에서 불러오는 방법

여기서는 의자와 관련 있는 '야외 의자'를 선택했습니다.

예약 구매

예약 구매는 당장 출시하지 않은 상품이나 일정 주문 수량을 받아야 하는 상품에 한해 진행합니다. 예약 주문 기간을 설정한 후 예약 주문 기간이 되면 예약 주문 기간 내에는 예약 구매 설정 내역이 변경되지 않으므로 유의해야 합니다. 최소 주문 수량을 요하는 상품일 때 주문이 최소 주문 수량에 미치지 못하면 판매자가 임의로 취소할 수 있습니다.

우리가 등록하려는 의자는 재고를 가지고 판다는 가정하에 예약 구매를 설정하지 않겠습니다.

상품명

상품을 검색할 때 가장 중요시되는 항목 중 하나입니다. 구매자가 네이버쇼핑 검색으로 상품을 검색하면 상품명, 상세 정보, 태그 등을 이용해 상품이 노출됩니다. 최근의 트렌드가 반영된 단어와 적절히 조합해 최고의 상품명을 선정하면 검색 최적화에 많은 도움이 됩니다. 네이버에서 제공하는 네이버 키워드 도구를 사용하면 상품명을 좀 더 효과적으로 만들 수 있습니다.

상품명은 최대 100글자까지 입력할 수 있고, 일부 특수 문자 및 네이버에서 규정한 금칙어가 포함된 상품명은 사용할 수 없습니다. 상품과 관련 없는 제목이나 유명 상품과 유사한 문구, 스팸성 문구 등도 상품명 등록 시 제한됩니다. 아래쪽에 있는 [상품명 검색 품질 체크]를 누르면 상품명이 제대로 입력됐는지 확인할 수 있습니다.

비정상적으로 입력했을 때   정상적으로 입력했을 때

이 의자의 경우, 키워드 도구에서 몇 개의 단어를 뽑았습니다. 원목, 인테리어를 조합하고 브랜드도 '우디피아'로 지정해 보겠습니다. 최종적으로 정한 상품명은 '우디피아 원목 인테리어 커피숍 의자'입니다.

판매가

판매의 목적은 수익을 창출하는 데 있습니다. 따라서 마진율을 잘 계산해 판매가를 산정하는 것이 무엇보다 중요합니다.

> 판매가 = (판매할 물건의 매입가 또는 제작비) + 마켓 수수료 + 카드 수수료 + 부가세 + 마진

마켓마다 수수료율이 차이가 나므로 꼼꼼하게 체크 표시를 할 필요가 있습니다. 상품의 판매가는 배송료를 제외한 상품의 순수 금액을 입력합니다. 최저가는 10원부터 시작하고, 10원 단위로 등록할 수 있습니다.

네이버쇼핑을 이용한 주문일 때는 네이버쇼핑 매출 연동 수수료 2%가 네이버페이 결제 수수료와 별도로 과금됩니다. 판매가, 할인가를 활용한 비정상 거래는 자동으로 탐지돼 판매 지수에 포함되지 않으므로 주의해야 합니다.

■ 주의사항

- 너무 과도한 할인 상품일 때는 제재 대상이 돼 랭킹에 반영되지 않을 수 있습니다.
- 과도한 할인가 조정은 지양해야 합니다.
- 쿠폰에 과도한 할인이 적용돼도 제재 대상이 될 수 있습니다.

[할인]을 [설정함]으로 선택하면 구매자에게 할인된 가격으로 상품을 판매할 수 있습니다. 할인 설정 후에는 아래쪽에 있는 할인가로 상품을 구매하게 됩니다. 모바일과 PC 별개로 할인을 적용할 수 있습니다. 할인액은 금액, % 단위로 정할 수 있습니다. 특정 기간을 정해 할인할 수 있으므로 다양한 홍보 활동에 도움이 됩니다.

이제 원목 인테리어 커피숍 의자의 판매가를 설정해 보겠습니다.

- 원자재 + 인건비 + 잡비 = 50,000원(잡비: 원자재, 인건비를 제외한 상품 제작에 필요한 비용)
- 마켓 수수료(5%): 2,500원
- 카드 수수료(2%): 1,000원
- 마진(30%): 16,050원
- 부가세 = 마진 10% = 1,605원
- 총 판매 금액 = 71,155원

따라서 판매가를 72,000원으로 책정하겠습니다.

재고 수량

판매하는 카테고리에 따라 재고를 직접 사입해 두거나, 3PL, 4PL과 같은 대행업체에 물건을 맡기거나, 직접 생산할 때도 보유하고 있는 옵션별 재고를 정확히 파악해야 판매를 할 때 상품 품절이 발생하지 않습니다. 품절이 발생하면 품절 취소에 따른 스토어 페널티가 발생하며, 자칫하다 스토어 징계까지 받을 수 있는 상황이 발생할 수 있습니다. 또한 사입한 상품의 재고가 잘 파악되지 않으면 누락이 발생할 수 있으므로 사업을 꾸준히 하려는 판매자라면 재고 파악은 필수입니다.

우디피아 원목 의자를 직접 생산을 해야 하므로 갖고 있는 자금의 일부를 의자 만드는 데 사용하겠습니다. 50만 원을 제작비로 사용할 예정이고, 원자재 + 인건비 + 잡비의 가격을 5만 원으로 책정했으므로 10개의 재고를 확보한 셈입니다.

옵션

우리가 제작할 우디피아 원목의자
는 단일 제작품이므로 당장 추가
할 옵션은 없습니다. 향후 좀 더
판매된다면 선택형 옵션으로 브라
운과 블랙을 출시할 예정입니다.

상품 이미지

섬네일의 대표 사진은 권장 사이즈인 $1,000 \times 1,000$
픽셀을 준수하고, 배경에 방해되는 물체가 없이 판
매하고자 하는 상품만을 정확하게 표현합니다. 이
때에는 다양한 각도와 연출로 찍은 사진들도 함께
제공하는 것이 좋습니다. 제품 홍보 동영상을 찍어
등록해 두면 외부 노출을 더 많이 할 수 있습니다.

상세 설명

내가 파는 제품을 소비자에게 이해시키는 곳입니다. 섬네일을 보고 구매자가 방문했다면 상
세 설명으로 내가 판매하는 의자의 장단점을 이야기해서 판매를 유도합니다.

섬네일을 보고 구매자가 방문했다면 상세 설명으로 내가 판매하는 의자의 장단점을 이야기해
서 판매를 유도합니다.

[스마트에디터 ONE]으로 수정하면 다양한 템플릿
및 컴포넌트를 제공할 수 있으므로 전문가가 아니
더라도 조금만 신경 쓰면 충분히 수준급의 상세 페
이지를 만들 수 있습니다. 다양한 연출을 이용해 의
자가 돋보이도록 작성합니다. 향후에도 수정 및 편
집할 수 있습니다.

상품 주요 정보

팔고 있는 제품의 정보를 정확하게 기입해 소비자가 검색할 때 도움이 되도록 합니다. 우디피아 원목 인테리어 커피숍 의자의 상세 정보를 넣어 보겠습니다.

이 제품은 신생 브랜드라 브랜드 검색이 안 되므로 자체제작 상품을 선택합니다. 브랜드를 가진 판매자일 경우, 브랜드를 검색해 넣어 주면 네이버 검색 최적화에 부합돼 네이버 쇼핑에 더욱 효과적으로 노출됩니다.

상품 속성은 카테고리별로 다르게 나타납니다. 우리가 선택한 인테리어 의자의 속성은 다음과 같이 나타납니다. 해당되는 속성을 선택해 구매자가 좀 더 쉽게 검색할 수 있도록 해 줍니다.

나무 의자라서 별도의 인증이 필요 없으므로 [KC인증 없음]을 선택했습니다. 인증이 필요한 판매자는 인증 내용을 추가해야 합니다.

상품 정보 제공 고시

특징 상품만을 판매하는 판매사라면 상품 정보 제공 고시 내에 정확한 내용을 기입해야 합니다. 우디피아 원목 인테리어 커피숍 의자는 [상세 설명]란에 해당 상품 정보 제공 고시의 내용을 첨부할 예정이므로 [상품상세 참조로 전체 입력]에 체크 표시를 한 후 상세 설명에 쓴 내용을 해당 페이지에 중복으로 기재하는 것을 방지합니다. 이렇게 체크 표시를 해 둬야 다른 제품을 올릴 때 상품 정보 제공 고시 내가 아니라 상세 페이지에 기재할 수 있습니다.

배송

우디피아 원목 인테리어 커피숍 의자는 부피가 크므로 배송비를 반드시 책정해야 합니다. 가구의 경우 공장을 운영하고 있거나 지정된 화물 업체가 있다면 가구의 이동, 설치까지 가능한 직접 배송(화물 배달)을 선택하겠지만, 의자 단품만을 배송할 때는 택배도 가능하다는 생각이 들어 택배 배송을 선택했습니다. 부피가 큰 제품이므로 퀵서비스는 지원하지 않습니다. 주문 제작이 아니기 때문에 일반 배송으로 배송할 예정입니다. 제품의 부피가 크기 때문에 별도의 묶음 배송은 지원하지 않습니다. 상품별 배송비를 책정한 후 배송비 2만 원을 책정하기로 합니다. 결제 방식은 물건 값과 함께 선결제 처리하고, 제주/도서 산간의 경우 부피를 감안해 5,000원을 추가로 부담하게 세팅합니다.

반품/교환

반품이나 교환이 생겼을 때는 해당 배송 비용을 세팅합니다. 계약된 택배사를 선택한 후 기본적인 반품 배송비를 세팅합니다. 발송 비용이 2만 원이었으므로 반품 비용도 2만 원으로 책정합니다. 교환 배송비는 제품을 받고 재발송을 해야 하기 때문에 왕복 배송비인 4만 원으로 책정합니다. 소비자의 단순 변심이 아니라 제품의 하자나 색상 등의 오류에 따른 판매자 과실일 때는 반품이나 교환 처리 시 책정된 배송비를 면제할 수 있습니다.

구매/혜택 조건

의자의 구매 수량은 별도로 제한할 필요 없습니다. 구매/혜택의 주요한 사항은 포인트 부분입니다. 상품 리뷰 작성 시 지급에 체크 표시를 하고, 리뷰를 달 때마다 일정 금액의 포인트를 지급한다면 구매자는 포인트를 받아서 좋고, 의자를 파는 사람은 좋은 텍스트 리뷰와 포토/동영상 리뷰를 받게 되므로 장기적으로 더 많은 판매자에게 좋은 제품이라는 것을 알리는 데 큰 도움이 됩니다. 초반 리뷰가 없을 때는 좀 더 과감한 투자를 통해 많은 포인트를 지급해 많은 리뷰를 쌓고, 어느 정도 리뷰가 쌓이면 포인트 지급 금액을 낮추는 전략을 사용하는 것도 좋은 방법입니다. 여기서는 텍스트 리뷰 300원 포토/동영상 리뷰 500원을 책정해 홍보를 시작할 예정입니다.

검색 설정

이 세상에는 이미 많은 의자가 판매되고 있는데, 어떻게 하면 소비자가 내가 판매하는 의자를 찾도록 할 수 있을까요? 구매자가 원하는 검색 단어를 미리 기입해 내가 파는 의자를 쉽게 찾을 수 있게 만들어 주면 됩니다. 즉, 다양한 유입 검색어를 입력해 내 의자가 많이 노출되게 해야 합니다. 제목과 상세 정보 내용 그리고 태그를 작성하면 소비자를 유입하는 데 많은 도움이 됩니다. 브랜드 상품이거나 브랜딩 중이라면 단순히 태그만으로도 많은 유입을 이끌어 낼 수 있지만, 브랜드 파워가 약한 상품이라면 다양한 태그를 사용하는 것이 좋습니다. 여기서도 우디피아 원목 인테리어 커피숍 의자를 팔기 위해 태그를 입력해 뒀습니다.

미리 보기/저장하기

이렇게 모든 입력을 마쳤다면 이제 맨 하단의 미리 보기를 눌러 문제가 없는지 확인한 후 [저장하기]를 눌러 마무리합니다.

등록 완료

다음과 같이 정상적으로 제품이 등록된 것을 확인할 수 있습니다.

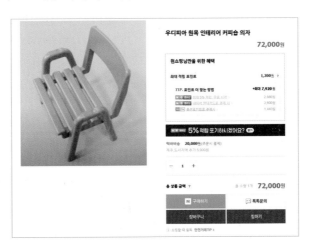

제품이 정상적으로 등록돼 상품 번호가 만들어진 것을 확인할 수 있습니다.

이렇게 모든 과정을 마치면 원하는 상품이 스마트스토어에 등록됩니다. 이런 방법으로 계속 시도하다 보면 제품 등록이 그리 어렵지 않다고 느낄 것입니다.

05 주문 배송 처리, 이대로만 해 보자

주문 배송 처리는 온라인 판매에서 가장 중요한 요소입니다. 이번에 설명하는 내용을 잘 숙지해야 스마트스토어를 지속적으로 운영할 수 있습니다.

01 신규 주문 확인

[스토어 설정]에서 [핸드폰 문자 알람]을 설정하면 신규, 취소, 반품, 교환에 관해 바로 문자 알림이 와서 스토어의 주문 상황을 쉽게 확인할 수 있습니다. 10분에 한 번씩 상태가 변경되면서 문자 알람이 발송됩니다.

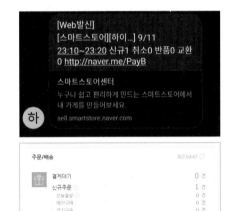

스토어에 들어가 직접 주문을 확인할 수도 있습니다. 신규 주문이 들어오면 오른쪽과 같이 주문이 들어온 수가 카운트돼 표시됩니다.

신규 주문의 카운트를 선택하면 [판매 관리 – 발주(주문) 확인/발송 관리]로 이동합니다. 이곳에서는 주문의 발주 확인, 발송 처리, 엑셀 일괄 발송 처리, 발송 지연 처리, 판매 취소를 할 수 있습니다. 신규 주문 시에는 해당 주문을 선택한 후 [발주 확인]을 누릅니다. 팝업이 나타나면서 발주한 상품은 '상품 준비 중으로 고객에게 알람이 간다.'라고 알려 줍니다. 그런 다음 발주 확인 처리가 끝납니다.

신규 주문의 발주 처리를 마치면 주문 내역이
[발주 확인 완료] 탭으로 취합됩니다. 발주 내
역을 엑셀 파일로 다운로드해 확인하거나 스마
트스토어 내에서 확인할 수 있습니다.

발주를 준비하던 도중 상품의 수급이 원활하지 못한 상황이 발생하면 발송 지연 처리를 해서
구매자에게 발송이 지연된다는 점을 알려야 합니다. 또한 상품에 문제가 생겨 판매할 수 없다
고 판단될 때는 [판매 취소]를 선택해 구매자가 구매를 취소하도록 해야 합니다.

03 발송 처리

신규 주문에 관한 발주 확인과 구매자가 구매한 상품의 재고 확인까지 마쳤으면, 실제 구매자가 구매한 상품을 택배사로 인계해 발송 처리를 하는 단계로 넘어갑니다. 물류의 발송에는 다양한 방법이 존재하고, 상품의 특성에 따라 가장 효율적인 물류 배송 정책을 정해 발송 처리를 진행합니다.

■ 물류 처리의 종류

- **1PL:** '1Party Logistics'의 약자로, '직접 배송 시스템'을 말합니다. 직접 상품을 만들어 배송까지 하는 형태의 물류로, 회사의 직원이 상품을 만들고, 판매하고, 배송까지 담당합니다. 판매량이 적을 때는 괜찮지만, 조금만 판매량이 늘어나도 업무 혼선이 야기됩니다.

- **2PL:** '2Party Logistics'의 약자로, 물류만 전문으로 담당할 자회사를 두는 형태를 말합니다. 물류 품질과 기업 경쟁력 향상에도 큰 도움이 되지만, 대기업이 아니라면 시도하기 어렵다는 단점이 있습니다. 대표적인 예로는 CJ와 CJ택배를 들 수 있습니다.

- **3PL:** '3Party Logistics'의 약자로, 2PL을 시도하기 어려운 대부분의 기업에서는 3PL을 활용해 생산성 향상을 도모합니다. 물류를 전체 업체에 아웃소싱해 효율성을 높이는 방법입니다. 3PL을 제대로 활용하기 위해서는 업무 체계가 제대로 갖춰진 물류업체 선정과 판매처와 물류업계의 신뢰 관계 구축이 중요합니다.

- **4PL:** '4Party Logistics'의 약자로, 3PL은 4PL을 향해 발전하고 있는 경향을 보입니다. 4PL은 3PL 계약을 맺은 아웃소싱 업체가 업무의 일부인 컨설팅, IT 처리 등의 업무를 추가로 수행하거나 다시 외주를 맡기는 형태의 업무 처리 형태를 말합니다. 제조-배송의 단순한 구조보다는 첨단 기술을 활용하는 형태로, 물류 위탁 업체가 다방면에서 기술력을 보유하고 있는지를 사전에 꼼꼼하게 살펴보는 것이 좋습니다.

- **풀필먼트:** 풀필먼트는 '주문 이행'을 뜻하는 용어로, 고객의 주문에 맞춰 물류센터에서 피킹, 포장 배송까지 담당하는 서비스를 말합니다. 3PL과 크게 다르진 않지만, 이커머스 시장의 확대로 용어가 '풀필먼트 서비스'로 바뀌고 있는 추세입니다. 아마존, 이베이의 스마일 배송, 쿠팡의 로켓 배송 등이 이에 해당합니다. 그렇지만 최근 국내 3PL 회사일 때는 입고에서 출고까지의 프로세스를 동일한 형태로 진행하고 있습니다.

네이버 스마트스토어 내에서도 풀필먼트 시스템을 지원하고 있으므로 이를 확인한 후에 견

적을 내 보는 것이 좋습니다. 구매자가 구매한 상품을 발송했다면 배송 방법을 선택하고, 택배사는 판매자가 계약해 사용 중인 택배사를 선택합니다. 그리고 택배사에서 받은 송장 번호를 입력한 후 [발송 처리]를 선택하면 고객이 주문한 상품의 발송 처리가 마무리됩니다.

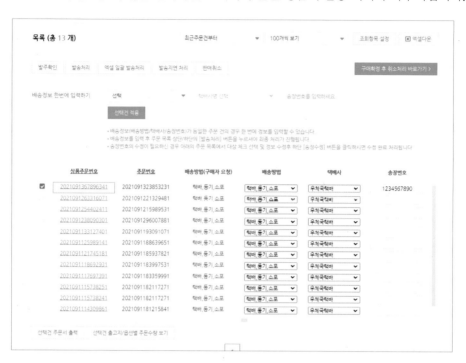

04 배송 현황

발송 처리가 완료됐다면 배송 현황을 확인하고 배송이 어떻게 진행되고 있는지 확인해 볼 수 있습니다.

[판매 관리 – 배송 현황 관리]에서 현재 배송 중, 배송 완료, 구매 확정 요청에 관한 내용을 확인할 수 있습니다.

해당 메뉴에서 배송 중인 상품을 확인한 후 배송 중인 상품의 배송 추적을 이용해 CS가 들어오면 어디까지 배송되고 있는지에 관한 응대를 할 수 있습니다. 배송 중 문제가 생겨 송장을 변경해야 할 일이 생겼을 때 수정을 할 수도 있습니다.

05 배송 완료

택배사에서 배송이 완료되면 네이버 스마트스토어시스템의 주문 상태가 배송 완료 상태로 바뀝니다. 배송이 완료된 후 구매자가 구매 확정을 하면 빠르게 정산받을 수 있습니다.

지금까지 주문의 처리부터 주문의 배송 완료까지 일련의 과정을 설명 드렸습니다. 가장 쉽게 이해하는 방법은 직접 경험해 보는 것입니다.

06 매출이 생겼다면! 기다리고 기다리던 정산 완벽 해부

주문 후 구매 확정이 일어나면 며칠 후에 정산이 완료됩니다. 네이버나 퀵에스크로는 빠르게 정산해 주는 서비스를 제공하므로 이를 잘 활용하면 돈의 흐름이 원활해집니다. 결제 대금 정산은 주문 종료(구매 확정, 배송 완료, 반품 완료, 교환 완료) 시점에서 1영업일째에 이뤄집니다. 정산 내역에서는 주문이 완료된 날짜를 기준으로 확인할 수 있습니다.

일별 정산 내역에서는 해당 일별로 정산되는 금액을 확인할 수 있습니다. 스마트스토어센터의 메인 페이지에서 금일 정산 금액과 다음 날의 정산 예정 금액을 확인할 수 있습니다. 다음 날 정산 예정 금액은 구매 확정 기준 시간이 달라서 구매 확정이 자정까지 일어나며, 금액이 계속 변동됩니다.

[정산 관리 – 정산 내역 – 일별 정산 내역]을 선택하면 오늘의 정산 내역 및 상세 내역을 확인할 수 있습니다. 제공되는 상세 항목으로는 일반 정산 금액, 빠른 정산 금액, 결제 금액, 수수료 합계, 혜택 정산, 일별 공제/환급, 지급 보류, 마이너스 충전금 상계 등이 있고, 해당 항목의 금액을 선택하면 해당 항목의 건별 상세 내역을 확인할 수 있습니다.

01 일반 정산 금액

일별/건별 정산 내역 및 정산에서 발생한 네이버페이 주문 관리 수수료 정보를 확인할 수 있습니다. 정산 금액이 마이너스이면 마이너스 충전금으로 전환되고, 다음 정산에서 자동으로 상계됩니다. 계좌 이체가 실패할 경우에는 충전금으로 자동 충전됩니다.

정산상태	정산예정금액	결제금액	네이버페이 관리수수료	매출 연동 수수료
일반정산	18,116	18,910	-418	-378
일반정산	53,649	56,000	-1,231	-1,120
일반정산	9,684	9,900	-216	0
일반정산	53,648	56,000	-1,232	-1,120
일반정산	9,683	9,900	-217	0
일반정산	40,236	42,000	-924	-840
일반정산	14,670	15,000	-330	0
일반정산	54,768	56,000	-1,232	0
일반정산	9,683	9,900	-217	0
일반정산	34,488	36,000	-792	-720

02 정산 내역 상세

스마트스토어센터 내의 [정산 관리 – 정산 내역 상세 – 결제 대금 정산]에서 원하는 날짜에 관한 정산의 상세 내역을 확인할 수 있습니다. 원하는 기간을 검색해 보면 그 기간의 결제 금액 수수료를 제외한 총 정산 금액을 확인할 수 있습니다.

정산 내역 및 목록

⬇ 엑셀다운

결제금액	결제내역 합계					1,026,200원
수수료	네이버페이 주문관리 수수료					-22,571원
	네이버쇼핑 매출연동 수수료					-14,730원
최종 정산금액	(결제금액)-(수수료)					**988,899원**

정산완료일	세금신고기준일	결제금액	네이버페이 관리수수료	매출연동 수수료	매출연동 수수료 구분	무이자할부 수수료	정산상태
2021.09.17	2021.09.16	278,000	-6,138	-5,580	네이버쇼핑	0	일반정산
2021.09.17	2021.09.16	100,000	-2,200	0		0	일반정산
2021.09.17	2021.09.16	30,500	-671	-610	네이버쇼핑	0	일반정산
2021.09.17	2021.09.16	20,000	-440	0		0	일반정산
2021.09.17	2021.09.16	55,100	-1,211	0	네이버쇼핑	0	일반정산
2021.09.17	2021.09.16	19,800	-435	0		0	일반정산
2021.09.17	2021.09.16	55,100	-1,212	-1,102	네이버쇼핑	0	일반정산
2021.09.17	2021.09.16	19,800	-435	0		0	일반정산
2021.09.17	2021.09.16	252,000	-5,543	-5,040	네이버쇼핑	0	일반정산
2021.09.17	2021.09.16	40,000	-879	0		0	일반정산

[네이버페이 관리 수수료]를 누르면 자세한 설명을 확인할 수 있습니다. 다양한 종류의 결제 수난에 따른 수수료를 확인할 수 있습니다.

[매출 연동 수수료]를 누르면 수수료율에 따른 수
수료 금액을 확인할 수 있습니다.

정산 내용을 확인한 후 얼마의 금액이 정산 금액에서 제외되고, 얼마의 금액이 입금되는지를 설명해 드렸습니다. 수수료율에 따라 정산되는 금액이 다르기 때문에 정확한 내용을 확인하기 위해서는 정산 내역 상세를 확인해야 합니다.

07 아이템이 좋은 것은 당연한 것! 스토어 운영으로 매출 끌어올리기

단순히 상품 등록만으로는 큰 매출을 기대할 수 없습니다. 다양한 운영 방식으로 많은 고객과 만나야 하고, 그 고객에게 내 제품을 구매해야 하는 이유를 설명해야 합니다. 각종 이벤트로 매출을 극대화해 봅시다.

01 쇼핑스토리

네이버에서 제공하는 쇼핑스토리는 블로그 형식을 담고 있으므로 블로그를 보유하고 있는 판매자라면 좀 더 쉽게 접근할 수 있을 것입니다.

쇼핑스토리에서는 상품을 소개할 수도 있지만, 내 스토어의 이야기, 어떤 스토리가 있는지 등을 기획하면 구매자는 단지 물건만 사는 게 아니라 구매하는 스토어의 다양한 정보를 얻기 위해 재방문할 것입니다.

스토리 내에서 다양한 이벤트를 진행하면 구매자의 방문을 유도할 수 있습니다.
다양한 쇼핑스토리를 기획해 구매자에게 방문을 해야 하는 이유를 만들어 주면 스마트스토어 방문이 자연스럽게 늘어나면서 구매 전환율 또한 상승할 것입니다.

패션에서 가장 유용할 것으로 보이는 기획전은 계절별로 실시할 수도 있고, 특별한 이벤트에 맞춰 실시할 수도 있으며, 창고털이 기획전 등의 형태로 실시할 수도 있습니다. 한곳에 다양한 상품을 넣어 구매자가 좀 더 쉽게 상품을 찾아보고 선택할 수 있게 합니다.

기획전

2021.09.23 ~ 2021.10.05.

02 럭키투데이

럭키투데이는 판매자가 상품을 직접 선정하고 프로모션할 수 있는 서비스를 말합니다. 기존에 괜찮은 상품을 보유하고 있다면 럭키투데이를 신청해 광고 효과를 톡톡히 누려 보세요.

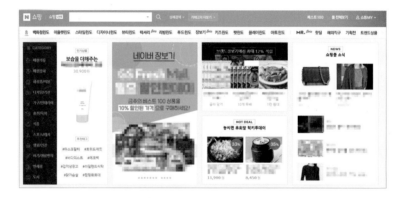

정확한 가이드에 맞춰 럭키투데이를 신청합니다. 네이버의 위쪽에 띄울 수 있으므로 비싼 광고비를 내지 않고도 엄청난 유입 및 광고 효과를 볼 수 있습니다. 기회가 될 때마다 럭키투데이를 신청해 상품을 등록하는 것이 좋습니다.

03 가격 비교 서비스 연결

[노출 관리 – 노출 서비스 관리] 탭에서 [가격 비교 서비스 연결]을 선택합니다. 네이버에서는 국내에서 가격 비교 견적을 내 주는 '에누리'와 '다나와'를 연동할 수 있습니다. 해당 웹 사이트에 접속해 입점을 신청한 후 [사용함]을 선택하면 나의 상품을 에누리와 다나와에 노출할 수 있습니다.

에누리나 다나와에서 검색한 후 나의 스마트스토어에 유입돼 판매가 이뤄지면 판매 수수료 2%(VAT 별도)의 금액이 매월 청구됩니다. 그 대신 더 많은 노출할 수 있으므로 필요에 따라 이 서비스를 이용하면 매출에 도움이 됩니다.

04 SNS 설정

모바일, SNS가 가장 대세인 시대입니다. 채널 홍보에 있어서도 SNS가 큰 비중을 차지하고 있습니다. 네이버 스마트스토어에서도 SNS와 연동해 스토어를 홍보할 수 있습니다. 네이버 블로그에 글을 쓴 후 관련 상품 링크를 이용해 유입시키거나 페이스북 인스타그램을 이용해 유입시킬 수도 있습니다.

내 스마트스토어페이지의 오른쪽 아래에 내가 설정한 SNS 채널이 노출됩니다. 이 채널을 클릭하면 내가 연결해 둔 인스타그램으로 자동 연결됩니다.

05 쇼핑 윈도

네이버에서 오프라인 사업자에게만 제공하는 쇼핑 윈도 서비스입니다. 오프라인 스토어를 운영하면서 스마트 스토어를 운영하는 사업자에게 추가로 1개의 채널을 더 제공하는 서비스입니다. 오프라인에서 판매하고 있는 카테고리의 상품이 쇼핑 윈도 카테고리와 맞는 것이 있다면 입점 신청을 합니다. 입점 기준은 각 윈도마다 다르기 때문에 자세한 조건을 확인한 후 입점 신청을 하면 됩니다. 입점이 승인되면 노출되는 추가 채널이 생겨 더 많은 홍보 효과가 있습니다.

06 쇼핑라이브

스마트스토어에서 물건을 판매하고 있는 판매자라면 누구나 쇼핑라이브로 직접 판매할 수 있습니다. 직접 구매자와 온라인으로 대면하고 판매하는 것이므로 현장감이 넘치고 반응이 빠르게 일어납니다. 앞으로도 쇼핑라이브 시장은 점점 커질 전망이므로 발빠르게 준비하면 좋은 홍보 채널을 하나 갖게 되는 효과를 누릴 수 있습니다.

08 PC로만 구매하는 시대는 끝났다! 스마트스토어 모바일 활용하기

우리는 대부분의 쇼핑몰 업무를 컴퓨터로 처리하고 있습니다. 그러기 때문에 많은 부분을 컴퓨터 화면에 맞춰 진행합니다. 하지만 실제 구매 통계를 보면 모바일로 구매하는 고객은 점점 늘어나고 있고, 컴퓨터로 구매하는 비율보다 모바일로 구매하는 비율이 높아지는 추세에 있습니다. 이번에는 모바일 시대를 준비하는 방법을 알아보겠습니다.

01 모바일 쇼핑 동향

통계청 기준 작년 대비 6월 기준 모바일 쇼핑 거래액이 30%가 증가했습니다. 코로나19로 배달 음식의 모바일 거래 증가율이 큰 폭으로 오르긴 했지만, 그 밖에도 전반적인 분야에서 모바일 쇼핑 거래 금액이 골고루 오른 것을 확인할 수 있습니다. 페이(Pay) 서비스가 나오면서 결제가 단순해지고, 주문 앱의 사용이 간편해져 PC를 사용하지 않고도 상품을 쉽게 구매할 수 있습니다.

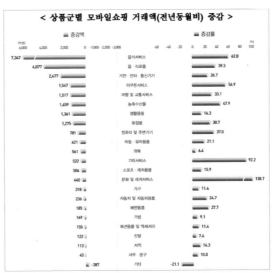

(출처: 통계청)

필자의 최근 구매 통계를 보더라도 모바일 결제 비율이 결코 낮지 않다는 것을 알 수 있습니다. 이를 통해 모바일 결제에 관한 준비를 해야 하고, 모바일에 최적화하는 노하우도 익혀야 한다는 것을 알 수 있습니다.

날짜 ▾	요일	결제		
		결제금액 ⓘ	모바일비율 ⓘ (결제금액)	결제당 결제금액 ⓘ
전체	전체	20,096,930	68%	93,911
2021-09-25	토	1,424,440	73%	83,791
2021-09-24	금	943,120	78%	94,312
2021-09-23	목	2,296,730	76%	120,881
2021-09-22	수	1,403,050	76%	73,845
2021-09-21	화	1,471,300	82%	91,956
2021-09-20	월	1,613,150	60%	107,543
2021-09-19	일	1,477,830	65%	105,559
2021-09-18	토	688,030	81%	86,004
2021-09-17	금	1,160,880	78%	105,535
2021-09-16	목	1,122,290	37%	93,524
2021-09-15	수	2,061,100	59%	98,148
2021-09-14	화	1,678,160	61%	98,715
2021-09-13	월	1,461,280	58%	63,534
2021-09-12	일	1,295,570	68%	107,964

02 모바일 활용 앱 종류

네이버 스마트스토어센터

스마트스토어 내 상품의 등록 및 발주 발송 처리 등 PC에서 할 수 있는 대부분의 기능을 사용할 수 있습니다. 외부에서 업무를 처리할 때 간편하게 사용할 수 있는 통합 스마트스토어 관리 앱입니다.

네이버 톡톡 파트너

쉽고 간편하게 모바일에서 구매자와 이야기를 할 수 있는 전용 알림 앱입니다. 구매자의 다양한 CS의 알림이 푸시로 들어오면 바로 응대할 수 있다는 장점도 있습니다. 앱을 사용하면 불편한 CS나 나쁜 평점을 예방할 수도 있습니다.

네이버 쇼핑라이브

네이버 쇼핑라이브 앱은 언택트 시대에 걸맞은 상품을 라이브로 직접 소개하고, 곧바로 응대할 수 있는 가장 트렌디한 쇼핑 앱입니다. 판매자가 직접 판매하고 판매자와 직접 소통한다는 것이 매력으로 부각되면서 네이버 쇼핑라이브뿐 아니라 다양한 라이브쇼핑이 활성화되고 있습니다.

네이버 스마트스토어 앱

앱을 실행해 보면 PC에서 보던 스마트스토어센터와 크게 다르지 않다는 것을 알 수 있습니다. PC에서 하던 업무를 그대로 할 수 있다는 장점도 있습니다.

■ 상품 등록

메인 화면에서 [상품 등록]을 선택하면 새로운 상품을 등록할 수 있습니다. PC에서 보던 상품 등록과 다르지 않으므로 이전 상품 등록 매뉴얼을 참조하면 쉽게 등록할 수 있습니다.

■ 상품 수정

이미 등록된 상품에 관련된 여러 가지 옵션을 수정하거나 상품 내용을 수정할 때 모바일에서도 PC에서처럼 쉽게 수정할 수 있습니다. 상품 수정 외에도 다양한 상품에 관한 설정을 변경할 수 있습니다.

■ 신규 주문 발주 확인

주문이 들어오면 네이버 스마트스토어 앱에서 편하게 신규 주문 발주를 넣을 수 있습니다. 언제든지 신규 주문이 들어오면 문자 알림이 10분마다 문자를 발송해 주므로 신규 주문을 확인한 후 스마트스토어 앱에서 발주할 수 있습니다. 빠른 대응으로 고객의 변심에 따른 취소를 막을 수 있다는 장점이 있습니다.

■발송 처리

상품 주문이 들어오면 발송 처리를 합니다. 판매 관리에서 발송할 상품을 선택한 후 발송 처리를 선택합니다.

발송 처리를 선택하면 배송 방법, 택배사, 송장 번호를 넣는 창이 나타납니다. 이 화면에서 계약돼 있는 택배사를 선택한 후 송장 번호를 넣고 [저장] 버튼을 누르면 발송 처리가 완료됩니다.

■그 밖의 메뉴

CS에 관련된 것 외에 다양한 기능을 PC와 똑같이 지원하므로 모바일에 조금만 적응하면 스토어를 좀 더 편리하게 운영할 수 있습니다.

네이버 톡톡 파트너 앱

네이버 톡톡 파트너 앱은 고객의 CS가 들어오면 실시간으로 바로 확인할 수 있게 푸시 알람이 와서 고객의 CS를 놓치지 않고 바로 응대할 수 있다는 장점이 있습니다. 오른쪽과 같이 모바일에 푸시가 오면서 위쪽에 톡톡 아이콘이 나타납니다. 메뉴 구성이 PC 버전과 동일하므로 사용하기 편리합니다.

네이버 쇼핑라이브 앱

네이버 스마트스토어센터 앱을 이용하거나 네이버 쇼핑라이브 앱을 이용해 라이브를 예약하고 구매자나 고객에게 알림을 보낸 후 예약된 라이브를 시작하거나 라이브를 바로 시작해 진행할 수 있습니다.

라이브 시작 전에 주의사항이 나타나고, 1, 2, 3 카운트 후 라이브가 시작됩니다.

위쪽에 LIVE 표시가 나타나면서 라이브 방송이 시작됩니다.
라이브 방송을 이용하면 고객과 소통하며 현장감을 느낄 수 있고, 라이브만의 특전인 라이브 특가나 할인 행사도 진행할 수 있습니다.

09 피가 되고 살이 되는 고객 상담 해결하기

고객 상담은 직접적인 매출과는 관련없지만, 내 회사와 스토어를 유지하고 더 많은 매출을 기대할 수 있는 원동력이 됩니다. 고객은 고객 상담을 이용해 내 회사와 내 제품에 만족도를 더하고, 추가 매출과 충성 고객을 확보하는 계기가 됩니다. 아무리 힘들더라도 고객 상담을 소홀히해서는 안 됩니다.

01 고객 응대

고객 만족이라는 표현이 맞겠지만, 현업에서는 통상적으로 '고객 응대'라는 용어를 사용합니다. CS는 고객의 요구를 충족시켜 주기 위해 응대하는 일련의 활동을 말합니다.

02 고객 응대의 필요성

CS가 일어나면 고객의 요구치와 기대치에 맞게 응대해야 합니다. 그러나 고객의 요구치나 기대치에 미치지 못하면 고객의 불만으로 이어지고, 상품의 교환이나 반품, 그 밖의 다양한 컴플레인이 발생합니다. 또한 구매 후기에서 박한 평점을 받게 되므로 2, 3차의 피해를 입게 됩니다. '호미로 막을 것을 가래로 막는다.'라는 말이 있듯이 요구치와 기대치를 충족시켜 CS의 만족도를 높일 필요가 있습니다.

03 고객 응대의 한계

CS의 주체자는 고객이지만, 도를 넘는 고객에게는 CS를 거부하는 것이 좋습니다. CS 당사자도 인권이 있는 존재라는 것을 고객에게 각인시켜야 합니다.

04 고객 응대 필수 준비물

고객 응대 매뉴얼 만들기

상품별로 매뉴얼을 만들어 두고 매뉴얼을 숙지합니다. 어떤 담당자가 고객 응대를 하더라도 일정하게 응대할 수 있는 체제를 갖추는 것이 중요합니다.

고객 응대 기록하기

고객을 응대한 내용은 기록으로 남겨 차후 문제가 생겼을 때 활용합니다. 방문 고객을 응대할 때는 응대 날짜, 시간, 내용을 정확히 기재해 차후 재응대에 활용합니다. 전화로 응대할 때는 고객의 동의하에 통화를 녹음해 두는 것이 좋습니다. 인터넷으로 응대할 때는 모든 글이 저장되는 공간을 이용해 기록된 것이 유실되지 않게 합니다. 이전 응대 기록은 고객 응대를 진행한 후 2, 3차 응대를 할 때 반드시 필요합니다.

05 상황별 고객 응대 기준

직접 방문하는 경우

- 방문한 고객을 친절하게 맞이합니다.
- 무관심한 태도로 응대하지 않습니다.
- 양해를 구하지 않은 채 기다리게 하지 않습니다.
- 당연하다는 표정을 짓지 않습니다.
- 업무가 바쁘더라도 양해를 구하고 최대한 응대하려고 노력합니다.

전화로 문의하는 경우

- 전화가 오면 소속과 이름을 밝히면서 반갑게 맞이합니다.
- 상대방의 이야기를 최대한 주의 깊게 듣습니다.
- 통화 중 급한 일이 생기면 충분히 이해할 수 있도록 설명합니다.
- 친절한 어투로 말합니다.

문서나 인터넷으로 문의하는 경우

- 고객이 문서나 인터넷으로 문의했을 때는 최대한 빠른 시간 안에 답변합니다.
- 답변할 때는 항상 첫인사와 마무리 인사로 응대합니다.
- 자신이 담당하고 있지 않은 업무에 관한 문의가 왔을 때는 해당 담당자에게 빠르게 알려 답변하도록 합니다.

06 스마트스토어 내에서 고객의 응대

상품 문의

상품을 구매하기 전에 상품에 관한 CS를 받는 메뉴입니다. 판매하는 상품에 관한 질문, 배송에 관한 질문을 많이 합니다. 비공개가 아니라면 질문과 답변이 스마트스토어 판매 페이지에도 노출되므로 1명에게만 답을 한다고 생각하지 말아야 합니다.

고객 문의

상품을 구매한 고객의 CS들이 주를 이룹니다. 출고 일시에 관한 내용, 배송 기간에 관한 내용, 상품 AS에 관한 내용, 상품의 반품, 환불에 관한 내용 등이 있습니다. 이때에도 스토어에서 마련해 둔 매뉴얼을 이용해 응대해야 합니다. 구매자마다 응대가 다르다는 것을 다른 구매자가 알게 되면 평판이 나빠질 수 있습니다. 고객 문의에 관한 답변은 고객이 만족도 점수를 매기게 돼 있습니다.

스마트스토어 쇼핑을 검색할 때는 '굿 서비스' 항목이 노출되므로 모든 답변에 정성을 다해야 합니다. 스토어 등급, 굿 서비스 등은 내 스토어를 평가하는 기준이 되므로 어느 것 하나 소홀히하지 않도록 합니다.

톡톡 문의

톡톡 문의는 실제 구매를 했거나 구매를 원하는 고객과의 1:1 채팅을 하는 곳이기 때문에 한마디 한 마디가 조심스러워야 합니다. 이때에도 스토어 내에 준비된 매뉴얼에 따라 응대해야 합니다. 모르는 질문은 고객에게 양해를 구하고 찾아서 확인해 주거나 차후에 답변하기로 약속합니다. 모든 내용은 기록되기 때문에 친절하고 성실하게 답변해야 합니다.

07 고객 응대 해결 방안

고객 응대는 1차적으로 판매자가 판매하는 상품에 관한 것이 주를 이루지만, 2차적으로는 사람과 사람 간의 관계이기도 합니다. 상품의 출고, 배송, 하자, 반품, 교환 등에 관한 내용은 매뉴얼을 바탕으로 답변해야 하지만, 그 밖에 고객의 말을 들어 주고, 호응해 주며, 불편을 접수하는 데는 공감대의 형성이 중요합니다. 1%의 진상 고객 때문에 99%의 고객을 잃어서는 안 됩니다.

주요 CS 발생일

CS는 주로 주말이나 연휴가 끝나고 업무가 시작되는 첫날에 많이 발생합니다. 상품 문제나 배송 관련 CS는 주말 연휴 후 첫날에 가장 많이 발생한다는 통계도 있습니다.

주요 CS 내용

- **배송에 관한 CS:** 물건을 빨리 받고 싶어하는 구매자의 심리가 크다 보니 상품 수령이 조금이라도 늦어지면 CS가 발생합니다. 배송에 관한 답변은 대개 비슷하지만, 최대한 친절하게 응대해 원만하게 해결하는 것이 좋습니다.

- **사용자 부주의나 과실에 따른 CS:** 어떤 상품이든 사용자의 부주의나 과실이 발생할 수 있습니다. 처음에는 바로 환불이나 교환을 진행하지만, 비슷한 CS를 자주 겪거나 교육을 받으면 왜 이런 일이 일어나는지를 유추할 수 있기 때문에 진위 여부를 파악하는 게 중요합니다.

- **반품, 환불에 따른 CS:** 스토어를 운영하다 보면 반품, 환불에 관련된 CS가 자주 발생합니다. 단순 변심이나 고객의 과실 때문에 발생한 것이라면 고객과의 상담으로 해결 방안을 모색하는 것이 좋습니다. 반면 상품의 문제에 따른 것이라면 무조건 반품, 환불할 것이 아니라 고객의 상품을 반품받아 문제가 발생한 원인을 파악하는 것이 중요합니다.

04

네이버쇼핑
아이템 소싱 바이블

스토어만 개설해서는 상품을 판매할 수 없습니다. 내가 판매하는 아이템이 있어야만 진정한 온라인 판매자가 될 수 있습니다. 아이템 소싱은 아이템을 찾고 구하는 것을 통칭하는 단어입니다. 아이템 소싱으로 더 나은 미래를 꿈꿀 수 있고, 사업 계획을 디테일하게 세울 수 있으며, 마케팅이나 브랜딩의 방향성도 설정할 수 있습니다.

01 오프라인 국내 상품 도매로 가져오기

공유 플랫폼(www.kicox.or.kr)에는 국내 제조 업체 공장들이 등록돼 있으므로 직접 컨택해 영업하면 좋은 아이템을 위탁하거나 사입할 수 있습니다.

01 위탁

장점

최소 수량으로 계약할 수도 있고, 판매 대금만 지불하는 방식이 될 수도 있지만, 사입일 때보다는 비용이 적게 들어갑니다. 또한 재고 관리가 필요 없고, 악성 재고에 시달릴 필요도 없으며, 재고가 없기 때문에 창고 등과 같은 별도의 공간도 필요 없습니다.

이외에도 택배 계약 및 택배 포장, 포장에 따른 물품 구입이 필요 없어 프로세스가 줄어들고, 노트북만 있으면 어느 장소에서나 업무를 처리할 수 있으며, 사입처럼 아이템이 한정적일 필요 없이 다양한 아이템을 위탁 계약할 수 있습니다.

단점

사입에 비해 마진율이 상대적으로 적어 경쟁력이 떨어지고, 자신만의 아이템으로 브랜딩하기 어려워 마케팅이 제한적이며, 사입처보다 위탁처를 찾기가 어려워 많은 업체와 공장을 방문해 보고 위탁 여부를 결정해야 합니다. 또한 재고를 직접 관리하는 것이 아니기 때문에 사입에 비해 재고를 관리하기 어렵고, 직접 배송하는 것이 아니기 때문에 오·배송, 상품 불량, 재입고 등으로 발생하는 CS에 적절하게 대응하기 어렵습니다.

02 사입

장점

위탁에 비해 상대적으로 마진율이 높고, 판매 가격을 상황에 맞게 변동할 수 있으며, 재고를 보유하고 있으므로 재고를 관리하기 쉽습니다. 또한 주문량에 따른 상품의 물량을 컨트롤할 수 있고, 상품의 배송 및 상품 하자에 따른 CS가 들어와도 빠르게 대처할 수 있습니다.

단점

일정 수량의 재고를 보유해야 하기 때문에 창고가 필요하고, 상품을 일정 수량 구매해야 하는
데 따른 목돈 마련 및 재고(악성 재고)에 관한 부담이 생깁니다. 또한 택배 계약 및 택배 포장
물품에 관한 추가 비용 및 공간이 필요하고, 상품의 포장 업무가 생기므로 추가 공간이 필요
하며, 자금이 한정적이기 때문에 여러 상품을 소싱해 판매하기가 힘듭니다.

03 위탁 및 사입을 위한 도매처

■ 패션

남성복	10~30대	남평화시장 2층
	40~50대	통일상가 1, 2층, 평화시장 1층, 삼익패션타운
	준브랜드	통일상가에 포진하고 있고, 남성 의류 중 중가 상품 및 브랜드 상품을 도매가로 공급함
	명품 스타일	제일평화시장 지하 2층, 광희시장 지하
	캐주얼	신평화패션타운 3층, 누죤 3층
여성복	10~20대	청평화시장, 디오트
	30대	디오트, APM, LUXE, 퀸즈, 유어스, 청평화시장
	30~40대	광장시장 1층, 평화시장 2, 3층, 신평화 3, 4층, 흥인시장 1층
	40~50대	제일평화시장, 광희시장
	캐주얼 - 저단가	오픈마켓에서 거래되는 저단가 상품은 동평화시장지하, 광희시장 1층, 남평화시장 2, 3층에 많이 분포됨
	캐주얼 - 중가	청평화시장이 대표적임. 개인 쇼핑몰을 하는 업자를 상대로 영업함
		청평화시장은 인터넷 쇼핑몰 업자들이 주로 선호하는 낮 시장임
	캐주얼 - 고가	• 제일평화시장이 대표적임. • 제일평화시장은 백화점에 납품하는 상인들이 많이 포진돼 있고, 상품 단가도 백화점 상품 단가에 버금가는 상품을 공급하고 있음
아동복		혜양엘리시움, 남대문 아동복 거리 삼익 패션 지하/대도상가 지하, 통일상가 3층, 흥인시장 2층
그 외	유니폼, 단체복	평화시장 1층 외곽에 주로 포진하고 있고, 맞춤 유니폼도 공급하고 있음
		대형업체 맞춤 유니폼의 대부분은 평화시장에서 공급하고 있음
	가죽 의류	광희시장 2, 3층, 생산업체들이 많이 포진하고 있고, 생산업체와 직거래도 가능함
	한복	동대문시장 주단부, 전철역 지하도
	캐주얼	청평화시장 1, 2, 3, 4층, 신평화시장 2, 3층, 광장시장
	청바지	동평화시장 지하 4층, 신평화시장 2, 3층, 남평화시장 2, 3층, 통일상가 2, 3층
	군복, 카피	동대문시장에서 청계천 5가 방향의 곱창시장 골목
	캐주얼, 보세 의류	이태원시장
	상복	청계천 5가 광장 시장
	보세 의류	청평화시장 지하, 동평화시장 4층, 광희시장 3층, 제일평화시장 3층
	의류 덤핑	테크노상가, 동평화시장 지하 4층, 청평화 지하, 통일상가 2~3층 , 광장시장 1층
	땡 의류	동대문 이스턴 호텔 뒷편

■ 패션 · 잡화

넥타이	거평프레야 옆 동화의류 부자재상가, 동평화, 청평화
속옷, 양말	신평화 시장 1층, 동평화 시장 1층
모자, 스카프, 벨트	• 동대문 평화 시장 1층 및 도로변 • 대량 구매, 외국 수출 라인까지 겸비하고 있는 업체가 매우 많음
가방, 핸드백	가방 및 핸드백 등은 주로 남평화 지층과 1층에 자리잡고 있고, 광희시장 지하에도 위치하고 있음
신발	• 동대문신발도매상가로 다양한 신발류, 슬리퍼, 아동화, 숙녀화, 남성화, 맞춤화 등 신발의 원조라 할 수 있는 시장임. • 신발은 패션을 리드하는 상품으로, 신발 시장을 잘 파악하면 패션의 트렌드를 잡을 수 있을 것임
지갑, 벨트	신평화 시장 뒷편
타올	평화시장 1층 대로변
안경	남대문 극장 맞은편 빌딩
지물	방산시장 입구
이불, 침구	동대문 시장 1층, 청계천 5가 광장 시장
액세서리	동대문, 남대문시장 내 남정, 연세, 코코 액세서리 시장
귀금속	종로 3가 예지동, 종로 2가, 종로 4가, 퇴계로 3가 진양상가, 고속터미널상가

■ 취미 · 애견용품

카메라	숭례문상가, 남대문상가, 용산전자상가, 청계천 4가 뒷골목
화구, 화방	숭례문 수입상가 맞은편
시계	종로 4가 교차로에서 청계천 방향, 숭례문 지하상가 옆, 남대문시장상가
골동품, 공예품	인사동
폐백용품	청계천 5가 광장시장 내 재래시장
불교용품	종각에서 안국동 방향
기독교용품	서울고속버스 터미널 맞은편 상가 반포쇼핑타운
꽃(생 · 조화)	남대문 대도상가 E동, 고속 터미널 지하상가
애완견	충무로역에서 퇴계로 4가 방향
애완동물	청계천 7가 신발 도매시장 옆
애완동물용품	충무로 애견 거리

■ 완구 · 문구

팬시, 캐릭터용품	청계천 7가, 숭례문 수입상가에서 대도상가 방향
문구	청계천, 남대문, 화곡동 유통단지
완구 부속	청계천 5가 광장시장에서 신당동 방향
오락기	청계상가 1층, 청계천 7가 문구 시장 주변
완구	창신동, 문구 · 완구시장, 천호동 문구 · 완구 도매시장

■ 생활용품 · 인테리어

자동차용품	장안평 일대
수입 식기	숭례문 수입상가, 청계천 5가 광장시장 2층, 남대문 중앙상가 C동 지하 도깨비시장
주방용품	화곡동 유통단지 5호선 까치산역 5분
그릇	남대문 중앙상가 C동, 대도상가 D동
제과 · 제빵	정우공업사, B&C 마켓, 방산시장
수입 식기	숭례문 수입상가, 청계천 5가 광장 시장 2층, 남대문 중앙상가 C동 지하 도깨비 시장
그릇	남대문 중앙상가 C동, 대도상가 D동
생활 가전	화곡동 유통단지(5호선 까치산역 5분)

이 · 미용 기기	종로5가에서 6가까지, 숭례문 지하 수입 상가
통신, 전기용품	세운상가에서 청계천 옆 동대문역 방면
조명 기기	용산전자상가, 컴퓨터상가, 세운상가 좌우 도로변
커튼	동대문시장, 청계천 5가 광장시장, 고속터미널상가
천막	청계천 6가
공구	청계천 7가 황학동, 구로역 앞, 청계 3가에서 2가 방향
인테리어용품	남대문 대도상가 D동 2층

04 대형 도매처

상가명	내용	설명
통일상가	주소	서울시 중구 청계천로 260 - 14
	소개	• 의류 부자재와 정장, 셔츠, 티, 바지, 아웃도어 등 다양한 장년 남성복을 전문으로 판매하는 도매상가임 • 가격이 비교적 저렴한 편이고, 원단 생산부터 판매까지 한 번에 가능해 품질 면에서도 믿을 수 있음 • 전국의 거래처는 물론, 외국인 관광객들도 찾는 매력적인 상가임
	주요 상품	40~50대 남성 의류, 의류 부자재, 스포츠 의류, 작업복
	특징, 장점	• 의류 점포와 부자재 점포가 공존함 • 매장 임대료와 관리비가 저렴하므로 상품 가격도 비교적 저렴함 • 정장, 셔츠, 티, 바지, 아웃도어 등 다양한 장년 남성복 보유하고 있음. 도매 전문임 • 동대문 시장의 특징인 원단, 재봉, 공급을 할 수 있음. • 안정적인 대량 생산을 가능하게 하는 의류시장의 기초 물자 공급처 역할을 하고 있음
동대문평화시장	주소	서울시 중구 광희동 청계천로 274
	소개	• 서울 동대문(흥인지문)과 동대문역사문화박물관(구 서울운동장) 사이 청계천변에 형성된 전국 최대 규모의 의류전문 도매상가임 • 서울 평화시장이 '평화' 시장이 된 것은 북한에서 내려온 상인들이 '평화통일'을 염원하는 뜻에서 붙인 이름임
	주요 상품	남성복 토털 패션, 여성복 토털 패션, 란제리, 모자, 양말, 가방, 스카프, 수영복, 넥타이, 타월, 아웃도어, 단체복, 작업복, 앞치마, 벨트, 셔츠, 액세서리, 스포츠용품, 우산, 서적, 잡화 등 다양한 품목이 있음
제일평화 시장	주소	서울시 중구 마장로 13(신당동 775)
	소개	• 1979년 동대문에 개장해 긴 시간 동안 동대문의 패션 리더로 자리잡고 차별화된 디자인을 선도함 • 의류(아동복)뿐 아니라 가방, 구두, 액세서리, 모피까지 원스톱 쇼핑으로 고객들의 니즈를 만족시킴 • '한 번 오면 후회하지 않는다.'는 고객들의 입소문만으로도 유명한 제일평화시장에서 원스톱 쇼핑을 하기 좋음
	주요 상품	여성 액세서리, 양복 캐주얼 등 다양한 여성 의류 및 아동 의류, 가죽, 모피 신발 등
광희시장	주소	서울시 중구 마장로1길 21(신당동)
	소개	광희 패션몰은 생산자와 소비자를 직접 연결하는 혁신적인 유통 시스템 도입으로 최신 유행의 상품을 저렴한 가격에 소비자에게 공급하는 동시에 소비자의 요구를 만족시키기 위해 노력함
	주요 상품	국내에서 제작한 의류부터 수입 의류, 각종 부자재, 완성품까지 모든 최고의 상품을 저렴한 가격으로 소개하려고 노력함
청평화시장	주소	서울시 중구 청계천로 334
	소개	1968년에 문을 연 50년 전통의 패션 전문 도매 상가로, 대한민국의 최고, 최대의 패션 도매 상가로 거듭나기 위해 노력하고 있음
	주요 상품	다양한 패션 및 잡화

신평화시장	주소	서울시 중구 청계천로 298
	소개	• 1,200여 개의 점포와 3,000여 명의 상인들이 5개 층에 분포돼 있음 • 4층은 수철 전문 매장으로 외국 바이어들에게 특화돼 있음 • 2, 3층은 산업화 시기부터 지금까지 제조업이 활발하게 이어지고 있음 • 구매한 의상을 원하는 대로 맞춤해 2~3일 안에 찾을 수 있음
	주요 상품	댄스복, 홀복, 속옷, 양말, 스포츠용품, 남녀 정장, 20~60대 여성 의류 수출 전문 매장
	특징, 장점	다양한 매장이 입점해 있으므로 한곳에서 다양한 상품을 한 번에 해결할 수 있음
남평화시장	주소	서울시 중구 장춘단로 282 – 10
	소개	최고의 상품과 최상의 서비스로 급변하는 패션시장을 주도하는 '패션 크리에이터'로서 글로벌 쇼핑 문화 창조를 위해 노력하고 있음
	주요 상품	핸드백, 가방, 의류 분야의 상품
삼익패션타운	주소	서울시 중구 남창동 5
	소개	남대문시장 안에 위치한 삼익패션타운은 의류, 액세서리 등 패션 종합 도·소매 전문시장임
	주요 상품	아동복, 숙녀복, 남성복, 액세서리, 잡화, 구두
테크노상가	주소	서울시 중구 마장로1가길 17
	소개	동대문의 전통적인 도매상품의 바탕 위에 최신 유행을 접목해 최종 소비자가 원하는 상품을 선도적으로 출시함으로써 매장이 항상 앞서가도록 노력하고 있음
	주요 상품	다양한 패션 도·소매용품
누죤	주소	서울시 중구 을지로 45길 62
	소개	• 20년간 동대문 의류시장의 중심에서 의류 산업의 발전을 이끌어옴 • 업계 판매자들과 온라인상의 패션 인플루언서들에게 누죤에 가면 SPA 브랜드의 보편적인 상품 외에 개인 디자이너 브랜드 업체들의 다양하고 트렌디한 옷을 만날 수 있다는 평가를 받고 있음
	주요 상품	다양한 남녀 의류 및 다양한 신발 잡화들이 종합적으로 있음
디오트	주소	서울시 중구 다산로293
	소개	총 13층 규모의 패션전문도매상가로 의류 및 패션 잡화 등의 거래가 활발히 이뤄지고 있는 패션 전문 도매상가임
	주요 상품	여성 의류, 패션 잡화
혜양엘리시움	주소	서울시 중구 마장로1길 18
	소개	• 아이들이 성장하면서 필요한 요소를 채워 줄 수 있는 친구같은 키즈몰임 • 국내 최고의 아동복을 대표하는 브랜드가 한곳에 모여 있음
	주요 상품	유아동복, 신발, 액세서리
남대문시장 아동복거리	주소	서울시 중구 남대문시장4길 21
	소개	• 아동복 거리 곳곳에 아이들의 옷가지와 다양한 소품을 팔고 있음 • 낮에는 소매, 밤에는 주로 도매만을 판매함
	주요 상품	아동 관련 가장 큰 도매시장

동대문 패션타운 관광특구(http://www.dft.co.kr/)

동대문 주변의 전통시장과 현대식 쇼핑몰이 혼재된 31개 대형상가의 3만여 점포와 15만 명에 이르는 패션인들이 종사하고 있는 패션타운의 자세한 소개를 볼 수 있습니다. 또한 패션타운에 속해 있는 상가의 소개 및 각 층의 판매 정보도 확인할 수 있습니다.

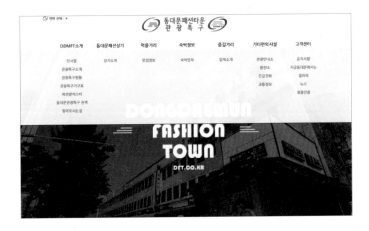

남대문시장 남대문 관광특구(http://www.namdaemunmarket.co.kr/)

전통의 모습과 현재가 상존하고, 생동감이 넘쳐나는 남대문시장은 숭례문을 기점으로 1만여 곳에 육박하는 점포가 존재합니다. 일상생활에 필요한 1,700여 종에 달하는 상품을 판매하고 있습니다. 자세한 판매 정보는 해당 웹 사이트에서 확인할 수 있습니다.

02 온라인 국내 상품 도매로 가져오기

수많은 사람이 아이템 소싱에 어려움을 느끼고 있습니다. 하지만 이제는 더 이상 발품을 팔면서 소싱할 이유가 없습니다. 온라인을 이용해 아이템을 얼마든지 소싱할 수 있기 때문입니다. 하지만 그만큼 장단점이 명확하기 때문에 나에게 맞는 방법을 찾는 것이 중요합니다.

01 위탁

장점

위탁을 맺는 온라인 업체 대부분 건별로 결제하므로 금액에 관한 부담이 없고, 재고 관리가 필요 없으며, 악성 재고에 시달릴 필요도 없습니다. 또한 재고가 없기 때문에 창고 등과 같은 별도의 공간이 필요 없고, 택배 계약 및 택배 포장, 포장에 따른 물품 구입이 필요 없어 프로세스가 줄어듭니다. 이 밖에 노트북 하나로 어느 장소에서나 손쉽게 업무를 처리할 수 있고, 사입처럼 아이템이 한정적일 필요 없이 다양한 아이템으로 위탁 계약을 할 수 있으며, 온라인 위탁업체에서 상품 등록에 필요한 자료를 제공해 주므로 상품 등록에 시간을 들일 필요가 없습니다.

단점

사입에 비해 마진율이 상대적으로 적기 때문에 경쟁력이 떨어지고, 자기만의 아이템으로 브랜딩하기 어려워 마케팅에 제한적이며, 위탁을 제공하는 많은 온라인 판매처가 존재하긴 하지만, 모두 같은 웹 사이트를 쓰기 때문에 마진이 얼마 되지 않습니다. 또한 재고를 직접 관리하는 것이 아니기 때문에 사입에 비해 재고를 관리하기 어렵고, 직접 배송하는 것이 아니기 때문에 오·배송, 상품 불량, 재입고 등으로 발생하는 CS에 적절하게 대응하기 어렵습니다. 또한 위탁 판매처에서 제공하는 상품의 사진이나 내용을 올릴 때 지적 재산권을 침해할 위험성이 있으므로 잘 체크한 후에 판매해야 합니다.

■ 온라인 위탁 판매처

도매몰	웹 사이트	주문 수량	배송 기간	상세 페이지 제공
도매창고	https://www.wholesaledepot.co.kr/	1개 이상	상품마다 다름	○
미스터도매	http://www.mrdo.co.kr/			
도매꾹	https://domeggook.com/			일부
도매토피아	https://dometopia.com/			○
온채널	https://www.onch3.co.kr/			일부
오너클랜	http://www.ownerclan.com/	상품마다 다름	당일 출고	○
도매매	https://domemedb.domeggook.com/index/		상품마다 다름	
바나나빌딩	http://bananab2b.co.kr/	1개 이상	1~3일	

02 사입

국내 상품을 온라인에서 사입할 이유가 있는지 의문이 듭니다. 상품을 판매하기 위해서는 1차적으로 내가 상품을 사용해 봤거나 주변 사람에게 추천을 받아야만 사입에 관심이 생길 것입니다. 사입의 관심이 생기면 해당 상품을 수소문하고 그 상품의 판매처나 공장을 직접 방문해 판매처와 계약합니다. 단지 온라인으로만 사입을 결심한다는 건 사업을 너무 쉽게 생각하는 것입니다. 실제로 판매자를 만나 다양한 이야기를 듣고 발전 가능성이 있는지를 판단해 보는 것이 좋습니다.

온라인에서 물건을 판다고 해서 사입까지 온라인으로 해서는 안 됩니다. 온라인에서 물건을 팔더라도 물건은 반드시 직접 구입해야 2, 3차 구매 시 더 많은 혜택을 볼 수 있습니다.

03 오프라인 해외 상품 도매로 가져오기

해외에 있는 상품을 도매로 가져온다는 일은 쉽지 않습니다. 하지만 달리 생각해 보면 그만큼의 경쟁력이 생긴다는 의미이기도 합니다.

01 중국

이우

이우시장 또는 푸텐시장의 공식 명칭은 '이우국제상무성'입니다. 이우는 중국에서 도매 중심의 소상품을 공급하는 유일한 도시입니다. 이우시는 항구와 인접해 있고, 상해, 북경 등 다양한 지역에서 고속철을 이용해 쉽게 접근할 수 있다는 이점이 부각되면서 주변에 다양한 공장이 입주하고 있으며, 점차 시 외곽으로 확장하고 있습니다. 규모는 1기에서 5기까지 매일 신상품이 업데이트되고 있으며, 전 세계 대부분 국가의 바이어가 각기 원하는 상품을 찾고자 방문하고 있습니다. 완구, 생활 잡화, 액세서리가 주류를 이루고 있고, 특히 완구의 90%는 전세계로 공급되고 있습니다.

광저우

광저우 쓰촨성 의류 도매시장의 광주시 의류 산업의 발상지로, 주변에 있는 두란가, 구이가, 화평동로를 중심으로 물류 및 의류 도매업 단지를 형성하고 있습니다. 일본과 한국 잡지의 다양한 새로운 스타일, 인터넷 유명인, 트렌디한 스타일, 저렴한 가격으로 의류 업계에서 유명합니다. 주로 남성 의류, 여성 의류, 아동 의류, 운동복, 파자마, 커플 의류, 개인 의류, 데님 의류, 액세서리 등 의류 전반에 관한 상품을 취급하고 있습니다.

심천

심천 화창베이 시장은 중국을 넘어 세계 제1의 전자 도매시장입니다. 이 시장에는 도매시장 건물만 50여 개나 위치하고 있습니다. 각종 핸드폰 관련 액세서리, 컴퓨터 관련 주변 용품, 각종 디지털용품 등이 있습니다. 전자상품의 테스트 베드 역할을 하고, 매일 각종 신상품들이 쏟아집니다. 전자 상품의 세계 동향을 알고 싶다면 반드시 이곳을 방문해 봐야 합니다. 화창베이에서 검증받은 상품들은 중국 타오바오 같은 곳에서 판매되고, 이후 전 세계 시장으로 팔려 나갑니다.

그 밖의 도매처

오른쪽은 전국 도매시장을 찾아볼
수 있는 중국 사이트입니다(https://
shichang.hznzcn.com/).

02 일본

일본의 도매 시스템은 우리나라와 사뭇 달라서 쉽게 접근하기 어렵습니다. 물건을 도매 가격
으로 판매할 때는 아무에게나 팔지 않고 사업자 여부에 따라, 수량에 따라 가격에 차등을 두
는 방식을 쓰고 있습니다. 그렇기 때문에 해외 셀러임을 알리고 직접 구매해야 합니다. 일본
의 도매시장은 소매 사업자만 출입할 수 있으므로 출입증이 필요합니다. 국내의 사업자등록
증, 명함, 여권, 사진, 자신의 매장 사진 등을 제출하면 해당 도매시장에서 출입증을 발급합
니다.

03 해외

중국이든, 일본이든 알리바바나 타오바오에서 나오는 상품이 많기 때문에 오프라인에서 구
매할 때는 반드시 확인해 보는 것이 좋습니다. 상품을 구매하기 전에 샘플을 먼저 받아 보고
구매 여부를 결정해야 합니다. 시간에 쫓겨 구매하면 실수를 할 수 있기 때문입니다. 특히 주
의해서 구매해야 할 품목으로는 브랜드 이미테이션, 건강 식품류, 식품, 화장품, 전자 상품과
같이 인증이 필요한 상품, 유·아동 상품을 들 수 있습니다.
가장 중요한 점은 사입할 물건을 미리 생각하고 방문하는 것입니다. 물건을 고를 때는 수입을
해서 판매하기가 쉬운지 고민해 봐야 합니다. 가격을 결정할 때는 배송비, 물류비, 통관비,
상품비, 부대 비용, 세금 등이 포함돼야 합니다.

04 온라인 해외 상품 도매로 가져오기

국내에 아이템 소싱을 할 만한 아이템이 없다면 눈을 해외로 돌려야 합니다. 실제로 수많은 업체가 아이템 소싱을 해외에서 하고 있습니다. 예전에는 해외에서 직접 제품을 눈으로 확인하고 계약을 맺고 상품을 한국으로 들여왔지만, 이제는 마음만 먹으면 집에서도 인터넷을 이용해 얼마든지 상품을 들여올 수 있습니다.

01 중국

알리바바

알리바바(https://www.alibaba.com/)는 기업 간 거래 B2B를 위해 만들어진 사이트로, 주목적은 수입과 수출에 있습니다. 따라서 중국의 물건을 저렴하게 사입하기 쉽습니다.

1688

1688(https://www.1688.com/)은 중국 내수 도·소매 사이트입니다. 내수 사이트다 보니 해외 사용자의 결제가 안 되고, 중국 계좌가 있어야 결제할 수 있습니다. 따라서 결제 대행 서비스를 이용해야 구매 결제를 할 수 있습니다.

타오바오

타오바오(https://www.taobao.com/)는 중국 내수용 소매업체로, 우리나라의 오픈마켓과 비슷합니다. 많은 사람이 이용하는 타오바오는 카드 결제가 가능하기 때문에 쉽게 접근할 수 있습니다. 소량을 구매한 후 상품성을 보려고 하면 타오바오도 좋은 선택지입니다.

넷시

넷시(www.netsea.jp)는 일본 최대 도매 사이트로, 7,000개 이상의 도매업체가 링크돼 있습니다. 주요 품목은 의류, 패션 잡화, 미용 · 건강, 가구 · 인테리어, 점포 · 사무용품, 가전 · AV · 컴퓨터, 식품 · 음료 등입니다. 한국산 및 중국산 상품도 유통되므로 일본 내 제조 상품을 잘 선별해야 합니다. 회원제로 운영되고, 회원으로 가입하면 공개된 도매가를 볼 수 있습니다.

에토와르

에토와르(www.etoile.co.jp)는 도쿄에 매장을 두고 있는 도매 전문회사로, 패션 의류, 패션 잡화, 생활 잡화, 주방용품, 인테리어 잡화, 캐릭터 상품, 식품 등 8만 점 이상을 취급하고 있습니다.

판비넷

판비넷(www.fanbi.co.jp)은 오사카 등 일본 주요 도시에 도매 건물을 보유하고 있는 업체로, 액세서리, 핸드백, 보석, 패션 잡화, 여성 의류, 모피, 잠옷, 남성 의류, 캐주얼 등을 도매로 판매합니다. 일본 내 소매점, 전문점, 할인점, 양판점, 외국 소매점(홍콩, 한국 등)에 상품을 납품하고 있습니다.

슈퍼 딜리버리

슈퍼 딜리버리(https://www.superdelivery.com/)는 일본의 인터넷 도매업체로, 인터넷을 이용한 부업을 생각하는 분이나 소규모 잡화점을 운영하고 계신 분은 꼭 한 번 방문해 봐야 할 웹 사이트입니다.

온라인으로 결제가 이뤄졌을 경우 직·배송해 주는 업체가 있다면 직배송을 선택해 상품을 수령하고, 그렇지 않다면 배송 대행 업체를 이용합니다. 해외에서 국내까지 배송하려면 배송비가 많이 드는데, 배송 대행 업체를 이용하면 좀 더 저렴하게 이용할 수 있습니다. 배송 대행지에서는 사업자 통관을 이용해 세금을 납부하고, 관·부가세, 관세사 비용까지 모두 처리할 수 있습니다. 구매한 아이템을 바로 판매할 수 있는지, 신고를 해야 하는지, 인증을 받아야 하는지 등은 관세청 및 상품안전정보센터에 문의해야 합니다.

네이버쇼핑
마케팅 바이블

스마트스토어는 정말 수많은 판매자가 같은 카테고리의 제품을 판매하고 있습니다. 이는 무한 경쟁으로 이어지면서 고객이 검색했을 때 내 상품이 어떻게 어디에 노출되는지에 따라 매출이 좌우됩니다. 따라서 판매자는 수많은 광고 중에서 내 제품에 맞는, 내 회사에 어울리는 광고를 알고 사용하는 것이 중요합니다.

CHAPTER

01 돈이 되는 광고 네이버쇼핑 광고 파헤치기

스마트스토어의 위쪽에서는 검색 광고, 성과형 디스플레이 광고를 볼 수 있습니다. 이 2가지 탭이 나의 스마트스토어를 광고할 수 있는 영역입니다.

01 검색 광고

사이트 검색 광고(파워링크 유형)

네이버의 사이트 검색 광고는 이용자가 보는 다양한 화면과 웹 사이트에 노출되는 광고로 나눌 수 있습니다. 광고 순위는 광고주가 키워드에 적용한 '입찰가 + 품질지수'에 따라 결정됩니다. 광고는 노출 기간 동안 클릭한 횟수에 따라 비용을 지불하는 CPC 방식으로 진행되고, 제목, 설명 문구, 웹 사이트 주소가 함께 노출되며, 광고에 따라 위치, 전화번호 등과 같은 다양한 정보를 추가로 노출할 수도 있습니다.

네이버 통합 검색 페이지, 통합 검색 외 서비스 페이지 등에 광고가 노출됩니다. 네이버 통합 검색에는 파워링크, 비즈 사이트, 모바일 검색에 노출되고, 네이버 및 검색 포털에는 검색 탭, 광고 더 보기 영역, 네이버쇼핑, 네이버쇼핑 모바일에 노출되며, 네이버 지식iN, 네이버 블로그, 네이버 카페 콘텐츠 파트너에도 노출됩니다.

네이버 통합 검색

비즈 사이트 광고

쇼핑 검색 광고(쇼핑 검색 유형)

■ 쇼핑몰 상품형

직접 판매하고 있는 상품을 네이버쇼핑 통합 검색과 네이버 통합 검색 결과 페이지에 노출할 수 있고, 콘텐츠의 지면에도 홍보할 수 있습니다. 대부분의 카테고리에 원하는 상품을 노출할 수 있지만, 디지털·가전 상품일 때는 [쇼핑 검색 광고 – 상품 카탈로그형]으로 진행할 수 있습니다.

광고를 등록하려면 광고 시스템에서 [쇼핑 검색 유형] 캠페인을 선택한 후 [광고 그룹 생성]의 그룹 유형에서 [쇼핑몰 상품형]을 선택하면 됩니다.

네이버쇼핑 검색

광고 노출 순위와 광고비는 네이버쇼핑을 이용하는 사람이 검색한 키워드와 상품의 연관성에 따라 달라집니다. 즉, 클릭이 일어난 만큼 비용을 지불하는 CPC 광고로 진행됩니다. 다른 광고 유형인 사이트 검색 광고는 키워드별로 광고를 등록해 진행하지만, 쇼핑몰 상품형은 키워드 선택 없이 이미 네이버쇼핑에서 노출되고 판매되는 상품을 상위에 노출하는 광고 유형입니다.

■ 제품 카탈로그형

브랜드 사나 제조사가 네이버쇼핑에 판매 중인 상품의 카탈로그를 홍보하는 광고 상품으로, 이미지 형식으로 진행됩니다. 네이버쇼핑이 만들어 놓은 상품 카탈로그로 연결되고, 패션 의류, 패션 잡화, 식품, 출산/육아, 가구/인테리어, 스포츠/레저, 화장품/미용, 생활/건강, 디지털/가전의 카테고리에 한해 광고할 수 있습니다.

광고를 등록하려면 광고 시스템에서 [쇼핑 검색 유형] 캠페인을 선택한 후 [광고 그룹 생성]의 그룹 유형에서 [제품 카탈로그형]을 선택하면 됩니다.

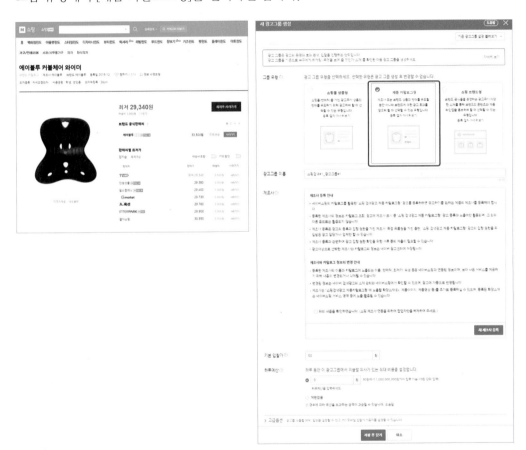

■ 쇼핑 브랜드형

브랜드를 보유하고 있는 회사에서 공식
몰을 이용해 브랜드와 상품을 홍보하는
브랜드 전용 광고입니다. 광고를 등록하
려면 광고 시스템에서 [쇼핑 검색 유형]
캠페인을 선택한 후 [광고 그룹 생성]의
그룹 유형에서 [쇼핑 브랜드형]을 선택하
면 됩니다.

콘텐츠 검색 광고(파워 콘텐츠 유형)

콘텐츠 검색 광고는 네이버에서 특정 키
워드를 검색할 때 보이는 View 영역과
모바일 콘텐츠 지면 등 여러 환경의 통합
검색 영역에 노출되는 광고입니다. 검색
량이 많은 업종의 키워드를 중심으로 검
색 결과에 광고주가 직접 작성한 콘텐츠
를 보여 주는 방식입니다. 해당 광고주가
작성한 블로그와 같은 콘텐츠로 손쉽게
이용자에게 어필할 수 있다는 장점이 있
습니다.

과금 방식은 광고 노출 기간 동안 클릭이 일어난 횟수에 따라 과금되는 CPC 방식입니다. 광고를 등록하려면 광고 시스템에 접속한 후 캠페인 유형의 [파워콘텐츠]를 선택하면 됩니다.

브랜드 검색

브랜드 검색은 네이버에서 특정 브랜드를 검색하거나 연관성 있는 키워드를 검색할 때 해당 브랜드와 관련된 정보를 다양한 방식을 이용해 통합 검색 결과의 위쪽에 노출되게 하는 상품입니다. 브랜드 검색을 구매하는 광고주와 직접적으로 연관 있는 상호명, 상품명 등의 브랜드 키워드에 한해 브랜드 검색을 집행할 수 있습니다. 브랜드 키워드가 아닌 일반 키워드로는 브랜드 검색을 집행할 수 없습니다.

광고비는 최소 50만 원으로 책정되고, 상품 유형, 노출 기간, 키워드의 기간별 조회수 합계에 따라 산정되며, 광고를 등록하려면 캠페인 유형의 [브랜드 검색]을 선택하면 됩니다.

광고 그룹의 유형은 다음과 같이 '일반형'과 '브랜드존형'이 있으므로 브랜드가 없을 시 [일반형], 브랜드가 있다면 [브랜드존형]을 선택하면 됩니다.

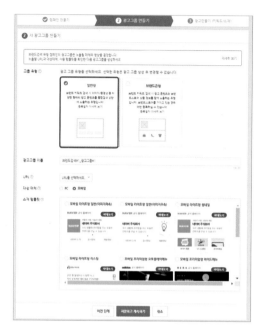

플레이스 광고

플레이스에 등록된 업체의 정보를 네이버 통합 검색 결과 및 다양한 콘텐츠 지면에 노출하는 광고입니다. 지역 소상공인을 위한 광고를 등록하는 구획으로, 스마트 플레이스에 등록된 업체 정보를 연동해 원하는 지역에서 업체의 다양한 정보를 이미지와 함께 광고할 수 있습니다.

02 성과형 디스플레이 광고

성과형 디스플레이 광고는 네이버 내의 프리미엄 구획을 활용해 광고주의 일정과 예산에 맞추고 다양한 타깃팅을 제공해 효율적인 마케팅을 돕는 광고 플랫폼입니다. 성과형 디스플레이 광고의 장점은 지역, 관심사, 연령 등 기본적인 타깃팅뿐 아니라 행태 기반 관심사 타깃팅 조합을 이용해 광고하려는 브랜드에 좀 더 빠르게 반응할 수 있는 잠재 고객을 찾아낼 수 있다는 것입니다.

또한 네이버 프리미엄 구획에서 광고를 동시에 진행해 높은 주목도와 브랜드 이미지를 각인시킬 수 있는 네이버 모바일 메인 광고, 서브 광고 구획에 광고를 노출해 광고하려는 브랜드의 이미지를 보다 높은 관심 속에서 어필할 수 있습니다. 다양한 유형으로 활용할 수도 있고, 일반적인 이미지형, 네이티브형, 이미지 슬라이드형, 동영상형 등 다양한 소재 구성으로 광고 메시지를 보다 효과적으로 전달할 수 있습니다. 이외에도 실시간 입찰 방식과 과금 타입 선택으로 광고의 효율을 자유롭게 제어해 최종 마케팅 KPI에 맞는 맞춤 광고를 운영할 수 있습니다.

02 네이버쇼핑의 자존심, 쇼핑 윈도

01 쇼핑 윈도 가입 방법

[스마트 스토어 센터 - 노출 관리 - 쇼핑 윈도 노출 제안]으로 들어가면 쇼핑 윈도에 노출을 제안할 수 있는 페이지가 나타납니다.

필수 항목을 기입한 후 제안서를 제출하면 3영업일 이내에 심사 결과가 나옵니다.

02 쇼핑 윈도의 수수료율

쇼핑 윈도라고 해서 추가로 부과되는 수수료는 없습니다. 단지 쇼핑 윈도를 이용해 결제되면 네이버페이 주문관리 수수료가 발생합니다.

사업자 구분	수수료(부가세 포함)
영세	2.20%
중소1	2.75%
중소2	2.86%
중소3	3.08%
일반	3.63%

03 쇼핑 윈도 관리 방법

네이버쇼핑에서 보이는 상품과 쇼핑 윈도에 보이는 상품을 다르게 설정하려면 동일 상품을 1개 더 복사한 후 노출 채널을 각각 스마트스토어, 쇼핑

윈도로 하나씩 설정하면 됩니다. [쇼핑 윈도 관리 - 쇼핑 윈도 상품 조회/수정] 메뉴에서 쇼핑 윈도에 노출되는 상품을 조회할 수 있고, 수정도 가능합니다.

03 더 높은 등급과 매출을 위해! 상위 노출

상위 노출은 고객이 특정 제품을 구입하기 위해 검색창에 키워드를 입력하면, 이후 보이는 아이템의 나열 중에서 내 제품이 최대한 앞 페이지, 다른 아이템보다 위에 위치할 수 있게 하는 작업을 말합니다. 이를 바탕으로 더 많은 고객에게 내 제품을 노출시킬 수 있고, 더 많은 매출을 기대할 수도 있습니다.

01 검색 최적화

상품 정보 검색 품질(Search Engine Optimization, SEO)은 검색 엔진에서 검색했을 때 상위에 나타나도록 정보를 최적화하는 것을 말합니다. 등록한 상품이 검색에 잘 나올 수 있도록 네이버에서 알려 주는 가이드대로 상품을 등록하면 검색 결과에서 노출 순위를 좀 더 높게 올릴 수 있습니다. 네이버쇼핑 알고리즘은 기본적으로 적합도, 인기도, 신뢰도의 3가지로 구성돼 있습니다.

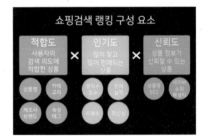

[참고] 네이버에서 제공하는 네이버쇼핑 상품 검색 알고리즘 매뉴얼

적합도

이용자가 입력한 검색어가 상품명, 카테고리, 제조사/브랜드, 속성/태그 등 상품 정보의 어떤 필드와 연관도가 높은지, 검색어와 관련해 어떤 카테고리의 선호도가 높은지를 산출해 적합도로 반영합니다.
• 필드 연관도: 검색어가 '나이키'일 때 '나이키'는 브랜드 유형으로 인식되며, 상품명에 '나이키'가 기입돼 있는 것보다 브랜드에 '나이키'로 매칭돼 있는 것이 우선적으로 노출됩니다.
• 카테고리 선호도: 검색어가 '블라우스'일 때는 여러 카테고리의 상품이 검색되지만, [패션 의류 – 여성 의류 – 블라우스] 카테고리의 선호도가 더 높습니다. 검색 알고리즘은 해당 카테고리의 상품을 먼저 보여 줄 수 있게 추가 점수를 줍니다.

인기도

해당 상품이 보유하고 있는 클릭 수, 판매 실적, 구매평 수, 찜 수, 최신성 등의 고유한 요소를 카테고리의 특성을 고려해 인기도에 반영합니다.

- 클릭 수: 최근 7일 동안 쇼핑 검색에서 발생한 상품 클릭 수를 지수화한 것입니다.
- 판매 실적: 최근 2일, 7일, 30일 동안 쇼핑 검색에서 발생한 판매 수량/판매 금액을 지수화한 것으로, 스마트스토어의 판매 실적을 반영하고, 리뷰스는 네이버페이를 이용해 자동으로 연동되며, 부정 거래가 있을 때는 페널티를 부여합니다.
- 구매평 수: 개별 상품의 리뷰 수를 카테고리별로 환산해 지수화한 것입니다.
- 찜 수: 개별 상품의 찜 수를 카테고리별로 환산해 지수화한 것입니다.
- 최신성: 상품의 쇼핑 데이터베이스 등록일을 기준으로 지수화한 것입니다.

신뢰도

네이버쇼핑 페널티, 상품명 SEO 등과 같은 요소를 이용해 해당 상품이 이용자에게 신뢰를 줄 수 있는지를 산출해 신뢰도에 반영합니다.
- 네이버쇼핑 페널티: 구매평/판매 실적 어뷰징, 상품 정보 어뷰징 등에 관한 페널티를 상품/몰 단위로 부여합니다.
- 상품명 SEO 스코어: 상품명 가이드라인을 벗어난 상품에 페널티를 부여합니다.

02 키워드

네이버는 [네이버 검색 광고 – 도구 – 키워드 도구]를 제공하고 있습니다.

조회된 연관 키워드의 월간 검색 수, 월 평균 클릭 수, 클릭율 등과 같은 상세 데이터를 참고하면 키워드를 선별할 수 있습니다. 조회 기준은 2개 이상 선택할 수도 있습니다.

검색한 키워드를 스마트스토어에서 판매하는 상품이나 검색 설정 내의 태그에 입력하면 다양한 유입을 이끌어낼 수 있습니다.

03 그 밖의 키워드 도구들

아이템 스카우트

아이템 스카우트(https://itemscout.
io/)는 많은 판매자가 키워드를 분석
하거나 추천할 때 사용하는 키워드
전문 툴입니다.

일헥타르

일헥타르(https://1ha.io/)는 복잡한
분석 없이 검색 최적화를 하기 위해
사용하는 키워드 전문 툴입니다.

판다랭크

판다랭크(https://pandarank.net/)
는 키워드뿐 아니라 다양한 분석 정
보를 제공해 판매에 도움을 줍니다.

04 스마트스토어에 사용할 이미지 쉽게 꾸미기

스토어를 쉽고 빠르고 예쁘게 꾸밀 수 있는 방법을 모았습니다. 회원 가입 없이 무료로 사용할 수 있는 곳을 엄선했으므로 바로 사용하기가 편리할 것입니다.

01 배경 없애기

removebg

스마트스토어에 섬네일 이미지를 사용할 때 네이버에서 권장하는 이미지는 흰색 바탕의 상품 이미지입니다. 네이버의 가이드대로 배경을 투명하게 만들면 상위 노출을 하는 데 도움을 줍니다.

배경을 지워 주는 가장 대표적인 웹 사이트는 'removebg(https://www.remove.bg/upload)' 입니다. 복잡한 사진보다 중앙에 상품이 잘 올려져 있는 사진을 사용하면 좋은 결과를 얻을 수 있습니다.

좀 더 복잡한 배경을 지우고 싶다면 좀 더 전문적인 툴을 사용하는 것을 추천합니다.

포토시저스

포토시저스(https://photoscissors.com/)는 포토샵보다 못하지만, 배경을 클릭 한 번으로 시울 수 있습니다.

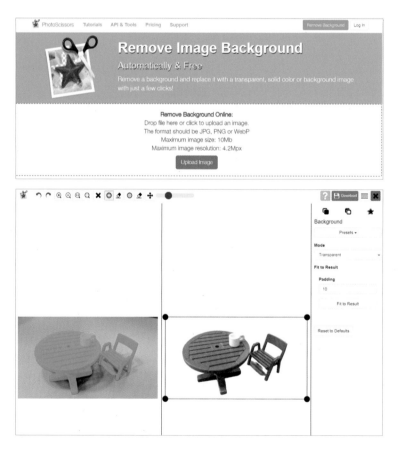

지우개를 선택한 후 배경을 지우면 다음 그림의 오른쪽처럼 녹색 이미지만 나타납니다.

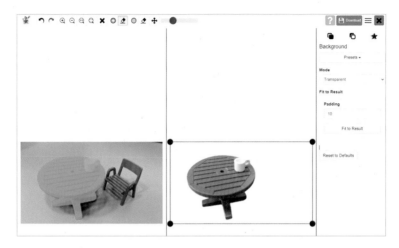

더 보여 줘야 할 부분이 있으면 [+] 버튼을 눌러 색을 칠하면 오른쪽에 보이지 않던 이미지가
나타납니다.

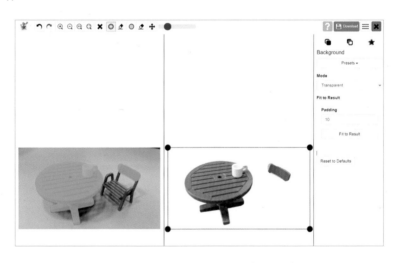

픽슬러 에디터

웹용 무료 포토샵인 픽슬러 에디터(Pixlr Editor, https://pixlr.com/kr/)는 포토샵이 설치돼 있지 않은 환경이나 이미지를 급하게 수정해야 할 때 유용합니다. 간단하게 편집할 수 있는 PIXLR E 버전과 포토샵만큼 많은 기능을 제공하는 PIXLR X 버전을 제공합니다.

미리 캔버스(https://www.miricanvas.com/)는 저작권이 없는 무료 디자인 툴입니다. PPT, 로고, 배너, 카드 뉴스, 유튜브 섬네일, 스마트스토어 상세 페이지 등을 쉽고 빠르게 디자인할 수 있습니다.

많은 템플릿을 제공하고 있고, 자주 업데이트되므로 템플릿에 끼워 맞추기만 하면 쉽게 디자인할 수 있습니다. 원하는 템플릿을 선택한 후 요소를 하나씩 수정하면 나만의 디자인을 만들 수 있습니다.

06

네이버쇼핑
창업 바이블

네이버쇼핑을 이용하기 위해 네이버쇼핑에 가입하는 것은 누구나 가능한 일이지만, 네이버 외적으로 사업을 위해 준비해야 하는 자격과 서류가 필요합니다. 기본적으로 사업자등록증이 필요하며, 온라인 판매를 위해서는 통신판매신고증이 필요합니다. 이 증명서를 어떻게 신청하고 발급받는지 알아보겠습니다.

01 창업의 첫 시작! 사업자등록증 발급받기

사업자등록은 세법상 의무사항으로 규정돼 있습니다. 관할 세무서는 특별한 하자가 없는 한 사업자등록번호와 함께 사업자등록증을 교부해야 합니다. 사업자등록번호는 해당 업체를 표시하는 고유 번호로, 상거래를 할 때 주고받는 영수증 등에 반드시 기재해야 하고, 사업자등록증은 사업장에 비치해야 합니다.

01 사업자등록증 신청 전 준비 서류

개인사업자 신청 준비 서류

사업자등록 신청서, 임대차 계약서 사본, 공동 사업 증명 서류 사본(2인 이상 공동 사업일 때)

법인사업자 신청 준비 서류

사업자등록 신청서, 법인 등기부 등본, 정관 사본, 주주 또는 출자자 명세서(인감 도장 날인), 임대차 계약서 사본, 법인 도장, 신분증

02 세무서에서 신청하는 방법

- 사업자 주소지 관할 세무서를 방문합니다.
- 사업자등록증 신청서 양식을 작성합니다.
- 세무 직원에게 신청 서류를 제출하면 사업자등록증 신청이 완료됩니다.
- 사업자등록증 신청을 마친 후 신고일로 최소 3일, 최대 7일 후에 사업자등록증이 발급됩니다.
- 사업자등록증의 발급은 세무서뿐 아니라 홈택스에서도 발급할 수 있습니다.

03 국세청 홈택스에서 신청하는 방법

홈택스(https://hometax.go.kr/)에 회원 가입을 한 후 로그인합니다. [홈택스 - 인증센터]에 들어가 공인인증서를 등록합니다.

사업자등록 신청을 합니다. [신청/제출 - 사업자등록신청/정정 등]에서 사업자등록신청(개인)이나 사업자등록신청(법인) 중 해당하는 항목을 선택합니다.

사업자의 인적사항 등을 기재합니다. 사업장의 주소가 현 주소지와 동일한지, 다른 주소지를 사용하는지 확인한 후 주소를 입력합니다.

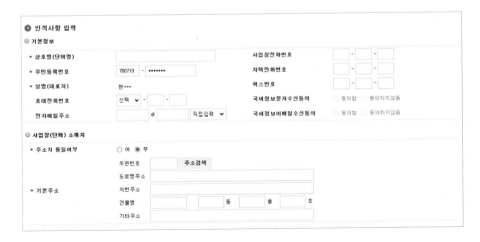

업종을 선택합니다. 다양한
업종이 존재하므로 자신이
판매하거나 사업할 항목에
맞는 업종을 선택합니다.
네이버 스마트스토어 판매
를 목적으로 사업자를 만드
는 것이므로 업종에 '전자상
거래'를 입력한 후 업종 코
드, 통신 판매업, 전자상거
래 소매업을 선택합니다.

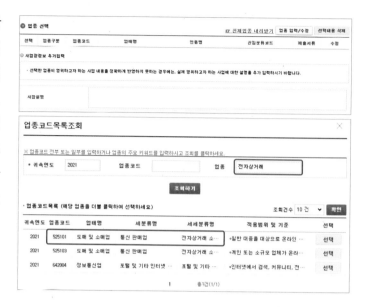

그 밖의 정보를 입력합니다. [사업자 유형 선택]에서 자신에 맞는 사업자를 선택한 후 신청을
마칩니다.

04 사업자등록증 발급받기(홈택스를 이용할 경우)

홈택스의 [홈택스 – 민원증명 – 사업자등록증명]을 선택합니다.

해당 사업자등록증이 맞는지 확인한 후 사용 용도, 제출처를 선택하고 [신청하기]를 누릅니다.

발급 신청을 하면 접수 목록에서 조회할 수 있고, 프린터로도 인쇄할 수 있습니다.

[TIP] 간이사업자와 일반사업자 차이

간이사업자와 일반사업자의 차이는 다음과 같습니다.

구분	간이사업자	일반사업자
기준 금액	연매출액 8,000만 원 이하	연매출액 8,000만 원 초과
세금 계산서	발급 의무 O	발급
적용 배제 사업 종류	간이과세자 외 사업장 보유	없음
과세표준	공급대가(부가가치세 포함)	공급가액(부가가치세 제외)
세율	업종별 부가가치율(5~30%) x 10%	10%
납부 면제 기준	연매출액 4,800만 원	없음

02 온라인 스토어 운영에 꼭 필요한 통신판매업 신고, 발급받기

단순히 사업자등록증만 있으면 온라인 판매를 하는 데 문제가 없다고 생각하는 사람이 많습니다. 하지만 통신판매업신고증과 구매안전서비스(에스크로)에 가입돼 있어야 합니다. 이번에는 발급 방법, 신고 방법 등을 알아보겠습니다.

01 통신 판매업 신고를 위한 구매 안전 서비스 이용 확인증 발급받기

구매 안전 서비스

판매자와 구매자 간 제3자의 중개를 금전 또는 물품으로 안전하게 거래할 수 있게 해 주는 보호 장치를 말합니다. 온라인 계좌 이체, 무통장 입금 등의 방법으로 거래의 안정성을 높이고자 할 때 필요합니다.

구매 안전 서비스 이용 확인증 발급처

은행, 오픈마켓, 전자결제서비스(PG)에서 구매 안전 서비스 이용 확인증을 발급받을 수 있습니다.

네이버 스마트스토어를 이용해 구매 안전 서비스 이용 확인증 발급받기

[스마트스토어센터 – 판매자 정보 – 판매자 정보]를 선택하면 현재 사업자 정보를 확인할 수 있습니다. 혹시 사업자등록을 마친 후 사업자 전환을 하지 않았다면 사업자로 전환해야 판매자 정보 및 구매 안전 서비스 이용 확인증을 발급받을 수 있습니다.

구매 안전 서비스 이용 확인증을 발급하기 위해 오른쪽에 있는 [구매 안전 서비스 이용 확인증]을 선택합니다.

오른쪽과 같이 구매 안전 서비스 이용 확인증을 발급받을 수 있습니다.

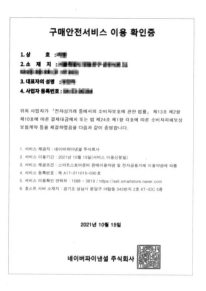

02 통신 판매업 신고하기

광고물, 전기 통신 매체 등을 이용해 소비자와의 직접적인 상거래가 이뤄지는 통신 판매업을 하려고 할 때는 통신 판매업 신고를 해야 합니다.

통신 판매업 신고 면제 기준
전년도 기준 거래 횟수 50회 미만 또는 부가가치세법상 간이과세자

방문 신고
관할 지역 시 · 군 · 구청 민원실을 직접 방문해 신청할 수 있습니다.

- **개인사업자 필요 서류:** 대표자 신분증, 사업자등록증, 구매 안전 서비스 이용 확인증
- **법인사업자 필요 서류:** 대표자 신분증, 사업자등록증, 법인등기부등본(원본), 법인인감증명서(원본), 법인인감도감

온라인 신고
정부24(https://www.gov.kr/portal/main) 홈페이지에 접속합니다. 통신 판매업 신고를 할 해당 사업자의 공인인증서로 로그인합니다.

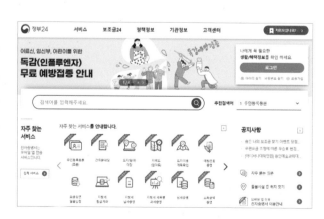

신청할 민원을 검색해 [신청]을 누릅니다.

해당 정보를 채워 넣은 후 [신청 완료]를 누릅니다.

신청서를 접수한 후 3~4일 내 신청 처리가 완료되고, 통신 판매업 신고증을 수령할 수 있습니다.

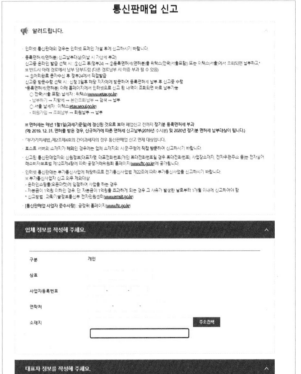

03 통신 판매업 신고증 발급받기

현재 정부24에서는 서비스 기능을 개선하기 위해 통신 판매업 신고증 온라인 발급 서비스를 잠정 중단합니다. 서비스 기능을 개선하는 기간 동안에는 지방자치단체를 방문해 신고증을 수령하시기 바랍니다.

03 세금을 알아야 진정한 사업가다! 세무회계 도전하기

사업을 하다 보면 얼마나 세금을 잘 알고 대응하느냐가 매우 중요합니다. 내가 간이사업자인지, 일반사업자인지, 법인사업자인지에 따라 세금 신고 방법과 납부 방법, 세율이 다르고, 내가 어떤 사업을 하는지에 따라서도 다릅니다. 최소한의 기본적인 지식만 갖추고 있더라도 세금이 달라집니다.

01 부가가치세

상품(재화)의 거래나 서비스(용역)의 제공 과정에서 얻어지는 부가가치(이윤)에 관해 과세하는 세금으로, 사업자가 납부하는 부가가치세는 매출세액에서 매입세액을 차감해 계산합니다.

> 부가가치세 = 매출세액 – 매입세액

부가가치세는 물건값에 포함돼 있기 때문에 실제로는 최종 소비자가 부담하는 것이고, 사업자는 최종 소비자가 부담한 부가가치세를 세무서에 납부하는 것입니다.
부가가치세 과세 대상 사업자는 상품을 판매하거나 서비스를 제공할 때 거래 금액에서 일정 금액의 부가가치세를 징수한 후에 납부해야 합니다.

과세 기간 및 신고 납부

부가가치세는 6개월을 과세 기간으로 해 신고 및 납부해야 합니다. 현재는 각 과세 기간을 다시 3개월로 나눠 중간에 예정 신고 기간을 두고 있습니다.

과세 기간	과세 대상 기간		신고 납부 기간	신고 대상자
제1기 1. 1.~6. 30.	예정 신고	1. 1. ~ 3. 31.	4. 1. ~ 4. 25.	법인사업자
	확정 신고	1. 1. ~ 6. 30.	7. 1. ~ 7. 25.	법인 및 개인 일반사업자
제2기 7. 1.~12. 31.	예정 신고	7. 1. ~ 9. 30.	10. 1. ~ 10. 25.	법인사업자
	확정 신고	7. 1. ~ 12. 31.	다음해 1. 1. ~ 1. 25.	법인 및 개인 일반사업자

단, 개인 간이과세자는 1년을 과세 기간으로 해 신고 및 납부해야 합니다.

과세 기간	신고 납부 기간	신고 대상자
1. 1. ~ 12. 31.	다음해 1. 1.~1. 25.	개인 간이사업자

부가가치세 사업자 구분

구분	기준 금액	세액 계산
일반 과세자	1년간의 매출액 8,000만 원 이상	매출세액(매출액의 10%) − 매입세액 = 납부세액
간이 과세자	1년간의 매출액 8,000만 원 미만	(매출액 x 업종별 부가가치율 x 10%) − 공제세액 = 납부세액 ※ 공제세액 = 세금계산서에 기재된 매입세액×해당 업종의 부가가치율

국세청 홈택스에서 직접 부가가치세 신고하기

간이사업자일 때 관련 자료 및 홈택스 도움말 등을 찾아보면 쉽게 부가가치세 신고를 할 수 있습니다. 이후 사업이 잘돼 일반 사업자가 된 후에 세무서에 업무를 일임하면 쉽게 부가가치세 신고를 마무리할 수 있습니다. 처음에 세금이 정확히 어떻게 나가는지에 관해 이해하려면 직접 신고해 보는 것도 큰 공부가 됩니다.

해당 분류에 맞게 신고하면 됩니다.

1년간 사업을 하면서 개인에게 귀속된 각종 소득을 종합해 과세하는 세금을 말합니다. 당해 과세 기간에 종합소득 금액이 있는 자는 다음해 5월 1일부터 5월 31일까지 종합소득세를 신고 및 납부해야 합니다.

장부의 비치, 기장

소득세는 사업자가 스스로 본인의 소득을 계산해 신고 및 납부하는 세금이므로 모든 사업자는 장부를 비치 및 기록해야 합니다.

■ 간편 장부 대상자

- 해당 관세 기간에 신규로 사업을 시작했을 때
- 수입 금액이 기준치에 미달됐을 때

■ 복식부기 의무자

간편 장부 대상자 및 그 밖의 모든 사업자는 재산 상태와 손익 거래 내용의 변동을 빠짐없이 거래 시마다 차변과 대변으로 나눠 기록한 장부를 기록 및 보관해야 하며, 이를 바탕으로 작성된 재무제표를 신고서와 함께 제출해야 합니다.

소득 금액 계산

장부를 비치 및 기록하고 있는 사업자는 총 수입 금액에서 필요 경비를 공제해 계산합니다. 장부를 비치 및 기장하지 않은 사업자의 소득 금액은 다음과 같이 계산합니다.

■ 기준 경비율 적용 대상자(1, 2 중 작은 금액)

- 소득 금액 = 수입 금액 - 주요 경비 - (수입 금액×기준 경비율)

  ※ 주요 경비 = 매입 비용 + 임차료 + 인건비

- 소득 금액 = (수입 금액 - (수입 금액×단순 경비율))×배율

■ 단순 경비율 적용 대상자

- 소득 금액 = 수입 금액 - (수입 금액×단순 경비율)

국세청에서 직접 종합소득세 신고하기

해당 분류에 맞게 선택해 신고합니다.

03 원천세(직원이 있는 경우)

소득을 지급하는 원천징수자에게 세금을 미리 징수해 업주가 납부하는 것을 말합니다. 원천세는 3.3%의 원천징수를 하게 돼 있습니다. 근로자는 미리 원천세를 내고 연말정산으로 초과금에 관한 환급을 받게 됩니다. 근로 소득, 사업 소득, 기타 소득(상금, 당첨금) 등이 이에 해당합니다.

국세청에서 원천세 신고하기

해당 분류에 맞게 선택해 신고하면 됩니다.

04 더 나은 스토어를 위해 포토샵에 도전하기

포토샵은 2020 한글 버전으로 작업했습니다.

01 포토샵 기본 설정

단위 통일하기

사용자마다 길이의 단위를 인치로 쓸 것인지, 센티미터로 쓸 것인지, 픽셀로 쓸 것인지를 통일하는 게 가장 좋습니다.

[편집 – 환경 설정 – 단위와 눈금자]를 선택합니다.

일반적으로 가장 많이 사용하는 픽셀 단위를 사용하겠습니다. [환경 설정 – 단위 – 눈금자]에서 단위를 [픽셀]로 선택한 후 [확인] 버튼을 눌러 적용합니다.

이미지 잠금 풀기

포토샵으로 이미지를 드래그 앤 드롭할 때나 이미지 파일을 열
었을 때 오른쪽과 같이 이미지가 잠겨 있는 경우가 있습니다.
이미지가 잠겨 있으면 이미지를 제대로 편집할 수 없습니다.
이때는 배경이라고 써 있는 라인을 더블 클릭해 배경 레이어
를 편집할 수 있는 새 레이어로 바꿔야 합니다. 옆에 있는 자
물쇠 그림을 눌러도 편집할 수 있는 상태로 바뀝니다.

오른쪽과 같이 자물쇠가 사라지고 작업할 수 있는 레이어로
바뀌게 된 것을 확인할 수 있습니다.

02 섬네일 이미지 만들기

정방형 이미지의 섬네일 이미지 만들기

[파일-열기]를 선택해 섬네일을
만들 이미지를 불러옵니다.

오픈한 이미지의 상단 바에 마우스 오른쪽 버튼을 클릭하면 오른쪽과 같은 메뉴가 나타납니다. 이미지의 크기를 변경하기 위해 [이미지 크기]를 선택합니다.

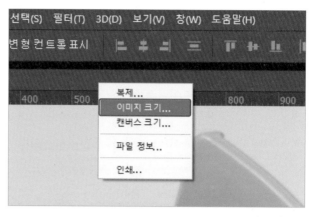

현재 불러온 이미지의 크기를 확인할 수 있습니다. 우리는 스마트스토어 권장 사양인 1,000×1,000픽셀로 변형하기로 합니다. '1,300'이라 적혀 있는 길이를 '1,000'으로 수정하고 [확인]을 누릅니다. 불러온 이미지의 크기가 작아지는 것을 확인할 수 있습니다. 다시 한번 이미지 상단 바에 마우스 오른쪽 버튼을 클릭한 후 [이미지 크기]를 선택합니다. 두 번째 항목의 치수를 확인해 보면 이전 이미지와 다르게 실제 이미지 치수가 변한 것을 확인할 수 있습니다. 이렇게 정방형이나 정방형에 가까운 이미지들은 이미지 크기 조절만으로도 원하는 크기를 변경할 수 있습니다.

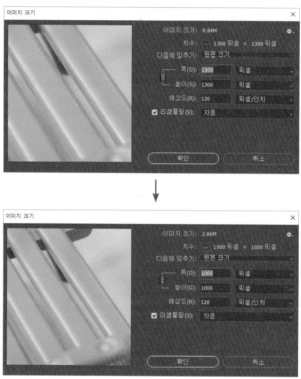

가로나 세로가 긴 이미지의 섬네일 만들기

■ 작은 이미지를 크게(1,000×1,000픽셀) 만들기

[파일 – 새로 만들기]를 선택한 후 폭에 1,000픽셀, 높이에 1,000픽셀을 입력하고 [제작] 버튼
을 누릅니다.

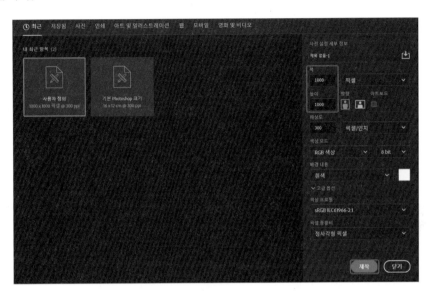

오른쪽과 같이 1,000×1,000픽셀
의 캔버스가 만들어집니다. 이
캔버스 위에 레이어를 올려 이미
지를 편집합니다.

메뉴에서 [파일 – 열기]를 선택
해 현재의 캔버스보다 작은 이미
지를 하나 불러왔습니다. 네이버
스마트스토어를 기준으로 SEO
에 적합한 1,000×1,000픽셀의 이
미지를 만들기 위해 현재 불러온
이미지를 수정해 보겠습니다.

왼쪽 메뉴 위쪽에 있는 [이동 도구]를 선택한 후 오른쪽에 있는 의자 이미지를 드래그 앤 드
롭으로 빈 캔버스 위에 올려 놓습니다.

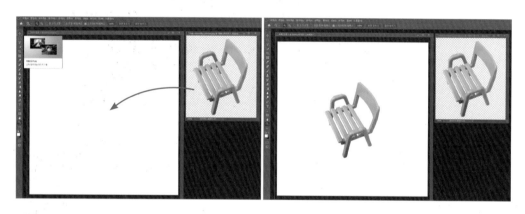

[편집 – 자유 변형]을
선택하면 방금 가져온
의자가 선택됩니다.

의자가 선택된 후 마우스로 선택된 가장자리의 작은 파란색 네모 칸을 잡고 원하는 만큼 마우스로 드래그하면 의자의 크기가 전체적으로 커지는 것을 확인할 수 있습니다. 원하는 크기만큼 의자의 크기를 조절한 후에 저장합니다.

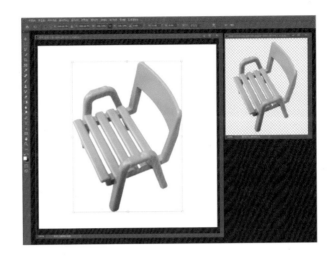

■ 큰 이미지를 작게(1,000×1,000픽셀) 만들기

최근 카메라 기술의 발달로 핸드폰으로 찍은 사진의 크기가 3,000픽셀이 넘는 경우가 많아졌습니다. 이미지가 너무 크면 웹 페이지의 로딩 속도가 느려지고, 이러한 이유로 구매자가 이탈하는 일도 벌어지기도 하므로 이미지를 잘 활용하는 것이 중요합니다.

시중에는 이미지의 크기를 간단하게 줄여 주는 프로그램이 많으므로 단순히 이미지 크기만을 줄이는 것이 목적이라면 이 프로그램을 사용하는 것이 효과적이지만, 이 책의 초점은 포토샵의 전반적인 사용 노하우를 익히는 데 있으므로 포토샵을 이용해 이미지의 크기를 줄이는 방법을 알아보겠습니다.

이미지를 불러온 후 미리 만들어 놓은 캔버스로 이동합니다. 이미지가 크므로 크기를 한 번 조정한 후에 이동하는 걸 추천합니다.

불러온 이미지의 위쪽에 있는 바를 마우스 오른쪽 버튼으로 클릭하면 나타나는 [이미지 크기]를 선택합니다.

이미지 크기를 조절하는 창이 나타납니다. 폭과 높이의 단위가 픽셀이 아니라 다른 단위로 표기된다면 픽셀 단위로 변경합니다. 한 번 픽셀로 변경하면 이후에도 픽셀로 나타납니다.

이미지 크기를 조정해 보겠습니다. 1,000×1,000픽셀의 캔버스에 올릴 이미지이므로 이미지 크기를 1,000픽셀 이하로 맞추면 안 됩니다. 이미지 크기, 위치 등과 같은 다양한 상황을 고려해 조금 넉넉한 크기로 변경합니다.

큰 이미지를 작은 이미지로 변경하면 이미지의 손실률이 적지만, 작은 이미지에서 큰 이미지로 변경하면 이미지의 용량이 커집니다. 우리는 넉넉하게 1,500픽셀 정도의 이미지로 변경해 보겠습니다.

이미지 크기를 적당하게 만들어 뒀다면 크기를 조정한 이미지를 1,000×1,000픽셀의 새로운 캔버스 위로 드래그합니다. 드래그할 때는 반드시 포토샵의 세로 메뉴 바의 [이동] 툴➕을 사용해 오른쪽 캔버스의 이미지를 마우스로 잡고 왼쪽 캔버스로 끌어다 둡니다.

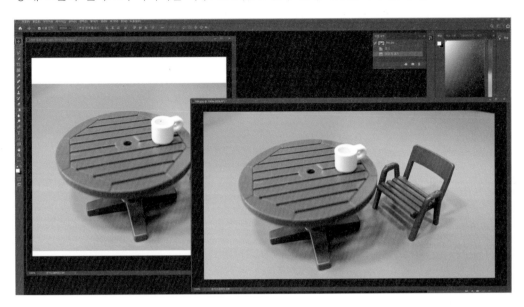

이미지가 선택됐다면 마우스로 선택된 가장자리의 작은 파란색 네모 칸을 원하는 만큼 마우스로 드래그하면 의자의 크기가 전체적으로 변하는 것을 확인할 수 있습니다. 원하는 크기만큼 이미지의 크기를 조절한 후에 저장합니다.

[편집 – 자유 변형]을 선택하면 방금 가져온 의자가 선택됩니다. 이미지가 우리가 만든 캔버스보다 크므로 선택 창이 캔버스를 벗어납니다.

배경을 투명하게 만들 때는 네이버 스마트스토어의 규정에 맞게 판매하는 상품을 가운데에 위치시키고 배경에는 투명한 섬네일을 사용하는 것을 추천합니다. 배경을 투명하게 만드는 이유는 해당 이미지의 위나 아래에 레이어를 추가로 올려 다양한 이미지를 꾸밀 수 있기 때문입니다.

포토샵에도 이미지만을 선택하는 툴이 있습니다. 왼쪽 메뉴에 있는 [자동 선택 도구]를 선택한 후 해당 이미지의 배경을 선택했는데, 결과물이 별로 좋지 않네요.

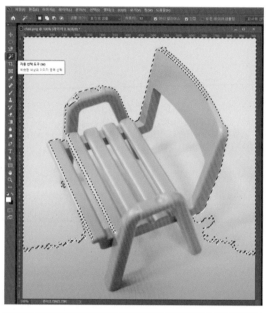

[올가미 도구]를 선택해 하나하나 선택하는 방식으로 진행합니다. 마우스 오른쪽 버튼을 클릭하면 나타나는 메뉴 중에서 [자석 올가미 도구]를 사용하는 것이 좋습니다. 다른 메뉴도 한 번씩 테스트해 보길 바랍니다.

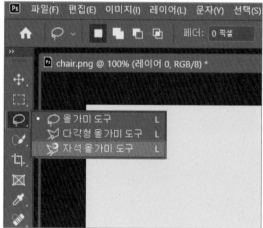

[자석 올가미 도구] 는 다음과 같이 이미지 끝 면에 달라붙어 이미지를 선택하기 쉽게 만들어 줍니다. 일정 구간마다 선택을 마무리하고 넘어가는 방식으로 진행합니다. 한 번에 끝을 내야겠다는 생각을 하면 안 됩니다.

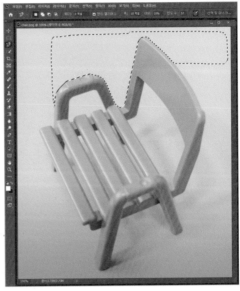

선택된 곳을 Delete를 눌러 지우면 이미지가 지워지고 투명한 배경이 나타납니다.

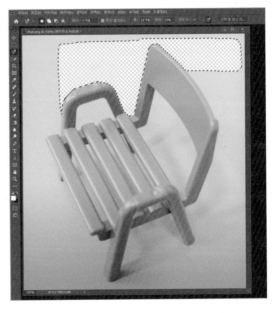

넓은 구역을 선택하는 것은 쉽지만, 구석진 곳을 선택하는 것은 어 렵습니다. [돋보기 도구]  를 활용해 이미지를 확대한 후 좀 더 세밀 하게 선택합니다.

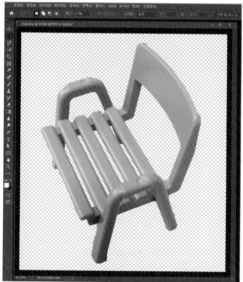

04 불필요한 이미지 처리하기

불필요한 이미지 모자이크(블러) 처리하기

상품 이미지에 다른 상품의 브랜드 로고, 사람의 얼굴 등이 나오면 상표권, 초상권 등과 같은 문제가 발생할 수 있습니다.

선택 영역에 블러를 입혀 이 문제를 해결하는 방법을 알아보겠습니다. 사진 영역의 크기를 보고 블러의 모양을 원형으로 할 것인지, 사각형으로 할 것인지, 올가미를 사용해 임의의 모양으로 할 것인지를 선택합니다.

다른 상품의 브랜드 로고를 선택합니다.

[필터 – 픽셀화 – 모자이크]를 선택한 후 선택한 부분에 필터를 적용합니다.

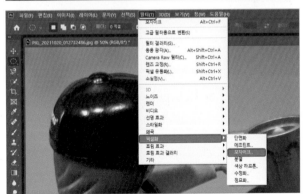

팝업이 나타나면 셀 크기와 모자이크의 크기를 조정해 블러를 원하는 크기로 만듭니다.

불필요한 이미지 감쪽같이 지우기

필요 없는 이미지를 지울 때 간편하게 쓸 수 있는 방법입니다. 왼쪽
에 있는 메뉴 바에서 [복제 도장 도구]🔲를 선택합니다.

의자를 지울 예정이므로 의자의
왼쪽 공간에 있는 비슷한 색을
선택해야 합니다. 이 색상을 의
자 위로 입히는 방식입니다. Alt
를 눌러 마우스 커서의 모양이 ⊕
바뀌면 의자의 왼쪽 공간을 선택
한 후 Alt에서 손을 떼고 마우
스 왼쪽 버튼을 클릭해 의자를 지
웁니다.

의자를 지우다 보면 위 그림처럼 의자의 왼쪽 손잡이가 나타나는데, 그 이유는 선택한 영역이
의자 위치까지 이동하면서 의자 손잡이까지 복사됐기 때문입니다.

이때는 Alt를 누른 상태에서 다
시 의자의 왼쪽 공간을 선택하면
됩니다. 여기서부터 다시 선택한
영역이 의자에 복사되기 시작합
니다. 몇 번 연습을 해 보면 익숙
해질 거예요.

05 이미지의 색감 조정하기

색감 자동으로 조정하기

[이미지 – 자동 톤]을 선택합니다.

색감이 달라진 것을 알 수 있습니다.

이미지 레벨 값 조정하기

이미지의 명암과 밝기를 조정할
수 있습니다. 값을 변경하면서
원하는 색감을 만들어 봅니다.

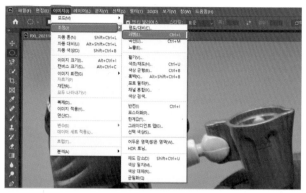

색조와 톤 조정하기

[색상 균형]을 이용해도 색조와 톤을 쉽게 변경할 수 있습니다.

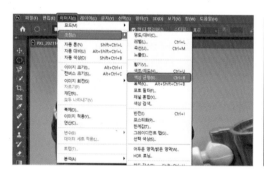

05 창업에 날개를 달아 줄 정부 지원 활용하기

우리는 사업을 하면서 사업 자금의 중요성을 알게 됩니다. 내가 하고 싶은 사업이 있고, 내가 기발한 아이디어가 있는데, 돈이 없어 현실에 만족하며 지내는 경우도 많습니다. 이번에는 이런 사람에게 도움이 되는 정보를 소개하겠습니다.

01 K-Startup 창업지원포털

K-Startup(https://www.k-startup.go.kr/main.do)은 중소벤처기업부에서 운영하는 창업 지원포털입니다. 창업 단계별로 관심 분야의 카테고리를 나눠 예비 사업자(사업자등록 전), 초기 사업자(창업 후 3년 미만), 도약 사업자(창업 후 3~7년 미만)들에게 사업화, 창업 교육, 시설 & 공간 & 보육, 멘토링 & 컨설팅, 행사 & 네트워크, R&D에 관한 다양한 정보를 제공해 사업이 성공하는 데 도움을 주고 있습니다.

원하는 창업 단계와 관심 분야를 선택하면 현재 모집하는 사업에 관련된 공고를 확인할 수 있습니다.

02 기업마당

기업마당(https://www.bizinfo.go.kr/uat/uia/actionMain.do)은 중소벤처기업부에서 운영하는 중소기업 종합지원 대표 브랜드로, 복잡하고 찾기 어려운 중소기업 지원 사업 정보를 한곳에 모아 서비스를 제공할 뿐 아니라 중소기업의 길잡이로서 기업에 유용한 행사 정보, 정책뉴스, 입주 기업 모집 공고 등 중소기업인을 위한 다양한 콘텐츠를 제공하고 있습니다. 또한 중소기업인의 궁금증을 빠르고 친절하게 해결해 주기 위한 1357 상담센터를 운영하고 있습니다.

03 직업훈련포털

직업능력개발정보망(HRD - Net, https://www.hrd.go.kr/hrdp/ma/pmmao/indexNew.do) 은 고용노동부 고용센터, 지방자치센터, 훈련 기관에서 훈련 과정, 훈련생, 훈련 비용 등 직업능력개발사업과 관련된 안정적이고 효율적인 행정 업무 수행을 지원하고, 홈페이지 및 모바일 서비스를 이용해 다양한 직업 능력 개발 정보와 무료 학습 콘텐츠 제공으로 평생 학습체제에 적합한 대한민국 대표 직업능력지식포털의 역할을 수행하고 있습니다.

07

한 회사의 대표로서
마인드 셋업 바이블

우리가 온라인 셀러를 하는 이유는 여러 가지가 있지만, 결국은 돈입니다. 돈을 벌기 위해서는 아이템을 소싱하고, 등록하고, 판매하고, 정산받아야 합니다. 과연 이것으로 끝일까요? 아닙니다. 우리는 보다 멀리 바라봐야 합니다. 온라인 마켓을 처음 시작하고 공부를 하고 판매를 위해 노력하는 것은 모두가 하는 행위입니다. 하지만 이 과정을 거치면서 '나의 노력이 지금 당장을 위한, 그저 현상 유지를 위한 것이 아닐까?'라는 생각을 해 볼 필요가 있습니다.

한 회사의 대표로서 앞으로 다가올 미래를 미리 예측하고, 여유가 있을 때는 이겨낼 수 있는 능력을 갖추고, 여유가 없을 때는 시간을 쪼개서라도 시간을 내야 합니다. 이러한 노력은 앞으로 들어올 직원에게 안정감을 심어 주고 장기 근속을 위한 발판을 마련해 줍니다. 회사의 시스템이 체계적이고 효율적이면 예측할 수 없는 문제도 해결할 수 있는 힘이 생깁니다.

01 아이템이 아닌 회사의 방향성

가장 먼저 한 회사의 대표로서 회사의 사업적인 방향성을 설정해야 합니다. 주먹구구식으로 아이템만 강조하면 하루살이 회사가 될 수밖에 없습니다. 아이템은 당연히 좋아야 합니다. 이제 소비자들은 경제적으로 여유가 있고 좀 더 나은 가치를 원합니다. 이러한 소비자의 니즈를 단순히 아이템만으로 충족시킬 수는 없습니다. 아이템이 좋아서 사는 게 아니라 특정 회사의 제품이기 때문에 사도록 해야 합니다. 이는 브랜딩과 마케팅으로 귀결됩니다.

회사의 방향성이 없다면 회사의 이미지를 구축할 수 없습니다. 이미지를 구축할 수 없다면 소비자에게 아무리 좋은 명품을 제공하더라도 매장 구석에 쌓여 있는 제품밖에 안 됩니다.

특정 제품을 사입해 판매하거나 불특정 다수의 아이템을 판매하더라도 회사의 방향성이 생긴다면 소비자는 아이템에 더 많은 가치를 느끼고 구매하게 됩니다.

화장품이라면 특정 제품을 판매하는 아모레퍼시픽이 될 수 있고, 불특정 다수를 판매하는 올리브영이 될 수도 있습니다. 어떠한 선택을 하더라도 회사의 방향성은 중요합니다. 매출이 적을 때나 조금이라도 시간적인 여유가 있을 때 미리 방향성을 설정하고 아이템을 기획해야 합니다.

온라인 마켓의 경우, '상세 페이지를 어떻게 디자인해야 하는지'를 방향성이라 생각하기 쉽지만, 여기서 말하는 방향성은 곧 '이미지'입니다.

우리나라의 수많은 커피 프랜차이즈 중 스타벅스, 투썸플레이스(투썸), 이디야를 예로 들어보겠습니다. 한 블록 안에 이 세 프랜차이즈가 나란히 입점해 있다고 가정하면 어디가 가장 매출이 높을까요? 물론 여러 가지 가정에 따라 결과는 달라질 수 있겠지만, 보편적으로 생각하기엔 스타벅스일 것입니다. 그 이유는 무엇일까요? 그것은 바로 '스타벅스'이기 때문입니다. 스타벅스가 내세우는 방향성은 커피가 아니라 타 브랜드 대비 높은 브랜드적 가치입니다. 모든 사람이 스타벅스에만 간다면 다른 커피숍은 모두 폐업을 했을 것입니다. 하지만 다른 커피숍들도 꾸준히 매출을 올리고 있습니다. 경쟁사라고 할 수 있는 투썸은 어떨까요? 바로 옆 스타벅스에 자리가 없어서 가는 곳일까요? 아닙니다. 투썸은 투썸만의 이미지와 가치를 지니고 있습니다. 그것은 바로 '디저트류'입니다. 스타벅스만큼 브랜드 가치를 내세워 매출을 낼 수 없는 상황에서 투썸은 디저트류로 방향성을 정했고, 결국 많은 사람이 투썸의 디저트류를 타 브랜드보다 선호하게 됐습니다. 마지막으로 이디야의 경쟁력은 타 브랜드 대비 상대적으로 낮은 가격대입니다. 이렇게 하나하나 따져 보면 이상한 점이 생깁니다. 모두 커피숍인데 커피를 내세우는 것이 아니라 그 외적인 부분을 방향성, 가치로 내세운다는 것입니다.

온라인 마켓도 이와 마찬가지입니다. 단순히 아이템을 전면에 내세운다고 해도 대부분의 아이템은 중국 OEM인 것이 현실입니다. 브랜드만의 특색 있는 메뉴(자체 개발 아이템)를 내세워도 대중적인 메뉴(OEM)에 비해 매출이 상대적으로 적을 수밖에 없습니다. 그리고 무엇을 팔더라도 나와 똑같은 아이템을 파는 업체도 많습니다. 이것이 우리나라 온라인 마켓의 현실입니다. 이러한 상황에서 아무리 아이템을 소싱하기 위해 노력한다 해도 대형 자본에 밀려 아무것도 하지 못하고 가격에 밀려 악성 재고가 되는 경우가 많습니다.

이를 이겨낼 수 있는 방법은 '아이템'이 아니라 '회사의 가치'입니다.

브랜드가 유명해진다는 것은 많은 사람에게 기억된다는 것이고, 그 사람들이 나에게 유리하게 움직이려면 가치를 각인시켜야 합니다. 이 가치의 시작은 방향성입니다.

일단 생각하세요. 무엇이든 좋습니다. '내 회사는 사람들에게 이렇게 인식되면 좋겠다.', '다른 스토어보다 전문성 있는 곳으로 인식되고 싶다.', '좀 더 친절한 곳으로 인식되고 싶다.', 좀 더 유쾌한 곳으로 인식되고 싶다.', '좀 더 배송이 빠른 곳으로 인식되고 싶다.' 등 사소한 것부터 시작하세요.

02 회사의 체계와 효율 그리고 직원 고용

우리는 보통 1인 창업으로 온라인 마켓을 시작하는 경우가 많습니다. 1인 창업으로 시작하는 만큼 모든 일을 나 혼자 해결해야 합니다. 여기서 내 위치에 대한 의문이 생깁니다. 그것은 바로 '과연 나는 이 회사의 직원인가, 대표인가?'입니다. 물론 혼자서 사업을 하는 것이므로 그다지 중요하지 않은 문제일 수 있습니다. 하지만 언제까지나 혼자 할 수는 없습니다.

갑자기 아이템이 큰 인기를 끌어 엄청나게 바빠질 수 있습니다. 이때 혼자서는 밀려오는 주문 건을 해결하지 못할 수 있습니다. 부랴부랴 사람을 고용한다 하더라도 주문이 꾸준히 들어온다는 보장도 없고, 이 주문 건을 모두 처리하더라도 내가 버는 돈보다 인건비가 더 높으면, 사람을 고용하고 싶은 마음이 사라집니다.

이와 반대로 주문이 많지 않더라도 대부분의 시간을 아이템 소싱과 등록, 주문 처리에 할애하게 됩니다. 이는 엄밀하게 말해 직원의 업무입니다. 대표가 대표로서의 역할을 하지 못하고 직원의 업무에만 치중하는 것입니다. 따라서 회사가 바빠지는 것과 직원이 들어오는 것에 대비해 체계적이고 효율적인 업무 방식을 고안하고, 업무 분장을 미리 해 놓아야 합니다.

대부분의 사람들이 중소기업이나 스타트업보다 대기업을 선호하는 이유는 높은 연봉도 있겠지만, 체계적인 시스템 때문입니다. 일반 회사는 직급에 맞는 부서와 업무가 존재하지만 대부분 회사 초기에는 업무의 구분 없이 상황에 따라 이것도 하고 저것도 하고, 때로는 나의 능력을 벗어나는 일을 할 때도 많습니다. 이는 직원의 장기 근속율을 떨어뜨리는 원인이 됩니다. 그리고 아무리 경력 직원이 들어와도 그 회사에 맞춰 업무를 다시 배우고 수행해야 합니다. 하지만 회사에 직급이 있고, 하는 업무가 정해져 있다 하더라도 업무가 매번 주먹구구식으로 업무를 처리하다 보면 당연히 회의감이 들 수밖에 없습니다.

대표는 각 부분에서 직원에게 많은 것을 지시하고 수행하게 해야 합니다. 직원이 들어온 즉시 각 업무를 체계적으로 설명해야 하고, 좀 더 효율적인 방안을 제시해야 합니다. 대표의 지시가 그냥 "아이템 올리세요.", "주문 처리하세요." 정도로만 받아들여져서는 안 됩니다.

이를 위해서는 대표가 기본기에 충실해야 하는 것은 물론, 체계적이고 효율적으로 일을 하고 있어야 하고, 직원이 들어왔을 때 업무 분장을 어떻게 해야 하는지에 대한 계획이 수립돼 있어야 합니다. 그래야만 그 업무에 적합한 직원을 고용할 수 있습니다. 단순히 바쁘니까 직원을 고용하는 것은 회사를 망하게 하는 원인이 됩니다.

마음에 드는 직원을 고용하더라도 직원이 회사에 오랫동안 근무해야 할 이유를 느끼지 못하면 장기 근속으로 이어지지 못하고, 이는 온라인 마켓 특성상 수강생에게 돈을 주고 강의하는 것과 다를 것이 없습니다.

아이템 소싱 하나에도 명확한 기준이 필요하고, 상품 등록에도 철칙과 효율이 필요하며, 주문 처리에도 기준과 효율이 필요합니다. CS에도 명백한 규정이 필요합니다. 이 모든 것은 매출이 없을 때 준비해야 합니다.

03 CS 스크립트 제작의 중요성

이제 시작하는 1인 창업 온라인 셀러의 대부분은 소비자의 입장에서 판매자에게 문의만 해봤을 뿐 판매자의 입장에서 소비자가 제기하는 여러 문제를 해결해 본 적이 없습니다. 이는 시간이 지날수록 경험과 노하우가 쌓이며 어느 정도 해결 방법이 생기지만 대부분 주먹구구식으로 하는 경우가 많습니다. 이는 나중에 리스크가 돼 돌아옵니다.

어느 정도 규모가 있는 쇼핑몰에는 고객센터가 따로 있지만, 고객센터가 있느냐, 없느냐가 중요한 것이 아니라 스크립트의 존재 유무가 중요합니다. 소규모 온라인 마켓 회사에서는 직원 한 명이 CS를 처리하거나 다른 직원이 돌아가면서 처리하는 경우도 많습니다. CS의 특성상 강성 고객이 많다 보니 주업무에 영향을 미치게 되고, '내 업무도 아닌데…' 하는 생각 때문에 대충 수습하는 것에 포커스가 맞춰집니다. 직원은 대표처럼 한 명의 고객을 소중하게 생각하기 힘듭니다. 결국 고객의 불만은 가중되고, 가중된 불만만큼 직원의 스트레스도 심해집니다. 이는 결국 업무 효율을 떨어뜨리고, 근속에 대한 의문을 갖게 만듭니다.

이때 모든 것을 해결해 주는 것이 상담 매뉴얼, 즉 스크립트입니다. 스크립트는 CS를 담당하는 상담원이 자신의 기분이나 상황에 맞춰 임의대로 상담하는 것을 방지해 주고, 직원의 업무 스트레스를 줄여 주며, 고객의 만족도를 높이는 효과가 있습니다.

처음 상담을 할 때는 친절해야 한다는 강박감이나 제품을 팔아야 한다는 압박감 때문에 선심성 제안과 보상을 해 주는 경우가 많습니다. 이 행위가 모든 고객에게 똑같이 적용되면 좋겠지만 그렇지 못한 경우가 대부분입니다. 고객은 자신이 받는 친절이 당연하다고 여길 뿐 고맙게 여기지는 않습니다. 고객은 한 번 받았던 대응이 당연한 것이라 여기고 나중에 이보다 못하면 불같이 화를 냅니다. 그리고 요즘에는 커뮤니티를 통해 쇼핑몰의 CS 대응 방식과 보상이 공유되기 때문에 나의 한 번의 선의가 누구에게나 평생 지속될 자신이 없다면 독으로 돌아오는 경우가 많습니다. 결국 대표가 CS를 하든, 직원이 CS를 하든 언제나 똑같아야 합니다.

스크립트는 가장 쉬운 것부터 시작하면 됩니다. 첫인사, 본인 확인, 본론, 끝 인사입니다. 오글거릴 수 있지만 회사를 표현할 수 있는 첫인사부터 정해야 합니다. 본인 확인은 회사의 방침을 정해서 해야 할지를 정하면 됩니다. 본론의 경우 고객이 어떤 내용으로 연락을 줬는지 알 수 없기 때문에 각 상황에 따른 대응 매뉴얼이 있어야 합니다.

기본적으로 상품 문의, 교환, 반품, 배송 매뉴얼은 별도로 존재해야 합니다. 이외에 일반 직원이 직권으로 해결할 수 없는 문제는 꼭 상급자나 대표에게 보고한 후 처리해야 한다는 매뉴얼도 있어야 합니다.

회사가 점점 커진다는 것은 매출이 늘어난다는 이야기이고, 매출이 늘어난다는 것은 CS가 많아진다는 것을 의미합니다. 나중에는 CS가 회사의 매출을 좌지우지할 정도로 중요해집니다. 초기에 스크립트 정리돼 있지 않으면 기존 충성 고객이 새로운 스크립트에 적응하지 못해 떠나갈 여지가 생기고, 바빠지면 스크립트를 무시하는 직원이 많아집니다. 스크립트는 반복 숙달이 중요합니다. 시간적인 여유가 있을 때 스크립트를 제작하지 않으면 언젠가는 문제가 생기므로 반드시 대비하길 바랍니다.

04 대표의 주업무는 영업과 인맥 형성이다

온라인 셀러를 선택하는 분들 중에는 사업에 큰 뜻을 두고 시작하는 분도 있지만, 직장 생활에 회의감을 느껴 시작하는 분도 많습니다. 이 회의감의 원인이 사람인 경우가 가장 많습니다. 그러다 보니 출퇴근하지 않고, 집에서 조용히 일하기 원하는 분들이 1인 창업으로 온라인 셀러를 선택합니다. 이는 아주 잘못된 선택일 수 있습니다.

집에서 조용히 혼자 온라인 셀러를 한다 하더라도 매출의 한계가 존재합니다. 하루라는 시간은 정해져 있고, 내가 실무를 볼 수 있는 시간도, 체력도 정해져 있습니다. 최대 수익은 앞에 말씀드린 요인에 따라 결정됩니다. 어쩌면 직장 생활보다 훨씬 많은 시간을 투자했는데도 소득이 훨씬 적을 수도 있습니다.

영업의 의미는 수익 모델에 따라 달라질 수 있지만, 온라인 셀러에서는 '거래처 및 판매처의 발굴', '함께 일할 사람의 발굴'을 의미합니다. 여기서 거래처는 '상품을 소싱해 오는 것'을 말합니다. 인터넷에는 수많은 온라인 도매몰이 존재하지만, 그 도매몰에 제품을 올려 판매할 때도 수수료를 내야 하기 때문에 소매로 판매하는 입장에서는 생산자와 직접 거래하는 것이 유리합니다. 하지만 이런 일을 해 본 적이 없고, 어떻게 접근해야 할지 몰라 시도조차 하지 않는 경우가 많습니다. 어떤 사람은 "시간도 아낄 수 있고 효율적이다."라고 이야기하지만, 결국 직거래하는 사람에게 가격으로 밀리고, 상품 재고 관리에서 밀리고, OEM에게 밀리게 되므로 회사의 미래가 불투명해집니다. 귀찮고 번거롭고 비효율적인 것이 마냥 나쁜 것만은 아닙니다.

우리나라에서는 특히 인맥이 중요합니다. 이왕이면 더 친한 사람에게 하나라도 해 주고 싶은 것이 인지상정입니다. 내가 어떤 제품군을 팔게 될지는 모르지만, 내가 취급하는 제품군을 생산하는 수많은 업체의 대표, 결정권자, 실무자와 좋은 관계를 형성하는 것은 선택사항이 아니라 필수사항입니다.

오픈마켓 판매자는 제조사뿐만 아니라 관계자, 배송업체 등 수많은 회사와 거래하게 되는데 마냥 컴퓨터 앞에서만 일하는 사람보다는 어떻게 든 자리를 만들어 찾아오는 사람을 선호할 수밖에 없습니다. 이렇게 형성된 인맥은 돈으로 따질 수 없습니다.

필자도 국내 업체의 제품을 해외에 팔고 싶어서 무작정 회사를 찾아가 미팅하던 적이 있었습니다. 그때 가장 먼저 미팅을 한 업체에서 흔쾌히 제품을 제공하겠다는 약속을 받았지만, 단 1개도 팔지 못했습니다. 비록 제품을 팔진 못했지만 이때 맺은 인연으로 주변 관련 업체 대표분들을 소개해 주셨고 그후 제품을 안정적으로 팔 수 있게 됐습니다.

능력이 많으면 이야기를 하기가 쉽겠지만, 설사 능력이 없더라도 능력은 키우면 된다는 자신감만 있어도 미팅을 성공적으로 마칠 수 있습니다. 내가 찾아간 회사가 현재의 가치뿐만 아니라 가능성에 투자하는 경우도 있기 때문입니다. 이렇게 쌓인 인맥은 향후 새로운 사업에 도움이 될 수도 있습니다. 대표의 주업무는 밖에 나가 사람을 만나고, 무에서 가능성을 찾고, 그것을 직원들에게 공유하고 실현시키는 것입니다. 소규모 회사일수록 밖에서 가능성을 찾아야 합니다.

대표가 뭔가 창의적이고 생산적인 활동을 하지 않으면 회사가 정체돼 있고, 미래가 없다고 판단해 더 나은 회사로 갈 수밖에 없습니다. 대표가 수많은 사람과 교류하면서 가능성을 만들고 그 가능성을 바탕으로 직원들과 함께 실현해 나가야 합니다. 영업은 미래입니다.

05 자생할 수 있는 회사 만들기

'자생(自生)'이라는 들어 보셨을 겁니다. '자생'은 '자기 자신의 힘으로 살아간다.'라는 뜻입니다. 다른 사람과의 관계의 중요성을 설명하다가 자생을 이야기하면 뭔가 이상하다고 생각할 수 있지만, 영업이나 인맥 형성 이전에 스스로 생존할 수 있어야 합니다.

기술의 발전으로 온라인 셀러를 도와주는 수많은 프로그램과 솔루션, 강의가 존재합니다. 이것들이 도움이 되고 안 되고를 떠나 내 사업의 전반을 타인의 회사의 프로그램과 솔루션에 맡기는 경우가 많습니다. 아이템 소싱, 상품 등록, 주문 처리, CS까지 다른 사람의 노하우와 기술에 의존하면 자신만의 노하우와 기술을 만들어 내는 데 제약이 생깁니다.

회사는 언제든지 망할 수 있습니다. 지금 잘 유지되고 있는 회사가 어느 날 갑자기 폐업할 수도 있습니다. 내가 믿고 의지했던 회사가 망하면 나도 함께 망하게 됩니다. 내 주변의 회사가 망해도 내 회사는 문제 없이 회사를 운영할 수 있고, 이에 수익 구조를 추가하는 형식으로 타 회사의 프로그램과 솔루션을 이용해야 합니다. 인력 부족과 효율의 문제로 시작부터 프로그램에 의존하면 일을 하면서 배울 수 있는 많은 것을 놓치게 됩니다. 오히려 인력 부족과 효율이 부족하다는 이유로 하나하나 집어가면서 일을 하는 것이 미래에 많은 도움이 됩니다.

꽤 많은 직원을 보유하고 있던 쇼핑몰의 대표가 "초기에는 프로그램을 통해 빠르게 성장할 수 있었는데 그 프로그램이 독이 돼 되려 회사가 망해가는 것이 느껴진다. 다시 초심으로 돌아가 하나하나 수기로 하고 싶다."라는 말을 하는 경우도 있습니다. 회사를 컨설팅하고 직원들 교육하면서 느낀 점은 '다시 처음으로 돌아가기엔 늦다.'라는 것입니다. 모든 회사의 시스템이나 직원들의 마인드는 프로그램에 길들여져 있고, 대표가 아무리 직원들에게 다시 초심으로 돌아가자고 요구해도 굳이 어려운 길로 돌아가봐야 일만 힘들어진다고 느끼기 때문에 다시 원래대로 돌아가더군요.

회사가 자생하는 데는 많은 것이 필요하지 않습니다. 처음부터 돈을 들여 사업을 하는게 아니라 몸으로 사업을 하면 됩니다. 온라인 셀러라면 모니터 앞이 아니라 밖으로 나가 아이템을 소싱하고, 직접 발주 처리를 하고, 하나하나 배송을 관리하고, CS도 직접 진정성 있게 처리하는 것입니다. 온라인 마켓의 모든 시즌을 겪어 보고 내가 노력한 만큼 매출이 생기고 있다면 그때 편리함을 찾아도 늦지 않습니다.

아이템 소싱의 경우, 인터넷으로 가격을 확인하고 구매할 수 있는 아이템은 이미 가격 경쟁력이 떨어진다고 생각해도 무방합니다. 국내에도 편하게 아이템을 소싱할 수 있는 플랫폼들이 많지만, 가격대가 소매 가격과 크게 다를 것이 없고, 해당 제조사와 다이렉트로 계약하고 사입하거나 총판을 갖고 판매하는 업체에 가격 면에서 뒤처질 수밖에 없습니다. 해외에서 소싱할 경우에도 타오바오나 알리바바와 같은 곳에서 구매할 수 있지만, 결국 현지에서 직접 눈으로 보고 소싱하는 업체와 OEM으로 판매하는 업체에 뒤처지게 됩니다. 당연한 이야기지만 내 몸이 편할수록 경쟁력은 떨어집니다.

인건비를 여유 있게 투자할 수 있는 상황에서 프로그램이나 솔루션을 직접 비교해 보고 고르는 경우가 아니라면, 효율이라는 핑계로 무작정 돈을 들여 편리함을 추구하는 것은 자생력을 떨어뜨린다는 것을 꼭 명심하길 바랍니다.

06 사업은 필수가 아니다

온라인 쇼핑몰에서 판매를 생각한다면 대부분 사입을 고려하게 됩니다. 사입을 하는 이유는 빠른 배송, 재고 관리 등 여러 가지 이유가 있지만, 그중 가장 큰 이유는 가격 경쟁력 확보입니다. 하지만 이제 온라인 쇼핑몰을 고려하는 예비 창업자는 한 번에 수백 만 원에서 수천 만 원까지 사입할 만한 여유가 없습니다. 여유가 있다고 하더라도 단순히 잘될 것이라는 믿음만으로 도전하면 악성 재고로 인해 돈을 모두 잃게 되는 계기가 됩니다.

종종 사업 초창기에 아이템을 과감히 사입해 시작했는데 악성 재고 때문에 고민하고 있는 대표님을 만나게 됩니다. 그 이유를 물어 보면 평소 관심이 많은 아이템이 경쟁력이 있겠다 싶어 사입해서 판매하게 됐다고 말합니다.

사입가는 제품에 따라, 수량에 따라 차이가 나지만, 적은 수량만 사입하면 가격 경쟁력이 떨어져서 과감히 투자하는 경우를 종종 봅니다. 이 경우 필자는 "3,000만 원을 투자해 수백 개에서 수천 개를 사입한다 해도 전부 팔면 순수익이 얼마나 나오느냐?"라고 묻습니다. 그러면 "1,000만 원에서 많게는 2,000만 원도 남는다."라고 대답합니다. 그러나 가장 큰 문제는 '재고 수량을 얼마만에 소진할 수 있느냐.'입니다. 해당 재고를 1년 동안 다 소진해도 순수익은 직장인 월급에 비해 훨씬 적습니다. 1년 안에 다 소진할 수 있으면 다행이지만 그렇지 못한 경우가 대부분입니다. 우연히 아이템이 인기를 끌어 판매가 어느 정도 된다 싶으면, 금전적으로 여유 있는 다른 업체에서 나와 똑같은 제품을 대량으로 구매해 나보다 훨씬 싼 가격에 공급하기 시작하면, 결국 가격을 내리게 되고 내가 예상했던 수익은 계속 줄어들고 판매 기한은 계속 늘어납니다.

이때 창고라도 있어서 재고를 확인할 수 있다면 그나마 다행인데, 보통 창고도 없이 집에서 재고를 두고 창고처럼 쓰기 시작하면 남아 있는 재고를 보면서 정신적으로도 타격을 입습니다. 그 와중에 돈을 더 들여 경쟁업체보다 더 싸게 들여오거나, 새로운 아이템을 찾아야 합니다. 경제적, 정신적으로 타격을 입기 시작하면 현명한 선택을 하기 힘들어집니다. 따라서 사입을 하더라도 처음부터 다시 시작할 수 있는 여유를 남겨 두거나 어느 정도 절대적인 사입 기준이 필요합니다.

필자는 스마트스토어를 2가지 방식의 판매 방법으로 운영합니다. 하나는 해외 구매대행을 통해 지속적으로 판매되는 상품을 사입하거나, 해외 제조사와 직접적인 컨택트를 통해 국내에 유통시키는 방법이고, 나머지 하나는 국내 상품을 제조사와 직접적인 컨택트를 통해 재고를 보유하지 않고 판매 대행을 하는 방법입니다.

해외 구매대행의 경우, 자본금이 크게 필요 없고 사입 없이 스마트스토어에서 당장이라도 판매할 수 있는 방법입니다. 해외 오픈마켓 상품을 국내에 오픈마켓에 등록해 판매하고 주문이 들어오면 그때 해외에서 구매해 고객의 집으로 배송해 주는 것입니다. 이 일을 통해 얻어지는 데이터를 통해 '사입해도 내가 원하는 기한 안에 수량을 소진할 수 있겠다.' 라는 확신이 들면 사입 후 판매를 시작하기 때문에 악성 재고가 남지 않습니다. 무엇보다 재고 없이 팔아도 잘 팔 수 있는데 재고가 있다면 훨씬 잘될 수 있다는 확신이 생깁니다.

국내 제품도 중간 유통업체에서 마진을 과하게 남겨 소비자가 많이 올라가기 때문에 제조사에서 골치가 아픈 경우가 많습니다. 이럴 경우 직접 제조사와의 컨택트를 통해 중간 유통 과정 없이 제조사와 판매자가 직접 거래하고 재고는 제조사에서 보유하고 판매만 맡아 온라인에서 판매한 후 수수료를 정산받는 방법도 있습니다. 이외에도 다양한 방식이 있지만 이제 시작하는 분들에게는 자본금과 사입에 대한 부담감 없이 추천할 수 있는 판매 방식입니다.

긍정적인 생각을 바탕으로 '나는 잘될 것이다!' 라는 믿음을 가지고 사업을 하는 것도 중요하지만 항상 '내가 바라보고 있는 밝은 면의 이면에는 어떤 그림자가 있을까?'를 항상 염두에 두고 사업을 하는 것이 좋습니다.

[Tip] 해외 구매대행 정보 얻기

해외 구매대행에 대한 자세한 정보가 필요하다면 필자가 운영 중인 유튜브와 카페를 방문해 보시기 바랍니다. 수익이 아니라 정보 공유에 목적성을 두고 수년 전부터 운영하고 있습니다. 여기에서 직접 필자와 이야기도 나누고 궁금하신 점을 글로 남겨 주시면 정성껏 댓글을 남겨 드리겠습니다.

유튜브 '잡스티비'
(Job's TV)

네이버 카페 '셀러리'
(플래닛링크 s2 온라인셀러의 심하게 솔직한 커뮤니티)

07 일희일비하지 않는 온라인 셀링을 하자

필자는 오래전부터 많은 셀러와 소통하다 보니 모르는 분들에게도 문의를 많이 받는 편입니다. 문의가 밝고 희망찬 문의들만 있다면 답변하는 입장도 뭔가 힘을 얻을 것 같은데 걱정과 하소연이 대부분입니다. 걱정이 가득할 수밖에 없습니다. 당장 다음달 카드 값, 생활비 등 나가야 될 돈은 너무 많고 사업을 야심차게 시작하면서 대출도 받은 분들도 계시고, 퇴직금을 올인하는 분들도 있기 때문이죠.

온라인 스토어만큼은 초기 자본금 여유가 없는 예비 창업자들에겐 매력적인 사업처럼 느껴질 수 있습니다. 특히 유튜브를 통해 몇 달 만에 몇 억 원을 벌었고, 하루 한 두시간 투자로 직장인보다 훨씬 많이 벌 수 있다는 영상들을 보면 '나도 할 수 있겠다.'라는 생각이 듭니다.

처음이야 그런 영상들이 나에게 희망으로 다가오겠지만 온라인 마켓을 운영할수록 그 영상들의 주인공과 나를 비교하면서 '나는 도대체 무엇을 하고 있는지.', '나는 과연 잘하고 있는 것인지.'를 고민하게 되고, '이래서는 안 되겠다.'라는 생각에 큰돈 들여 강의를 듣기도 합니다.

온라인 마켓은 누군가에게 배운다고 해서 성공하는 것이 아닙니다. '1+1=2 처럼 이렇게 저렇게 하면 이렇게 됩니다!'라고 이야기할 수 없습니다. 누군가에게는 1+1=9가 될 수 있고, 누군가에게는 1+1=0이 될 수 있습니다. 이것이 잘못된 것이 아닙니다. 모두 정답입니다. 100% 잘되는 사람과 완벽하게 똑같이 한다 해도 결과는 천차만별입니다. 이런 상황에서 유튜브나 타인의 이야기를 맹신하고 행동하면 안 됩니다. 결국 모든 것은 내 노력에 달려 있습니다. 우리는 배움을 갈구하는 학생이 아니라 한 회사의 대표이기 때문이죠.

일을 하다 보면 재고 관리가 마음처럼 되지 않고, 배송에도 문제가 생기며, 고객은 항상 내 마음을 몰라 줍니다. 다른 경쟁 업체는 내 제품을 복사하거나 나보다 가격을 내려 팔기 급급하고 그에 맞춰 가격 내리다가 "제품 1개를 팔아 100원이 남았다, 1,000원이 남았다."라는 소리를 하게 됩니다. 이것이 바로 온라인 셀러의 현실입니다. 나만 겪는 것이 아니라 누구나 겪게 되는 하나의 과정일 뿐입니다.

지금 보이는 프리미엄등급의 셀러도 한때 새싹이었습니다. 여러분도 평생 새싹 등급일 리 없습니다. 하지만 중간에 포기하면 평생 새싹으로 남습니다. 온라인 셀링의 알파이자 오메가, 최고의 노하우는 '꾸준함'입니다. 결국 마지막까지 버틴 사람만이 살아남습니다.

마지막까지 버티기 위해서는 정신력이 필요합니다. 육체적인 고통은 쉬면 해결되지만 정신적인 고통은 쉰다고 해서 해결되지 않습니다. 하루를 더 버티기 위해서는 일희일비하지 말아야 합니다.

처음에는 매출이 없는 것이 정상입니다. 필자도 첫 시작 후 6개월 동안 단 1개도 팔지 못했습니다. 하지만 지금은 8년째하고 운영하고 있고, 나름대로 만족하면서 지내고 있습니다. 누군가 그 과정이 즐거웠느냐고 물어본다면 솔직히 즐거움보다는 고통이 더 많았다고 이야기하고 싶습니다. 하지만 필자는 첫 주문이 들어왔을 때의 기쁨을 아직도 곱씹으면서 운영하고 있습니다. 사람에게는 방어기제가 존재하고 내가 고통받기 시작하면 나도 모르게 아주 조금씩 그 고통을 덜어 내기 위해 고통받았던 행위를 하지 않게 됩니다. 하지만 사업을 운영하는 입장에서는 뭔가를 하지 않으면 매출 감소로 이어지기 때문에 싫어도 해야 하는 것이 현실입니다. 이때 마음을 다잡지 못하면 몇 개월 후 아무것도 하지 않고 있는 자신을 발견하게 됩니다.

온라인 마켓은 길게 봐야 합니다. 최소 1년 매출 아예 신경 쓰지 않고, 온전히 1년 시즌을 다 겪어보면서 실험적으로 이것저것 많이 시도해야 합니다. 그런 다음 내가 잘했는지, 못했는지를 생각해도 늦지 않습니다.

온라인 마켓은 최소한 내 노력이 사라지는 것이 아니라 온전히 내 스토어 안에 쌓입니다. 그 노력은 절대 나를 배신하지 않습니다.

지금 당장 이렇게 상품 소싱하는 것이 맞는지 고민이 되나요? 지금 내가 올린 키워드가 맞는 것인지 고민이 되나요? 이제 자기 자신을 믿으세요. 남이 알려 주는 것에 기대지 말고, 남이 제공해 주는 시스템에 길들여지지 말고, 온전히 자기 자신만 믿고 사업을 운영하는 것이 내가 꿈꾸는 안정적이고 고소득을 낼 수 있는 '정도(正道)'입니다.

이 책을 읽고 있는 대표님들의 생각이 맞습니다. 지금 하고 있는 행동이 맞는 것입니다. 꼭 잊지 마시고 일희일비가 아니라 일희일희만 있는 온라인 사업이 됐으면 합니다.

찾아보기